中国汽车技术研究中心有限公司 · 数据资源中心 / 编著

智能网联汽车技术

INTELLIGENT CONNECTED VEHICLE

社会科学文献出版社
SOCIAL SCIENCES ACADEMIC PRESS (CHINA)

《智能网联汽车技术》编委会

主要编委简介

于凯　研究员级高级工程师，中国汽车技术研究中心有限公司董事长、党委书记、总经理。中国汽车工业协会副会长，机械工业联合会理事，享受国务院特殊津贴专家。

吴志新　中国汽车技术研究中心有限公司副总经理。全国汽车标准化技术委员会电动汽车分技术委员会主任委员，国家科技部863计划“节能与新能源汽车”重大项目总体组专家，天津大学电气与自动化工程学院控制理论与控制工程专业教授、博士研究生导师，中国汽车工程学会电动汽车分会主任。

郑继虎　高级工程师。中国汽车技术研究中心有限公司数据资源中心主任。C－ECAP管理中心常务副主任，汽车与保险大数据产业联盟秘书长。长期从事汽车产业大数据、节能与新能源、绿色发展、生态设计评价、智能网联汽车等领域的科研工作。主持并参与完成多项国家级重要科研课题，在专业技术领域形成一定影响力。

朱向雷　高级工程师。中国汽车技术研究中心有限公司智能网联汽车领域技术专家，数据资源中心总工程师。曾主持或参与工信部、国家税务总局、交通运输部等省部级课题及中汽中心课题三十余项，发表学术论文五十余篇。

杜志彬　高级工程师。中国汽车技术研究中心有限公司数据资源中心智能业务本部总监。主要从事智能汽车、物联网、信息安全、大数据应用等科研工作，组织成立中国智能网联汽车数据开放共享工作组；组织参与多项国家级课题、工信部课题、科技部课题等，参与《国家车联网产业标准体系建设指南（智能网联汽车）》《智能网联汽车使用公共道路测试管理规范》《自动驾驶测试场景白皮书》等编写制定。

董长青　高级工程师。全国汽车标准化技术委员会智能网联汽车标准法规国际协调专家，主要从事企业信息化战略规划、信息系统管理、汽车信息安全漏洞分析与应急响应建设等领域的研究工作，在车内网络、网关、T－BOX 等领域开展了大量的研究工作。近年来，主持或参与省部级重点课题 8 项、企业横向委托课题 20 余项，研究起草国家标准 4 项，发表学术论文 20 余篇，参与编写著作 1 部，申请/授权发明专利 2 项，计算机软件著作权 10 余项，2 项科研课题通过天津市科技成果鉴定，获得中国汽车工业进步奖三等奖 1 项。

序　言

21 世纪以来，信息通信、大数据、云计算、人工智能等技术爆发式的增长，为人类的生活方式带来了前所未有的变化。作为国民经济发展的重要支柱，汽车产业在技术的推动下逐渐实现工业化、信息化发展，为国民经济的发展提供了进一步上升的驱动力。智能网联汽车作为汽车产业的重要力量，也是未来高效移动出行的重要平台，已成为智能交通、智慧城市建设的重要引导者。

作为资金密集型、技术密集型的产业，汽车产业的产品越来越多元化、复杂化。智能网联汽车作为新技术的集中载体，吸引的不仅仅是传统的整车厂，还有大量新兴科技公司、互联网企业、出行服务公司以及涌现出的一批造车新势力。智能网联汽车新的产品架构、新的研发模式和新的商业形态正在形成。同时，智能网联汽车产业生态的建设离不开国家层面的支撑与引导，《中国制造 2025》、《新一代人工智能发展规划》、《中国汽车产业中长期发展规划（2016－2025 年）》、《智能汽车产业创新发展战略》等系列文件的发布为中国智能网联汽车提出了明确的发展方向。

智能网联汽车的发展不仅推动产业格局的变革，同时也加强核心技术的创新。车辆智能技术、车辆网联技术和基础支撑技术成为发展的关键问题。智能方面涉及环境感知数据处理算法、关键汽车零部件开发、智能汽车供应链体系等；网联方面，包含车路协同控制、信息安全、智能汽车运营监管、数据挖掘与分析、车载终端与软件系统等；在基础支撑方面，除了标准政策法规以外，测绘资质管理、数据资源建设投入、高精度地图应用研究、测试评价技术与管理等成为研究的重点。尤其在智能网联汽车大数据、底层操作系统、专用芯片等关键技术领域，我国与国外还有很大的差距，测试及认证方面也缺乏必要的软硬件资源和平台支撑。智能网联汽车不是一蹴而就的事情，需要各方资源协调同步发展。在智能网联汽车的发展道路上，我们还需要深入地实践与探索。

本书全面介绍了国内外智能网联汽车发展的现状、体系架构、政策及趋势，分析了智能网联汽车的产业链及商业化模式，同时从自动驾驶算法、驾驶场景、仿真测试等角度深刻地剖析了自动驾驶相关技术。本书内容全面、新颖，为行业开展技术研发、产品开发、行业标准研制等方面提供参考价值。无论是对企业科研工作者还是在校相关专业的学生，都是不可多得的读本。

中国工程院院士

前　言

作为国民经济的重要支柱，汽车产业是驱动新一轮科技革命和产业变革的重要力量。在未来汽车产业发展趋向智能化、网联化、电动化、共享化的形势下，智能网联汽车成为汽车产业发展方向和战略制高点，是全球汽车产业发展协同创新的重要载体。

本书基于我方智能网联汽车团队长期深入研究的经验和分析，系统地介绍了智能网联汽车相关技术，旨在面向行业提供一个对智能网联汽车涉及的技术问题的全面理解。全书分为两部分内容，共七个章节。第一部分介绍了智能网联汽车的理论知识及产业形式。第一章介绍了智能网联汽车基本概念、分级、发展目标。第二章介绍了智能网联汽车智能化、网联化、融合化的发展路线，产业生态、主机厂、用户接受度的发展趋势，当前各个企业在智能网联汽车领域的布局，并系统介绍了国内外为促进智能网联汽车发展所出台的系列政策措施，以及我国智能网联汽车应用示范重点项目。第三章介绍了智能网联汽车产业链、价值链、商业化技术服务与商业模式。第二部分为本书的主要内容，介绍了智能网联汽车的关键技术。第四章介绍了驾驶场景数据从采集、分类、处理到应用的一体化流程体系，并对数据库建设、驾驶场景规范体系进行详细的介绍。第五章介绍了驾驶场景虚拟仿真技术，包括仿真测试系统、仿真平台、仿真数据体系、虚拟试验场建设、仿真测试工具、仿真验证与评价。第六章介绍了自动驾驶相关算法，包括感知算法、融合算法、算法验证以及实车评估方法。第七章介绍了自动驾驶车辆工程应用技术，包括工程验证关键技术、车辆改装、自动驾驶特定功能的实现方法以及软硬件发展思路。

在本书编写的过程中，感谢团队每一位成员的辛苦付出，同时对引用的参考文献内容，特向其作者表示深切谢意。

目　录

第一章　智能网联汽车概述

第一节　智能网联汽车简介

19 世纪末汽车的发明从根本上改变了人们的出行方式，也加速了人类城市化的布局和形式变化。随着汽车的发展，智能网联汽车相关技术的应用将会一举颠覆我们的生活方式。能源、金融、电力运输甚至各行各业的产业结构及社会规范都会受到极大的影响。正如前百度自动驾驶事业部总经理王劲所言：无人驾驶汽车比人类更遵守交通规则，对城市的交通拥堵会有较大的缓解，交通系统效率会提高，无人驾驶技术给城市带来显著的改变也将深刻影响智能交通、智能城市建设。“中国制造 2025”也将汽车行业列为十大关键领域之一，尤其是智能网联技术和新能源技术被列为行业发展的两大主题。根据相关数据统计，到 2025 年，无人驾驶汽车将初步商业化，目前部分国家及国际组织已出台与无人驾驶道路试验相关的各种政策和标准。2015 年，英国颁布了与无人驾驶道路测试许可相关的法规。自 2016 年开始，美国发布“联邦自动驾驶汽车政策”，日本公布自动驾驶实证实验的准则草案，我国也陆续颁布自动驾驶相关的道路测试标准规范。2016 年，联合国修订“维也纳道路交通公约”，此外，各大主机厂、科技巨头、互联网公司等已在智能网联汽车领域角逐多年，其中尤以特斯拉、谷歌、奔驰、博世、百度为代表。奔驰的 DAVOS 自动驾驶系统、特斯拉的 Model Y 在理论上都可以实现完全的自动驾驶；百度在 2017 年国际消费类电子产品展览会（CES 2017）上发布自动驾驶 AI 平台 Road Hackers，并将与清华大学合作对国内道路环境的自动驾驶平台进行研发；博世 2017 年联合 NVIDIA 开发的 Drive PX 平台，将实现汽车的高度自动驾驶，由此可见，智能网联汽车作为未来 10～20 年汽车产品的最终形态，已逐步为公众所熟知，并孕育出一定的市场发展潜力[1]。

第二节　智能化与网联化

智能网联汽车顾名思义，包含智能化和网联化两个层面。智能化方向，SAE（国际自动机工程师学会/美国汽车工程师学会）、NHTSA（美国高速公路安全管理局）、VDA（德国汽车工业联合会）、BASt（德国联邦交通研究所）等组织机构给出各自的自动驾驶分级方案，其中 SAE 在 J3016 - 2014 文件中提出的五级自动驾驶分级方案是当前被普遍采用接受的标准，如表 1 - 1所示。

表 1 - 1　智能化等级划分

SAE 等级	名称	概念界定	动态驾驶任务		动态驾驶任务支援	设计的适用范围	NHTSA 等级
			持续的横向或纵向的车辆控制运动	物体和事件探测响应			
驾驶员执行部分或全部的动态驾驶任务							
0	无自动驾驶	即便有主动安全系统的辅助，也仍由驾驶员执行全部的动态驾驶任务	驾驶员	驾驶员	驾驶员	不可用	0
1	驾驶辅助（DA）	在适用的设计范围内，自动驾驶系统可持续执行横向或纵向的车辆运动控制的某一子任务（不可同时执行），由驾驶员执行其他的动态驾驶任务	驾驶员和系统	驾驶员	驾驶员	有限	1
2	部分自动驾驶（PA）	在适用的设计范围内，自动驾驶系统可持续执行横向或纵向的车辆运动控制任务，驾驶员负责执行 OEDR 任务并监督自动驾驶系统	系统	驾驶员	驾驶员	有限	2

续表

<table>
<tr><th rowspan="2">SAE等级</th><th rowspan="2">名称</th><th rowspan="2">概念界定</th><th colspan="2">动态驾驶任务</th><th rowspan="2">动态驾驶任务支援</th><th rowspan="2">设计的适用范围</th><th rowspan="2">NHTSA等级</th></tr>
<tr><th>持续的横向或纵向的车辆控制运动</th><th>物体和事件探测响应</th></tr>
<tr><td colspan="3">自动驾驶系统执行全部的动态驾驶任务（使用状态中）</td><td rowspan="2">系统</td><td rowspan="2">系统</td><td rowspan="2">备用用户（能在自动驾驶系统失效时接受请求，取得驾驶权）</td><td rowspan="2">有限</td><td rowspan="2">3</td></tr>
<tr><td>3</td><td>有条件的自动驾驶（CA）</td><td>在适用的设计范围内，自动驾驶系统可以持续执行完整的动态驾驶任务，用户需要在系统失效时接受系统的干预请求，及时做出响应</td></tr>
<tr><td>4</td><td>高度自动驾驶（HA）</td><td>在适用的设计范围内，自动驾驶系统可以自动执行完整的动态驾驶任务和动态驾驶任务支援，用户无须对系统请求做出回应</td><td>系统</td><td>系统</td><td>系统</td><td>有限</td><td rowspan="2">4</td></tr>
<tr><td>5</td><td>完全自动驾驶（FA）</td><td>自动驾驶系统能在所有道路环境下执行完整的动态驾驶任务和动态驾驶任务支援，驾驶员无须介入</td><td>系统</td><td>系统</td><td>系统</td><td>无限制</td></tr>
</table>

L0，无自动驾驶。完全由驾驶员进行车辆的加速、转向、刹车、档位等控制，系统只负责执行命令并不进行驾驶干预。但系统可以提供预警和少量保护辅助功能，以便驾驶员进行决策和控制，例如车道偏离预警（LDW）、盲点监测（BSM）、行人检测（PD）、交通标志识别（TSR）、夜视（NV）、后排平交路口交通警报（CTA）等。

L1，驾驶辅助。系统根据实际情况负责执行转向或加减速的一项操作，系统不能同时执行多项操作，其他操作均由驾驶员执行，驾驶员必须做到

“手、脚、眼不离路”。L1 级别常见的辅助功能有车道保持驾驶辅助功能（LKA）、自适应巡航驾驶辅助功能（ACC）、盲区检测预警（BSD）、紧急制动刹车（AEB）。

L2，部分自动驾驶。系统可以执行转向和加减速的多项融合操作，系统可以自主完成某些驾驶任务，但仍需驾驶员时刻监视并随时准备接管，适应于行驶环境简单、车道无变化的高速公路。目前大部分车企生产的汽车可以达到 L2 级别的自动驾驶技术，并且实现量产。

L3，有条件自动驾驶。系统可以独立完成所有驾驶操作，特殊情况下，驾驶员需按照系统要求对车辆进行监管，以便解决人工智能不能应对的情况。L3 级别适用于高速公路或无变化的市区的全路段下的正常行驶。

L4，高度自动驾驶。与 L3 不同的是，驾驶员对 L4 级别的驾驶系统提出的响应请求可以不进行响应，L4 级别比 L3 级别对车辆功能的释放程度更高，驾驶员可以有更多的时间进行休息、娱乐。L4 级别适用于封闭的小区、景区或特定的市区。

L5，完全自动驾驶。自动驾驶的最高级别，真正意义上的无人驾驶，不受驾驶环境的影响，适用于全区域、全功能工况。

高级驾驶辅助功能目前已逐渐成为中高端品牌车型的标准配置。由中国汽车技术研究中心有限公司主导的中国新车评价规程（C－NCAP）目前已经把主动安全功能纳入新车的考评体系。C－NCAP 自 2006 年正式实施以来，经历了四次改版，项目评价难度逐步提升。2018 年 7 月 1 日开始正式实施新规，其中，最大的变化之一就是把车辆的主动安全纳入测评体系中。汽车电子稳定控制系统（ESC）作为车辆新型的主动安全系统也被纳入主动安全部分，并且增加对紧急制动刹车（AEB）的试验评价，如表 1－2 所示。其中，AEB 的测试项目主要包括前车静止（CCRs）、前车慢行（CCRm）、前车刹车（CCRb）三种追尾测试工况。随着时间的推进，未来在对新车所获星级的最低得分率要求中，主动安全部分的最低得分率会逐年提高，如表1－3 所示。同样地，自 2013 年开始，欧盟新车安全评鉴协会（E－NCAP）已经将更多的驾驶辅助功能纳入评分体系，要求到 2017 年，SAS、AEB、LDW/LKD 的加分设定为系统装机量达到 100%[2]。可见，未来汽车的高级驾驶辅助功能成为汽车必备的功能。

表 1－2　C－NCAP 管理规则（2018 年版）

乘员保护			行人保护	主动安全	
100% 正碰 40% 偏置 侧面碰撞	鞭打	侧气囊＋气帘部分 安全带提醒加分		ESC 加分	AEB 评价

表 1－3　C－NCAP 对所获星级最低得分率要求

单位：%

星级	乘员保护部分最低得分率	行人保护部分最低得分率	主动安全部分最低得分率		
			2018 年	2019 年	2020 年
5＋	95	75	50	55	72
5	85	65	26	38	55
4	75	50	26	26	26
3	65	40	—	—	—
2	55	20	—	—	—
1	<55	<20	—	—	—

表 1－4　2013 年引入新规则后评分规则关于主动安全得分的调整

单位：%

功能＼年份	2013	2014	2015	2016	2017
SAS	50	50	70	100	100
AEB		50	50	70	100
LDW/LKD		50	50	70	100

网联化按照实现功能的不同分为网联辅助信息交互、网联协同感知、网联协同决策与控制三个等级，如表 1－5 所示。网联化强调的是汽车接入网络系统，包含车与车、车与人、车与路、车与云之间的交互。

基于智能化及网联化的发展方向，2016 年，中国汽车工程学会发布的《节能与新能源汽车技术路线图》为智能网联汽车发展提供了技术路线与产业发展目标的参考，如表 1 – 6 所示。2016 ~ 2020 年为我国智能网联汽车的起步阶段，智能网联汽车相关标准体系及关键技术逐步深入发展，缩小我国与欧、美、日等国际先进水平的差距，满足我国市场的自主需求。互联网、科技型等新兴企业涌入，各企业纷纷布局，率先占领市场，传统产业上下游链条状格局逐渐被打破，网状式生态体系开始形成。2021 ~ 2025 年为我国智能网联汽车的发展期，这一阶段智能网联汽车相关的标准法规、生产配套体系等逐渐完善，网联化、智能化水平显著提升，智能驾驶核心技术达到国际先进水平，整体力量具备较强的国际竞争优势。2026 ~ 2030 年是我国智能网联汽车的成熟时期，具备完善且成熟的标准体系；技术研发体系逐渐成熟，智能汽车与智能道路交通高度协作，全国交通事故率及能耗排放大幅度降低。

表 1 – 5　网联化等级

网联化等级	等级名称	等级定义	控制	典型信息	传输需求
1	网联辅助信息交互	基于车—路、车—后台通信，实现导航等辅助信息的获取以及车辆行驶与驾驶人操作等数据上传	人	地图、交通流量、交通标志、油耗、里程等信息	传输实时性、可靠性要求较低
2	网联协同感知	基于车—车、车—路、车—人、车—后台通信，实时获取车辆周边交通环境信息，与车载传感器的感知信息融合，作为自主决策与控制系统的输入	人与系统	周边车辆/行人/非机动车位置、信号灯相位、道路预警等信息	传输实时性、可靠性要求较高
3	网联协同决策与控制	基于车—车、车—路、车—人、车—后台通信，实时并可靠获取车辆周边交通环境信息及车辆决策信息，车—车、车—路等各种交通参与者之间信息进行交互融合，形成车—车、车—路等各种交通参与者之间的协同决策与控制	人与系统	车—车、车—路间的协同控制信息	传输实时性、可靠性要求较高

表 1－6　我国智能网联汽车产业的发展目标

类别	起步期（2016～2020 年）	发展期（2021～2025 年）	成熟期（2026～2030 年）
顶层设计	企业为主体、市场为导向、政产学研用紧密结合、跨产业协同发展的智能网联汽车自主创新体系	乘用车与商用车的自主式智能网联汽车产业链与智慧交通体系	完善的智能网联汽车产业链与智能交通体系
标准体系	掌握智能驾驶辅助系统关键技术	掌握自动驾驶系统关键技术	完善的研发体系
市场应用	DA、PA、CA 新车装配率达到 50%，网联式驾驶辅助系统装配率达到 10%	DA、PA、CA 新车装配率达到 80%，PA、CA 达到 25%，HA/FA 开始进入市场	DA、PA、CA 新车装配率接近 100%，HA/FA 装配率达到 10%
社会效益	交通事故减少 30%，降低油耗与排放 5%	交通事故减少 80%，降低油耗与排放 20%	零伤亡、零拥堵

总体发展思路包括以下几方面。

（1）近期，以自主环境感知为主，推进网联信息服务为辅的 PA 级应用。

（2）中期，重点形成网联式环境感知能力，实现复杂工况下的 CA 级驾驶。

（3）远期，实现 V2X 协同控制，具备高度/完全自动驾驶功能的智能化技术。

根据智能网联汽车的智能化及网联化的等级要求，《节能与新能源汽车技术路线图》按照乘用车、商用车的类别提出了分阶段式的发展目标，如图 1－1 所示。其中，融合本车传感器和网联信息的半自动驾驶技术将于 2020 年实现；V2X 协同控制高度或完全自动驾驶功能将在 2025 年以后实现，产业化应用将在 2030 年左右实现。从发展趋势来看，在功能实现方面商用车比乘用车更复杂，同时商用车比乘用车更进一步适应网联化等级水平。

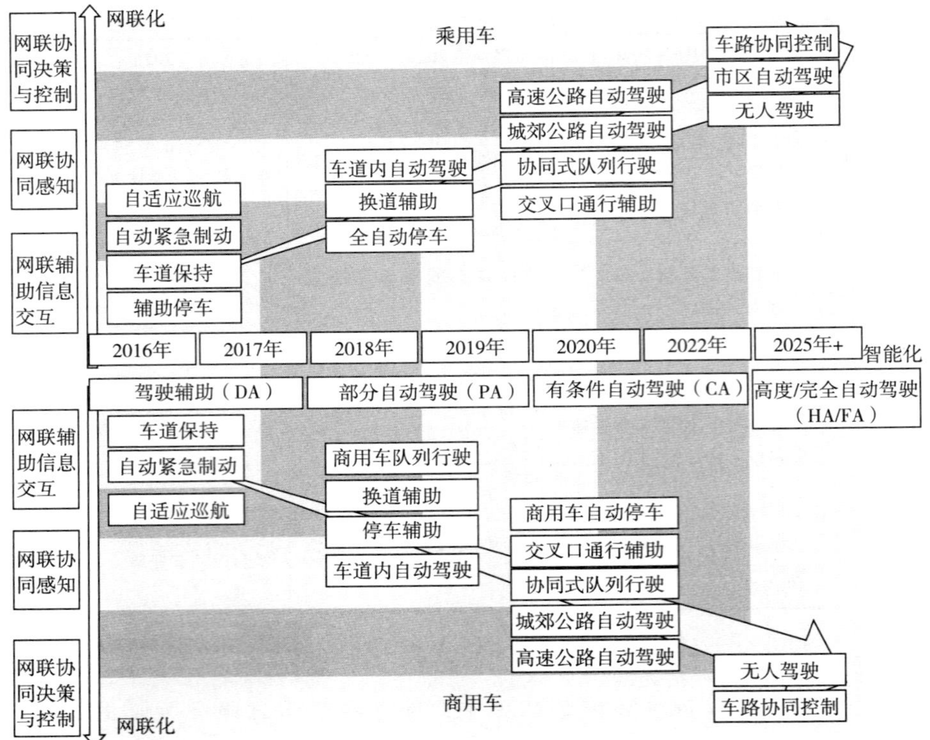

图 1－1　乘用车及商用车分阶段式的发展目标

参考文献

［1］董长青、丁田妹、黄晓延：《浅析智能网联汽车的无人驾驶体验新需求》，《汽车工业研究》2017 年第 6 期。

［2］王旭光、侯林：《欧盟一般安全法规（EC）661/2009 解读分析》，《汽车实用技术》2014 年第 6 期。

第二章　中国智能网联汽车发展及标准法规演变趋势

当前我们所面临的交通拥堵、道路安全隐患、污染排放、能源消耗等问题日益严重，智能网联汽车不仅是解决这些问题的主要手段，同时也是推动未来智慧出行新型产业生态建成的关键。人工智能芯片、车载传感器、车载平台、通信与网络、大数据等技术和新兴产业的跨界融合，将推动智能网联汽车新的产业生态体系形成，对构建新的智慧城市起到积极的作用。

第一节　智能网联汽车发展路线

智能网联汽车的发展将为汽车、通信、电子、互联网等技术密集型行业孕育新的发展动力，也将成为解决环境、能源、拥堵、安全等社会问题的关键手段。作为汽车产品的终极形态，智能网联汽车已成为世界各国争相抢占的发展战略制高点。汽车产业格局下的创新链、价值链、生态链的重构与变革已成为不可逆的趋势。

作为全球最大的汽车市场，中国在信息技术、产业基础、市场空间、机制建设上具有深厚的基础积累与战略优势。但同时基于中国消费者的文化差异、消费习惯的不同，消费者用车行为、娱乐、社交等方面都具有自身特色。另外，智能网联汽车产业的高精度地图、互联通信、大数据等技术涉及国家安全领域，受到政府的高度重视与严格监控，从事对应行业的企业需由国家授权。作为未来汽车的最终形态，智能网联汽车的巨大潜力吸引了众多企业涌入，原有的传统汽车企业快速转型、新兴企业不断涌现，各方都在积极争取优质资源及消费群体，整体市场变化快、竞争激烈。上述中国汽车市场的特殊性，必定导致中国要走一条与全球其他国家不同的，具有中国特色的智能网联汽车发展道路。

智能化和网联化的发展需要多个领域的渗透融合，且二者不能相互脱离独自发展，未来智能网联汽车必将呈现以智能化和网联化交替式主导融合的发展趋势。从市场层面看，根据中国汽车市场的特殊性，智能网联汽车必须依托政府强制力管控，且智能网联汽车的技术难度大、资金密集，产业内存在两种发展模式，以高精度地图、计算机视觉、软件算法等占领技术最高点的技术导向型和转型运营服务积极布局高价值产出的生态导向型，结合中国市场多元出行方式的需求，未来中国汽车市场将率先实现生态领先。因此在政府和生态的双轮驱动模式下，智能化和网联化将实现总体上升，协同发展，如图 2－1 所示。

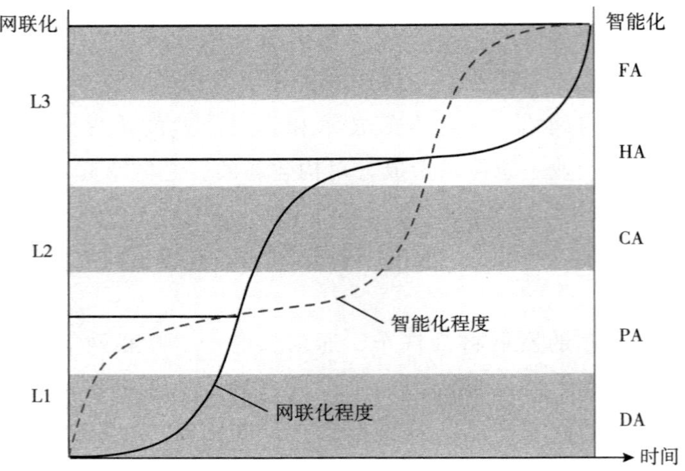

图 2－1　智能网联汽车总体发展态势

智能网联汽车的智能化等级和网联化等级是边界模糊的层级，其中发展始终以汽车智能化为目的，网联化为手段。在发展初期，汽车智能化发挥先导优势，引领整体行业发展，网联化的需求不明显，汽车达到 DA 级别水平；在 PA 级别阶段，随着智能化达到一定水平，实现进一步智能化的数据需求量增加，汽车智能控制对信息的传输效率、传输频率要求逐渐提高，网联化的需求增加并超越智能化；网联化是实现汽车智能化的基本技术手段，在 CA 级别阶段，汽车进一步智能化需融合场景，网联化技术如 5G、高精度地图、云平台等技术迫切需要突破，需要更大体量的数据以及更高的效率实现车联网 V2X（车对外界的信息交换），保证汽车智能行驶的安全性；在 HA 级别阶段，以网联化技术作为基础支撑，单车逐步实现高度智能化，系统可以完成所有的驾驶操作；FA 级别阶段，汽车实现高度智能化、高度网联化，此时技术的瓶颈不再是行业最为关注的问题，用户的更多需求需要被挖掘，生态链构建成为行业重点。

一　智能化发展路线

智能网联汽车的智能化技术是基于车辆搭载先进的传感器、控制器、执行器、软件算法，使汽车可以自主通过感知系统与信息终端系统实现车—车、车—人、车—环境的信息交互，从而自动完成车辆的识别、感知、决策以及控制，最终代替驾驶员操作实现无人驾驶。SAE 的自动驾驶等级并没有清晰明确的界限，因此考虑其各个阶段的主要功能，智能化等级的发展可以划分为三个主要阶段，DA + PA 级、CA 级和 HA + FA 级。其发展进程中的关键问题如图 2 - 2 所示。

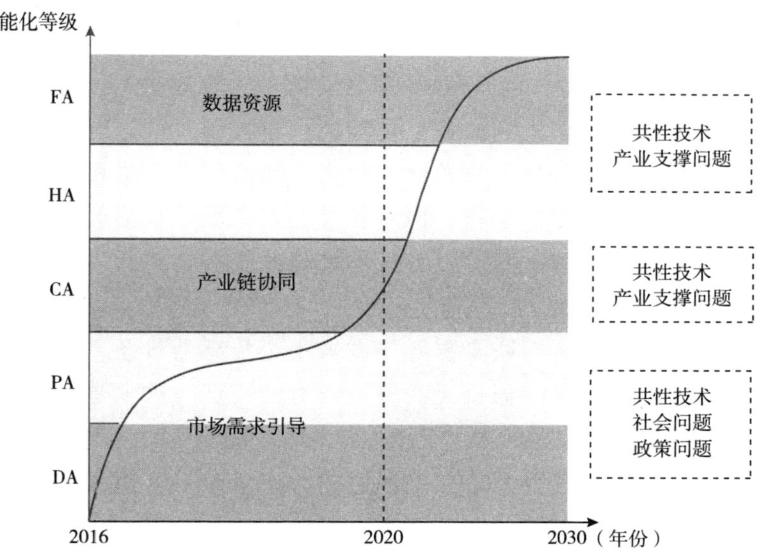

图 2 - 2　智能化发展进程及关键问题

1. DA + PA 级关键问题

驾驶辅助和部分自动驾驶阶段以自主环境感知、识别为主，提供基础的网联化信息引导，实现单车的智能驾驶辅助功能，包含预警类和执行类两类驾驶辅助功能。预警类驾驶辅助功能有车道偏离预警（LDW）、盲区检测（BSD）、夜视（NV）、行人碰撞预警（PCW）、前方碰撞预警（FCW）、疲劳检测（DDD）、全景泊车（SVC）、交通标志识别（TSR）、交通信号灯识别（TLR）、后排平交路口交通警报（CTA）等；执行类驾驶辅助功能有自动紧急制动（AEB）、自动泊车（AP）、自适应巡航（ACC）、车道保持辅助（LKA）、车道变换辅助（LCA）、智能远光控制（IHC）、行人保护（PP）。

基于中国市场车辆的保有量及需求量，DA 和 PA 级阶段不可能从根本上改变车辆的控制运行模式，只能依托现有车辆构造及交通模式进行车辆的改装，使车辆能够在不违反现有交通规则的前提下辅助驾驶员进行车辆控制。这一阶段所面临的路况并不复杂，要实现车辆对道路的高识别性、高可靠性、实时的信息交互需要解决的两个共性技术问题，包括单传感器简单环境识别技术精确性问题和车辆底层控制改装实现可靠性问题。目前主流的环境识别技术主要依靠车载毫米波雷达、车载超声波雷达、车载激光雷达、摄像头几种传感器。这些传感器通过探测车辆周围的目标物，对交通设备（红绿灯、车道线、桥梁、路灯、隧道、交叉路口等）及交通参与者（其他车辆、行人）的距离、形状、大小、动静状态、速度等道路环境信息进行采集，将采集到的信息传输到汽车控制系统，对车载传感器采集到的数据进行处理分析，并融合定制化的辅助驾驶策略相关算法依据周围环境做出进一步的控制动作。面对各种突发状况，车辆的控制动作需保证车辆的位置、姿态、速度、加速度等重要参数符合最新决策结果。不同传感器适应不同传输距离、不同穿透性、不同天气等。从识别范围来说，要实现自动驾驶，一辆网联车需要搭载数十个传感器设备，受限于传感器的视觉和高度，车载传感器也无法覆盖所有的盲区，这也是当前智能网联汽车在环境识别方面的主要难点。DA 级和 PA 级发展的初期主要针对的是高速公路或封闭道路这种简单工况的道路，而对于乡村道路等非结构化的道路需要更强大的感知能力及识别算法，为保证驾驶员的人身安全，简单环境的覆盖识别率至少需达到 95%。从准确率来考虑，将驾驶职责交予人工智能，需要极大的信任感，即使自动驾驶可以极大地减少整个交通事故的发生率，但任何由自动驾驶系统主导所发生的事故都会被放大，触动人们的安全防线，因此环境识别需达到 100% 的准确率。

如果识别和算法是自动驾驶汽车的眼睛和大脑，那么底层硬件系统就是智能汽车的四肢。现阶段非自动驾驶车辆的体量和需求是主力，自动驾驶汽车的构造在短时间内难以摆脱传统汽车的模式。大多数企业用于自动驾驶技术研发的是改装车辆，要想实现自动驾驶车辆平稳行驶甚至量产化，必须对车辆的执行机构进行电子化的改造，将其升级为具有外部控制协议接口的线控执行部件系统，最终改变车辆的动力学模型，其中涉及控制档位、节气门、制动器、加速踏板、前悬架系统、方向盘、前轮转角传感器、转向助力等结构部件。在这方面我国相关技术积累薄弱，且自动驾驶的控制执行部分主要被国外如博世的 Ibooster、大陆的 MK C1 等一级供应商所垄断，这些一级供应商技术研发经验积累雄厚，拥有自成体系的全套底盘控制系统，且大多不对外开放，大大限制了车辆改装技术的发展。因此，自动驾驶技术研发方面，应要求供应商接口透明，或加大线控制动技术的研发力度，或者在研发初期选择使用新能源汽车改造，绕开传统的发动机和变速箱等壁垒技术。但从长远来看，国内品牌需尽快开发出可规模化量产的整套底层平台，打破国外企业的垄断。

从社会层面考虑，中国汽车市场体量大，日出行车辆数量较多，交通拥堵、停车难、环境污染等问题日益严重。智能网联汽车的落地可有效改善大城市交通状况，满足用户的多样化出行需求。基于当前汽车市场保有量及用户需求，智能网联汽车发展进程中必然出现多种驾驶模式共存的局面。解决用户的痛点是智能网联汽车发展的基础，必须围绕中国汽车市场规模及消费者行为的特殊性，规划和开发相应的智能化、网联化技术，布局相应的商业模式，进行可落实试点的自动驾驶应用场景设计，比如共享汽车、一键叫车、敬老车、顺风车、无人公交等。作为最基础的自动驾驶模式，在智慧交通城市建设需求中，未来 DA 等级以上的新车装配率必须接近 100%。

中国要发展智能网联汽车，标准建设必须先行。标准规范是推动智能网联汽车良性发展的重要保障。智能网联汽车的法律、测评、保险、信息安全、交通执法等相关标准贯穿整个智能网联汽车发展进程。在 DA、PA 级水平，智能网联汽车发展的初期需综合考虑标准构成和标准的兼容性，全面铺开标准政策规范建设，针对中国独特的道路交通及驾驶行为特征，制定以智能化水平为重点的技术及应用系列标准，例如分级、术语、车用芯片、通用技术标准等。

2. CA 级关键问题

智能网联汽车虽然分为智能化和网联化两个方向，但二者并非互相独立，而是相互依托，DA 级和 PA 级阶段感知接管的主体是驾驶员，CA 级别时，接管主体变为驾驶系统，因此有条件自动驾驶需具备联网式的环境感知能力，以适应工况更为复杂的道路。典型功能包括协同式队列行驶、交叉口通行辅助、城郊公路自动驾驶、高速公路自动驾驶等。

智能网联汽车的本质是解决汽车像人类一样适应更为复杂的环境问题，随着 CA 级别要解决的问题越来越复杂，数据的传输量急剧增加，单一的传感器的感知、识别已不能适应需求，因此多源传感器感知信息优化组合、高度耦合车辆自主决策控制、人机交互共架技术是智能网联汽车发展中期主要面临的共性技术问题。多源传感器的信息优化组合是智能汽车通过摄像头、雷达等传感器获得分离的观测信息，通过相关智能算法对观测信息进行多层次、多空间的信息互补和优化组合处理，最终的目的是产生可以辅助汽车驾驶的有用信息。加强机器视觉深度认知、多源信息优化组合是解决复杂场景下道路、规则及识别的有效途径，一方面需要深度学习技术提高障碍物及高速目标物的检测精度和可靠性，另一方面基于强大的网络技术满足高速行驶下的检测要求。高度耦合车辆自主决策涉及硬件和算法两个层面。自主研发设计芯片及电子电路，开发利用网联感知信息及自动驾驶集成式决策控制器，并结合 ADAS 图像识别、决策与控制策略集成、路径规划等相关算法是解决有条件的高度耦合车辆自主控制及轨迹规划问题的最佳策略。环境识别、决策控制两个层面的技术突破只是解决了复杂环境中人机协同共驾能力不足问题，为保障智能车上路的可靠性，还需建设面向智能网联汽车的中国驾驶员人机交互行为数据库作为支撑。通过对能表征驾驶员行为数据（驾驶员信息、交通环境数据、车辆运行特征数据、驾驶员操控信息等）进行采集、分析提炼并入库，便于研发人员对驾驶员跟车、变道、超车、疲劳驾驶等行为进行研究，也为研究具有中国特点的智能网联汽车提供基础支撑。

从产业支撑层面来看，CA 级产品的落地需要有专门的体系性的测试认证方法以及对应的测试环境。将驾驶主体交由系统接管，产品落地之前，实车道路测试是智能网联汽车研发必不可少的重要环节。当前，国内智能汽车还处于应用测试阶段初期，为验证车辆在各种复杂工况下安全、可靠地运行，自 2017 年底开始，北京、上海、重庆、深圳、长沙、长春、杭州等地发布智能网联汽车道路测试相关标准。除汽车道路测试外，还需依据中国市场的特殊性，对涉及数据流传输的数据标准与安全规范问题进行深入管理与研究，对智能网联汽车测试场景、数据库的采集进行完善的标准体系建设，这是车辆数据、交通数据、环境数据的多维融合与实时高效处理的重要保证。

3. HA + FA 级关键问题

智能网联汽车发展水平 HA 级到 FA 级是颠覆性的突破，高度智能化的汽车，能够主动应对处理所有的工况及突发情况。HA 和 FA 级阶段，智能网联汽车交通环境的参与度提高，驾驶车辆需要具备与其他交通参与者（车、人、交通设施）的网联协同控制的能力，能够自主地进行感知、决策、控制，实现高速公路、城郊公路和市区道路等全路况条件下的自动驾驶。

与 CA 级别不同，HA 级和 FA 级需要实现车辆自主判断决策，确定行进轨迹和行驶路径，而非“有条件的高度耦合控制决策”，即 HA 级和 FA 级的自动驾驶车辆模拟人的思考模式自主解决复杂的场景问题，使车辆更加智慧，而非智能。这种智慧的实现需要大量的机器学习训练，数据的深度挖掘应用和人工智能技术是这一阶段解决车辆与各交通参与者协同控制问题的主要共性技术的关键。人工智能技术的介入将使汽车通过自主学习理解外界环境并做出预判和决策的效率大为提升。这对保障智能车安全行驶具有极大的积极意义。数据仍然是底层支撑的基础。这一阶段的数据深度挖掘主要有两个方向，面向场景类数据和面向行业类数据。面向场景类数据主要针对智能驾驶汽车的技术研发，通过对中国道路环境的驾驶场景数据采集、筛选、分析、应用，借助大数据云计算技术来实现车辆在特征道路环境中的不同行驶特征要求。面向行业类数据，需采集后市场的运营数据及流通数据，通过大数据技术建立个性化的市场解决方案，重点发展智慧出行生态的基础。

在产业支撑层面，随着智能网联汽车逐步向自主决策过渡，数据教材的作用，即场景数据库的作用逐渐凸显。数据教材的建设需从面向车辆决策控制的驾驶人驾驶行为数据库及全路况场景数据库两个层面考虑。面向车辆决策控制的驾驶人驾驶行为数据库的建立可从四个阶段进行：提取描述驾驶行为的典型参数，建立行为数据结构和规范，划分典型人群、采集各类人群驾驶行为，数据入库。全路况场景数据库也可从四个阶段进行：各类自然场景、典型场景的采集，对场景要素进行分析解构，对场景要素的模型进行重构，数据入库场景数据库生成。数据库涉及方方面面，尤其是要与智慧交通统筹发展，因此亟待政府的高度参与，需要考虑安全、管理等方面，完美地将数据库的建设适应全新的智慧交通体系。

二　网联化发展路线

网联化强调的是车辆接入网络，它包括行人、车辆、路测设备、网络中心、智能交通监管系统等，主要实现车内网络与车外网络之间的信息交换，解决人—车—环境的信息交换问题。与智能化分级类似，网联化的层级划分依旧边界模糊，当前公认的分级是按照其网联通信的内容不同进行的，其发展进程及关键问题如图 2 - 3 所示。

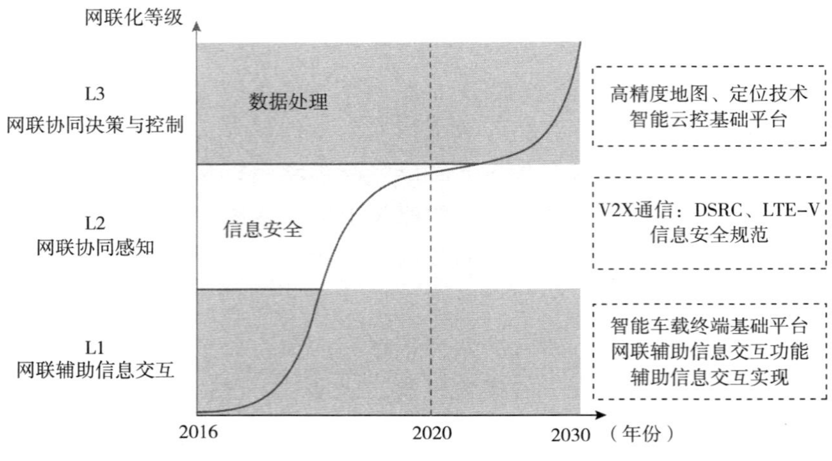

图 2 - 3　网联化发展进程及关键问题

1. 网联辅助信息交互关键问题

网联辅助信息交互阶段主要以无线语音、数字通信和卫星导航定位系统为平台。通过定位系统和无线通信网，向驾驶员和乘客提供实时交通信息、紧急情况应对策略、远距离车辆诊断和互联网增值服务等驾驶辅助类信息服务。车联网通信系统根据通信距离分为两类，短距离通信系统和远距离通信系统。短距离通信系统包括有线通信、短距离无线通信（有蓝牙、ZigBee、WiFi、UWB、60GHz、IrDA、RFID、DSRC 等）；远距离通信系统包括 LTE - V、微波通信和卫星通信等。各车联网通信技术，如表 2 - 1 所示。驾驶辅助类信息服务终端体系架构，如图 2 - 4 所示。

得益于无线通信技术的发展，目前全球通信可以实现基本的车联网需求。智能汽车接入网络离不开车载终端软硬件共性平台、固件升级方案、车规级芯片等的支持。当前网联辅助信息交互的数据传输主要通过两种途径：T-BOX（远程信息处理器）和OBD（车载自动诊断系统）。T-BOX一般是指车联网系统中的智能车载终端，面向前装市场，直接连接CAN控制总线，获取车辆的实时参数并传输到车载信息服务平台（TSP），也可接收由APP、智能钥匙等发送到TSP的指令。而OBD是面向后装市场，通过车载OBD诊断接口的外接OBD设备，实现与云端的联网，OBD同样可以采集车辆的总线数据、驾驶数据，进行车辆的控制与安防。T-BOX和OBD两者功能相近，且对车联网的普及都发挥着重要作用，但通信接口、数据资源、协议开发度等都面向不同的应用，对市场、人群、年龄、功能等做了不同的区分，服务的对象和产品无法做到标准化，因此对海量用户和数据进行有效地分析受限。如何获得更多的有效数据来提升车联网的体验是这一阶段的主要挑战。

表2-1　各车联网通信技术

通信技术		定义	车联网应用
有线通信技术	Can总线技术	一种串行通信网络技术，实现分布式控制与实时控制	1. 车内有线通信； 2. 信息/程序共享
短距离无线通信技术	蓝牙技术	支持设备间进行短距离无线通信技术	1. 车载蓝牙电话、音响、导航； 2. 蓝牙汽车防盗； 3. 汽车解锁
	ZigBee技术	一种双向无线网络通信技术，成本低、功耗低、速率低，应用IEEE 802.15.4标准	用于汽车传感网络
	Wi-Fi技术	以IEEE802.11标准为基础发展起来的短距离无线通信技术	1. 车载影音系统； 2. 可通过移动设备查看车辆位置、里程等信息
	UWB技术	利用极短的脉冲信号传送信息的无载波通信技术	可有效提升雷达系统的防障碍性能
	60GHz技术	通信波为60GHz附近频率的短距离无线通信技术	1. 汽车防撞报警系统； 2. 车载信息娱乐系统
	IrDA技术	利用红外线进行点对点短距离无线通信技术	1. 夜视辅助系统； 2. 遥控钥匙

续表

通信技术		定义	车联网应用
短距离无线通信技术	RFID 技术	一种非接触式的识别技术	1. 无钥匙系统； 2. 汽车防伪查询； 3. ETC 系统
	DSRC 技术	一种高速的数据传输无线通信技术，高效、低干扰、低延时	V2R、V2V
远距离无线通信技术	LTE - V 技术	一种 4G 向 5G 平滑演进的重要技术，主要面向智能交通和车联网的应用	1. V2P；V2V；V2I
	卫星通信技术	利用人造卫星作为中继站转发无线电信号进行通信	1. GPS 系统； 2. 道路电子收费系统； 3. 车辆跟踪和交通管理

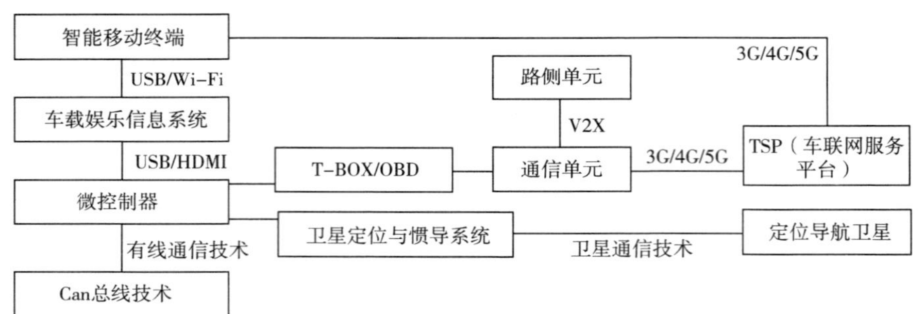

图 2-4 驾驶辅助类信息服务终端体系架构

2. 网联协同感知关键问题

网联协同感知主要指以专用短程通信（DSRC）、LTE - V 或 5G 等新的无线通信技术为载体，对信息进行准确的传输，与车载传感器获取的信息进行协同，实现 V2X 通信功能，为车辆的决策和控制服务。随着汽车行业的网联化发展，V2X 技术要实现车—车、人—路—云的通信，互联通信技术需要满足：（1）传输速度快；（2）数据传输可靠性高；（3）网络传输的延时性低。国际上现阶段的车联网通信技术路线主要分为 DSRC 和 LTE - V 两个阵营。DSRC 可以实现特定区域内对高速移动的目标识别及双向通信，实时传输图像、语音和数据信息，例如车辆的车—路、车—车双向通信。LTE - V 技术以 LTE 作为通信的基础，解决交通实体之间的“共享传感”问题，可将车载传感器的识别范围有效扩展到数百米，成倍提高车载 AI 的效能。表 2 - 2 所示为

DSRC 和 LTE - V 的技术对比。LTE - V 技术不需要专用频谱，并能重复使用现有的基建设施，同时作为拥有自主知识产权的通信技术，LTE - V 有利于国内企业规避专利风险，因此 LTE - V 将会成为我国未来支持发展的 V2X 通信技术。

表 2 - 2　DSRC 和 LTE - V 技术对比

类别	DSRC	LTE - V
频段	5G 频段，美国、欧盟 5.9GHz 频段，日本 5.8GHz 频段，中国存在潜在干扰	采用运营商现有的 LTE 频谱
关键指标	平均传输速率 12Mbps（最大 27Mbps）；范围 1000m；支持车速 200km/h；反应时间 100ms	传输带宽最高 100MHz；峰值速率上行 500Mbps，下行 1Gbps；时延 ≤ 50ms；支持车速 500km/h
部署成本	成本高，需要部署 RSU	成本低，无须部署 RSU，共用蜂窝网络
IP 接入方式	部署 RSU 作为网关；CSMA/CA 竞争信道	通过蜂窝基站接入；基站集中调度；业务连续性好，调度效率高
安全性	节点隐藏，数据碰撞问题；有基于证书的解决方案	安全性好；新标准还需细化
演进性	较弱	平滑演进至 5G
可用性	不依赖基础网络，无地域限制	无 ProSe 的仅在有 LTE 信号的场地使用；有 ProSe 的可用于所有地方
支持厂商	主机厂、电子零部件厂	电信运营商、通信设备商、芯片商
应用	（1）车载影音娱乐、车辆网络、商家广告资讯等非安全功能类应用； （2）非 IP 网络的 WAVE 短信息交互协议、主动式安全传输以及重要交通信息传播，用于主动安全类交互	（1）V2V：前方碰撞警告、车辆失控警告、紧急车辆警告、紧急停车、协同自适应巡航控制、基站控制下的通信、预碰撞警告、非网络覆盖下通信、错误驾驶警告、V2V 通信的信息安全； （2）V2P：行人碰撞警告、道路安全警告、交通弱势群体安全应用； （3）V2I：与路测单元的通信体验、自动停车系统、曲线速度警告、基于路侧设施的道路安全服务、紧急情况下的停车服务、排队警告； （4）V2N：交通流量优化、交通车辆记录查询、提高交通车辆的定位精度、远程诊断和及时修复通知； （5）V2X：漫游下的信息交换、混合交通管理、与外界通信的最低服务质量

续表

类别	DSRC	LTE－V
优点	（1）有针对性地对车联网领域的相关性能进行优化，如移动性，数据可靠性，时延性，使其适用于 V2V 和 V2I； （2）技术发展时间长，相对成熟； （3）芯片、车企参与度较高	（1）重复现有的频谱，无须部署全新的 RSU 和频谱，共用蜂窝网络，成本低； （2）覆盖范围广，更大带宽，分配灵活； （3）更低时延，更高可靠性； （4）附加值、产业链清晰； （5）可支持车联网业务需求，成为车联网通信协议标准的概率较大
缺点	（1）针对智能交通系统的相关需求，缺乏明确的技术发展路线； （2）带宽无法满足安全防护需求； （3）DSRC 通信需要大量的 RSU 支持，RSU 的部署成本高，周期长； （4）采用载波侦听多点接入/避免冲撞（CSMA/CA）机制，存在隐藏节点以及拥塞问题； （5）安全维护复杂	（1）技术不够成熟，标准尚在草案制订阶段； （2）采用蜂窝式技术，其在智能交通系统中传输的延迟性、可靠性还有待市场检验

网联协同感知阶段下智能网联汽车开始与外界数据进行大量交互，信息安全也将成为亟须解决的问题之一。智能网联汽车存在很多信息安全漏洞，目前已经被发现的漏洞涉及移动终端 APP、T－BOX 上网系统、TSP、CAN 总线等，黑客可以通过漏洞进行远程攻击，控制正在行驶的车辆、盗取用户的个人信息等，对用户的人身安全和财产安全造成重大损失。业界对汽车安全漏洞至今没有找到有效的解决方案，汽车的网络安全漏洞会永远存在。因此在智能网联汽车数据安全管理方面，需构建数据存储、传输、应用三个维度的汽车信息安全框架体系。在智能网联汽车数据安全技术标准方面构建"端—管—云"数据安全体系。提升数据加密、混淆、脱敏、审计、通信加密、防重防篡改伪造等技术，强化车载安全网关、安全监测监控系统，并制定信息安全测试规范及标准，对智能网联汽车数据安全技术应用进行分类汇总，落实数据技术的可实施性和可监管性。同时，各个企业需加大对汽车网络安全的监管，建立漏洞共享平台，通过共享漏洞信息，提高汽车网络安全领域的总体安全能力。

3. 网联协同决策与控制关键问题

网联协同决策与控制阶段是指未来要做网络系统决策控制的联网，需要在高精度地图、定位技术辅助下通过智能云控基础平台进行联网，联网的同时还要能实现基于网联的决策和控制，甚至最后通过网联来实时控制汽车，这一阶段才是完整意义上的网联技术。

高精度地图的构建与高精定位的实现，是车辆重要的环境信息来源，能够帮助汽车驾驶系统感知到更大范围的交通态势，保证自动驾驶安全，同时帮助汽车进行自主路径规划及决策支持，具备多维度、更新及时、结果精确到厘米级的优点。精度至少要求 10cm，最高可达 1cm。高精度地图的数据主要是实时的动态交通运行数据，其更新的频次需达到 10ms 级别。其建模技术有两种方式：通过 GPS 定位，数据采集车作为高精度地图源信息收集设备，经过后台处理绘制成高精度地图的重地图模式；利用车载摄像头采集特定道路的特征信息来帮助车辆进行导航的轻地图模式。高精度地图高度动态数据是通过 V2X 协同通信获得实时道路基础数据及交通运行数据，结合同步定位与地图创建（SLAM）技术，在车载平台构建车辆的环境地图，从而用于实现自动驾驶决策子系统的行为决策和运动规划等功能。基于高精度地图，从技术角度考虑，车载运行数据、交通路政数据、环境公共服务数据等车辆安全运行的基础数据必须借助智能云控基础平台，供自动驾驶、智能出行、智能交通等技术开发商使用。因此，要实现网联化的实用性，搭建大数据云控基础平台至关重要。

三　产业生态发展趋势

未来汽车将主要以网联化、智能化、电动化为发展趋势，汽车产业将发生革命性的变化：新汽车产品涌现、新产业链条并行、汽车产业重构、产业边界模糊。

智能汽车、智能交通、智慧能源、智慧城市，相互交融，难分彼此。作为汽车销量大国，中国汽车市场还将保持 10～15 年的平稳增长，预测 2030 年销量将达到 4000 万辆。因此基于中国市场的需求量，未来智能网联汽车将率先在中国落地，呈现以人为本的多样化服务创新，最终实现多产业链条并行的智能出行生态圈。

其中以智能化和网联化为发展方向，催生更多传感器、人工智能、交互识别、车载终端、大数据、平台等科技型企业，涉及法规标准、基础设施改造、国家级管理平台等业务支撑领域，离不开政府的宏观调控。在产业价值上，汽车设计研发、后市场服务、使用模式的价值体量急剧增大，移动出行孕育出无限的可能。信息技术、移动互联技术与传统交通深度融合，也将催生更多商业模式，未来的城市交通模式将是多种交通工具并存、多元出行方式组合的结构。各企业需更加关注智能网联汽车产业下的营销模式、维护模式以及使用模式。产品形式、响应速度将成为出行生态建设的关键因素。智能网联汽车发展所带来的影响，将会在智能工厂、智能供应链、智能物流等领域进一步体现。

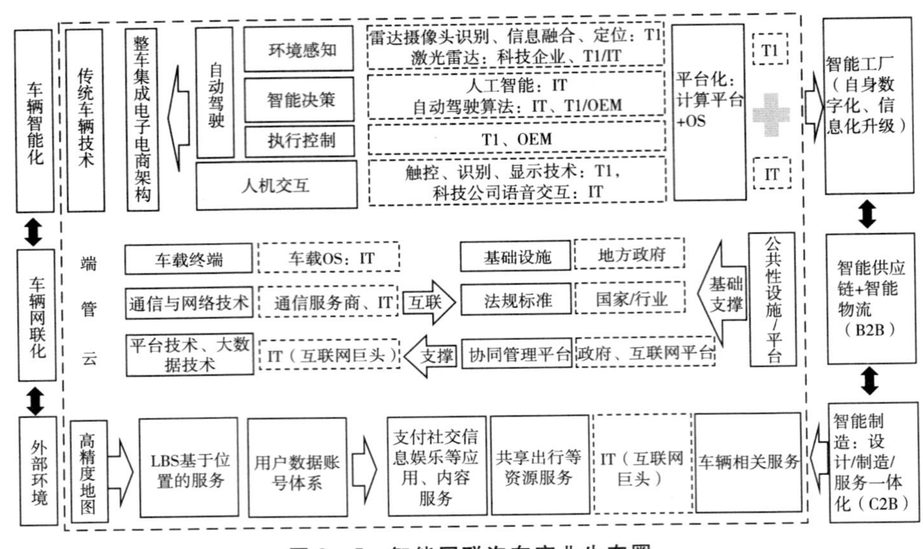

图 2-5 智能网联汽车产业生态圈

四 主机厂发展路径

智能网联汽车产业的发展允许多方企业以多类型、多方式参与，形成合纵连横、互相合作、共同发展的新态势，孕育着无限机遇，也面临着巨大的挑战。未来智能网联汽车是多方合作的开放平台，汽车产业在重构过程中，必须开展跨界融合、基础设施、信息通信、互联网企业、运营/内容服务商、政府、大数据、信息技术等多方面合作，产业无边界，但智能网联汽车作为智能生态出行的主要力量，相关企业经营必须有边界。主机厂需要理清关键发展问题，找准自身定位，明确自身目标，创新商业模式。主机厂可以结合自身实力，重新对自身进行准确定位，然后进行发展路径规划，提高自身实力，从而逐步进入智能网联汽车产业领军行列。针对智能化和网联化不同的侧重点方向，主机厂可以从四种方式布局，如图 2－6 所示。主机厂可以从网联化入手，加大人机交互、网联服务方面的研发力度，形成差异化竞争力，从而具备自身特色；或者开展智能化方向的深入研究，对自动驾驶技术持续攻关，同时关注网联化发展进程，力争实现全方位引领。

（1）优先打造网联化核心竞争力，以互联服务为特色形成卖点；

（2）优先攻关自动驾驶技术，部分领先，跟随为主；

（3）兼顾网联化与智能化，重视人机交互及产品设计，善于使用成熟技术方案；

（4）智能化网联化全面升级，提升自身实力水平。

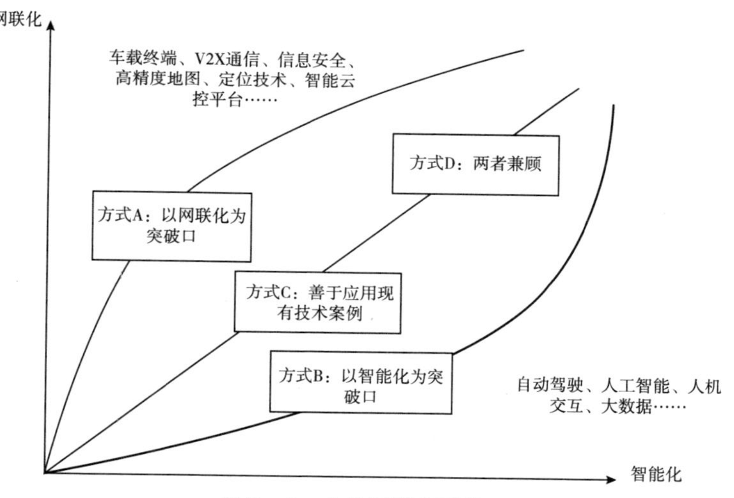

图 2－6　主机厂发展路径

五　用户接受度发展趋势

智能网联汽车产品的规划需要针对用户痛点进行深度研究，当前形势下，解决用户痛点是智能网联汽车发展的基础。智能网联汽车产业属于新兴领域，新生代消费群体熟悉互联网、人工智能等科技，适应共享经济。智能网联汽车的应用场景可以实现人工智能服务、车联网以及共享出行，因此新兴消费群体对智能网联汽车的兴趣会更高，但并不代表更容易接受，尤其是智能网联汽车涉及隐私及用户安全等敏感性信息。当前，安全性及伦理问题是最具争议的话题，尤其是自动驾驶致死事件，引起了公众对自动驾驶安全性的争议。表 2-3 所示为近两年自动驾驶所引起的交通事故。2018 年加州车辆管理局自动驾驶年度报告中的数据显示，目前需要人为干预和接管的最高频率也只达 8.95 千公里/次，而据美国交通安全部门统计，人类驾驶的平均事故率为 25 万公里/次。因此自动驾驶安全性仍是亟待解决的问题，只有安全性上升，用户的接受度才会更高。

表 2-3　自动驾驶事故

时间	事件	伤亡	公司	国家
2016 年 1 月	一辆特斯拉轿车撞上了前方的道路清扫车	死亡	特斯拉	中国
2016 年 5 月	特斯拉汽车在“自动驾驶”模式下发生撞车事故	死亡	特斯拉	美国
2017 年 3 月	自动驾驶车在路试时发生碰撞，导致自动驾驶车侧翻	无人伤亡	Uber	美国
2017 年 8 月	Waymo 自动驾驶车与一辆车发生碰撞	无人伤亡	Waymo	美国
2017 年 11 月	无人驾驶巴士获准上路的第一天，低速行驶的情况下与一辆人类驾驶的运货卡车相撞	无人伤亡	Navya	美国
2017 年 12 月	Cruise 自动驾驶汽车以自动驾驶模式在变道过程中剐蹭了变道中的摩托车	2 人受伤	Cruise	美国
2018 年 1 月	高速路上，一辆特斯拉 Model S 撞上了停在路边的消防车	无人伤亡	特斯拉	美国
2018 年 3 月	搭载 Uber 自动驾驶系统的车辆在测试时撞击行人致其死亡	死亡 软件故障	Uber	美国

表 2-4　2018 年自动驾驶人为干预和接管情况

公司	路测里程（公里）	人为干预次数	人为干预一次的自动行驶千公里数
Waymo	564072	63	8.95
Cruise	210680	105	2.01
日产	8011	24	0.33
Zoox	3608	14	0.26
Drive. ai	9624	92	0.10
百度	3118	43	0.07

资料来源：亿欧。

六　国内外企业智能网联汽车发展

截至2018年，全球大部分主流主机厂已全面投入ADAS和自动驾驶系统开发当中，自动驾驶研发如火如荼，部分主机厂在自动驾驶领域的战略规划如表2－5所示。

表2－5　2014～2017年部分主机厂在自动驾驶领域的战略规划

年份	企业	战略规划	内容
2014	吉利	“G－Pilot”战略	1. 发布G－Pilot 1.0到G－Pilot 4.0技术规划； 2. 计划在2020年后实现高度自动驾驶
2015	沃尔沃	“Drive me自动驾驶汽车”	1. 2020年达到自动驾驶零伤亡； 2. 2021年实现L4级别的汽车量产
	长安	“654”战略布局	1. 2018年完成组合功能自动化； 2. 2020年实现有限自动驾驶； 3. 2025年实现真正的自动驾驶
	广汽	“十三五”战略	1. 辅助驾驶已实现自动泊车、驾驶提醒等功能； 2. 半自动驾驶，预计2020年前实现； 3. 预计2025年之前实现高度自动驾驶，包括自动刹车、自动变挡等； 4. 2030年之前实现完全自动驾驶
	一汽	“挚途”技术战略	1. 2018年完成基于高精定位的L3级别产品开发； 2. 2020年完成基于5G驾驶网络的L4级别产品开发； 3. 2025年完成L5级别的产品开发
2016	丰田	“环境挑战2025”战略	1. 2020年推出机动车道自动驾驶车； 2. 2025～2029年将自动驾驶技术的适用范围扩大至普通道路
	日产	“雷诺－日产联盟”战略	1. 2020年推出商用化的自动驾驶车型； 2. 实现适用于城市道路的自动驾驶技术
	奥迪	“Audi Vorsprung 2025”战略	1. 2021年发布首款基于奥迪Aicon开发的自动驾驶纯电动汽车； 2. 2025年推出以城市穿梭车队的形式自动驾驶量产汽车

续表

年份	企业	战略规划	内容
2016	福特	“2021 自动驾驶”战略	1. 2017 年初投资了自动驾驶系统开发初创公司 Argo AI； 2. 2023 年之前累计投资 40 亿美元到新成立的自动驾驶技术公司 Autonomous Vehicles
	大众	“携手共进－2025”战略	2021 年推出全自动 L5 级自动驾驶电动轿车、货车和卡车
	戴姆勒	“C·A·S·E”战略	1. 2017 年发布奔驰“双核”战略； 2. 2019 年将配备 L3 级自动驾驶系统的奥迪 A8 推向市场； 3. 2020 年大部分车型将能实现自动驾驶； 4. 期望未来十年内完成自动驾驶功能卡车的量产
2017	东风	“五化”战略	新一代 308 搭载 ADAS 技术 1. 2023 年达到有条件自动驾驶； 2. 2025 年实现完全的自主驾驶，5～10 年量产
	上汽	“2025 车联网”战略	2021～2025 年推进 5G 网络、AR 技术、人工智能、柔性 OLED 显示等前沿技术开发，实现高度自动驾驶
	北汽	“1·3·4”战略	1. 在 2019 年左右推出 L3 级别的自动驾驶汽车； 2. 2021 年前后实现 L4 级别的自动驾驶
	特斯拉	—	1. 拥有 Autopilot 自动驾驶辅助系统； 2. 预计 2020 年在迪拜推出自动驾驶出租车项目，未来将推出更多搭载完全自动驾驶功能的原型车
	通用汽车	—	2019 年量产全球首款无驾驶员、方向盘和踏板的 L5 级别的无人驾驶车型——Cruise AV

1. 福特

相较于特斯拉与奥迪的自动驾驶技术研发的战略，福特的定位更倾向于出行运营商的角色布局，并且推进缓慢而稳健的策略，这是福特提交给美国交通部的自动驾驶安全报告 *A Matter of Trust* 提到的：“我们并不是在一场需要争做第一个向公众提供自动驾驶汽车的竞赛中”“我们的重点是做正确的事情”。这样的发展策略是福特公司基于2017年销售业绩下滑的反思得到的，其调整激进策略，认为自动驾驶应该是循序渐进式发展，也是从这时候开始其加大了对L2级别的自动驾驶汽车研发。福特自动驾驶研发策略有两条路径：一是商业化搭载先进驾驶辅助技术的车型；二是在全世界范围内寻求自动驾驶道路测试及智能化出行的商业合作试点。针对在移动智能出行生态系统的布局，福特表示其在此方面的三个主要计划：一是建立一个供城市和运输公司分享的平台“交通移动云”；二是使用C－V2X（网联汽车技术）部署网络，C－V2X是由高通开发，基于4G LTE蜂窝数据，而不是Wi－Fi，最终实现运行于5G网络，将在2020年实现商业化；三是实施“移动即服务”（MaaS）或“传输即服务”（TaaS）的市场策略，搭载自动驾驶系统的车辆会比普通车辆昂贵，福特也在积极地进行商业合作来降低成本。

表2－6 福特自动驾驶商业布局

年份	事件
2005	利用F－250车型开始自动驾驶技术验证测试
2015	1. 福特公布智能出行计划，致力于通过创新改变出行方式； 2. 福特在加州帕洛阿尔坨市设立研发中心，开展车联网、无人驾驶技术研发
2016	1. 成立福特智能出行全资子公司，总部设在加州帕洛阿尔坨市和底特律； 2. CES展上公布第一代福特自动驾驶汽车Fusion； 3. 公布最新的自动驾驶战略规划图：将于2021年推出具备L4级别的没有方向盘、油门及刹车踏板等结构的第一款量产版自动驾驶汽车，将率先用于商业运营，如网约车和物流运送领域；采取投资或合作的形式，同Civil Maps、Velodyne、SAIPS、Nirenberg Neuroscience四家初创公司签订了合作协议，未来将共同致力于无人驾驶汽车相关技术的研发；计划在Palo Alto建立一个专业的自动驾驶研发园区
2017	1. CES展上展示第二代自动驾驶系统； 2. 宣布计划向人工智能Argo AI投资10亿元，为自动驾驶汽车开发虚拟驾驶系统； 3. 投资美国Willow Run自动驾驶测试中心，并开始测试自动驾驶和人互动方式； 4. 在中国测试L2级别的自动驾驶系统
2018	1. 福特公司决定投入40亿美元创建独立子公司，专门负责其自动驾驶汽车业务； 2. 8月，福特首次发布《福特汽车自动驾驶发展报告》，强调赢得公众信任是成就自动驾驶未来的关键； 3. 福特开展零售业合作，与沃尔玛和送货应用Postmates合作，将推出自动驾驶汽车送货到家服务，用机器人取代人力货车司机，降低“最后一英里”的交付成本，该试点项目将在迈阿密地区进行

2. 通用

同老品牌福特一样，通用汽车历史悠久，旗下品牌众多，具有国际领先的造车技术。在智能网联汽车方面，通用算得上是全球最早参与研究的企业，可以追溯至20世纪50年代，1956年通用汽车推出Firebird Ⅱ，就是世界上第一辆安装自动导航系统的概念车，1959年推出的Firebird Ⅲ概念车型，衔接自动导航技术，实现车辆道路的限速、预警前方的障碍物，甚至双手脱离方向盘的巡航。1991年通用汽车加入“美国自动化道路系统联盟”，致力于自动驾驶技术研发。2007年，通用与卡耐基梅隆大学合作制造的无人驾驶SUV－boss在美国国防部高级研究计划局举行的无人驾驶汽车挑战赛上拿下头名。2009年是通用汽车涅槃重生的一年，经过金融危机的打击，通用汽车于2009年申请破产重组，并迅速完成破产重组程序，完成速度快于行业内的普遍预期，重组完成后的通用企业文化更加多元化，也更加明确了发展的道路。相比较于特斯拉、谷歌等企业，通用汽车在自动驾驶领域内一直十分低调。直至2016年通用汽车成立自动驾驶研发团队，并收购了自动驾驶技术创业公司Cruise Automation，自此通用公司在自动驾驶技术上取得了很大的进展。在汽车产品方面，通用也逐渐开始在自动驾驶、共享出行等领域进行布局，其在智能网联汽车领域的布局才开始引起行业的广泛关注。2017年，自动驾驶公司Cruise Automation进军高清地图领域，以此来提高通用汽车的自动驾驶技术。同年，通用宣布将对网约车公司Lyft投资5亿美元，投放千余辆自动驾驶汽车用于共享车辆布局，以期通过共享出行平台推动自动驾驶技术落地应用。4月，通用和Cruise总裁搭乘雪佛兰Bolt EV自动驾驶车，展示其自动驾驶技术在环境比较复杂的夜间路测情况，一时引起人们对通用自动驾驶技术的热议与关注。同年6月，通用汽车宣布，搭载L4级别自动驾驶技术的雪佛兰Bolt纯电动车已下线，此次投放自动驾驶车辆130辆，这些车辆将与之前投入的50辆纯电动车一起在旧金山、亚利桑那州斯科茨代尔以及底特律开展自动驾驶公共道路测试。至此，通用汽车成为首家在量产工厂组装自动驾驶测试车辆的企业。2018年1月，通用发布了L4级别的自动驾驶汽车Cruise AV，计划2019年商用，Cruise AV的最大特点是没有方向盘、刹车等结构。10月，通用、Cruise与本田达成合作，在自动驾驶领域将目标投入全球市场，开发一款可应对多样化应用模式的专属车型，并进行量产，重塑未来个人出行方案。

类似通用汽车这样的百年品牌的汽车制造商，其在自动驾驶汽车竞争中的优势有两点：一是积累了雄厚的汽车制造基础技术，二是可以自己生产自动驾驶汽车。通用汽车也是近两年才开始展现其后发优势，在自动驾驶领域的发展陡然加速，俨然一匹"黑马"，成为可与 Alphabet 匹敌的强劲对手。通用在自动驾驶领域将有两条发展路径：一条是超级巡航渐进式发展路径，另一条则为跨越式发展路径。通用自动驾驶汽车预计 2019 年正式商业化，但初期将会以共享出行的方式进行推广，暂时不会直接用于私家车辆。

3. 奥迪

奥迪以自动驾驶汽车制造商为市场定位，基于传统车企的保守策略进行自动驾驶技术研发。奥迪率先实现了世界最先进的 L3 级别的自动驾驶量产车，应用于奥迪 A8 汽车。奥迪 A8 实现的是有限速度的 L3 级别自动驾驶，在双向高速车道上的行驶速度低于 60km/h，可自动驾驶行驶，当车速超过 60km/h 时，需要由驾驶员介入。支撑 A8 自动驾驶系统的核心 zFAS（驾驶辅助中央控制器平台）其实早在 2014 年就公布了。这套车载计算平台，由几家公司共同合作研发，英伟达和 Mobileye 提供计算平台 IP，TTTech 与德尔福提供车载以太网的联网方案，最后，奥迪和德尔福完成设计整合，并由德尔福承担硬件生产任务。相比较特斯拉的 Model S 搭载的 Autopliot2.0 硬件系统，奥迪 A8 搭载的硬件更为丰富全面，包括 1 个激光雷达、1 个前视摄像头、1 个长测距雷达、4 个中测距雷达、4 个环视摄像头、12 个超声波雷达。A8 自动驾驶系统可实现交通标志识别、行人检测、碰撞预警、红绿灯检测、车道线识别、360°环视图像处理、障碍物信息融合、地图融合、自动泊车、碰撞预警、人工智能交通拥堵导航。

表 2-7　奥迪自动驾驶技术发展历程

年份	事件
2004	电影《机械公敌》推出自动驾驶概念车 RSQ，预言 2035 年自动驾驶实现
2009	1. 全面布局自动驾驶技术研发工作； 2. 搭载自动驾驶系统的奥迪 TTS 在美国的邦纳维尔盐滩进行了测试，以 210 公里/小时创下了当时自动驾驶汽车的最高速度纪录
2010	自动驾驶车在美国的派克峰山路赛道上完成了自动驾驶测试。27 分钟，20 公里路程，156 个弯道，1439 米的垂直落差，最高速度达 72 公里/小时，运用高精度的 GPS 导航将行驶轨迹与设定路线的误差缩小到了几英寸之内

续表

年份	事件
2012	1. 奥迪自动驾驶车在美国 Thunderhill 赛道进行高速测试，在道路速度最大为 190 公里/小时的情况下，以不足 2 分 30 秒的时间完成了近 5000 米的赛道测试； 2. 奥迪正式成为第一家获得美国内华达州批准自动驾驶车辆上路通行的汽车厂商
2013	奥迪 A7 首次在美国的公共交通车流中进行无人驾驶演示
2014	1. 奥迪成为世界首个与政府、媒体一起公开进行自动驾驶测试的汽车厂商，在佛罗里达州坦帕市外进行自动驾驶测试； 2. 奥迪得到佛罗里达州首个自动驾驶测试牌照； 3. 自动驾驶概念车“Bobby”以最高速度 240km/h 顺利完成了德国 DTM 房车大师赛的整圈行驶； 4. 在 CES 展上，奥迪首次展出其车载计算平台 zFAS（驾驶辅助中央控制器）
2015	1. 奥迪的 A7 自动驾驶概念车“Jack”成功地完成从硅谷的斯坦福大学自动行驶至拉斯维加斯的 CES 展的近 900 公里，最高时速可达 140 公里； 2. 奥迪 A7 自动驾驶汽车在中国上海的交通拥堵路段，完成汽车智能引导
2017	1. 世界首款达到 L3 级别的自动驾驶技术量产车型奥迪 A8 推出，在时速低于 60 公里，汽车可完成启动、加速、转向、制动等一系列自主操控； 2. 奥迪、华为合作在无锡进行了 LTE－V 车联网项目的公共道路测试，奥迪成为首家参与该项测试的外国汽车制造商
2018	奥迪与华为签署合作协议，共同推动汽车自动驾驶和数字化服务的发展，2018 年覆盖到 10 万辆网联汽车，2020 年推出 5G 自动驾驶汽车

资料来源：见胡波《为解放双手迈出重要一步——海外体验奥迪自动驾驶技术》，《汽车与驾驶维修》（汽车版）2015 年第 3 期，第 112～117 页。

2018 年 10 月，奥迪展示了在 L4 自动驾驶领域与华为联合创新的 MDC 移动数据中心。该移动数据中心由奥迪 Q7 搭载，用于城市自动驾驶环境的运行。该款数据中心可处理 16 个摄像头、6 个毫米波雷达、16 个超声波雷达和 8 个激光雷达的数据，数据延迟低于 200ms，可满足自动驾驶的计算时延要求。

根据“Audi. Vorsprung 2025”战略最新规划，2025 年，奥迪将实现年销售约 80 万辆纯电动汽车和插电式混合动力汽车。预计 2019 年奥迪在无锡的研发中心将投入使用，无锡研发中心主要致力于新能源汽车、自动驾驶等相关技术的研发。2021 年奥迪将发布首款基于奥迪 Aicon 开发的自动驾驶纯电动汽车，并且在下个十年中期，奥迪也将实现首个 L5 级自动驾驶车队。

4. 特斯拉

特斯拉是最早一批投入智能网联汽车研发的企业，市场定位是以智能驾驶方向为主的自动驾驶汽车制造商，并且率先实现了 L2/L3 级别的自动驾驶汽车量产。特斯拉的自动驾驶产业发展有 3 个重要的时间节点：2014 年通过 Autopilot 1.0 实现 L2 级别的驾驶辅助，2016 年利用 Autopilot 2.0 进行 L3 级别的自动驾驶研究，2019 年将搭载特斯拉自主研发的 Hardware 3 实现 L4 级别的自动驾驶。

特斯拉的自动驾驶系统以“硬件先行，软件后更”的模式推广，即车辆搭载时下最为先进的硬件，然后通过 OTA（空中下载技术）进行固件更新。2014 年 10 月特斯拉的 Autopilot 系统采用了 1.0 版本的硬件，一个前置摄像头、一个毫米波雷达、车身周围 12 个超声波雷达以及 NVIDIA Tegra 3 超级处理器，采用的是 Mobileye Q3 视觉识别模块。2015 年，特斯拉开始正式使用 AutoPilot 驾驶辅助系统：

（1）2014 年 11 月，实现道路偏离警告和速度提示；

（2）2014 年 12 月，实现自适应定速巡航系统以及前方碰撞预警；

（3）2015 年 3 月，实现自动紧急刹车和盲点预警；

（4）2015 年 10 月，实现方向盘接管，侧方位碰撞躲避和一字位自动停车；

（5）2016 年 1 月，实现十字位停车，弯道车速适应以及召唤进出车库。

2016 年 10 月特斯拉发布了增强自动辅助驾驶——Enhanced Autopilot，开始使用 2.0 版硬件，Model 3 车型都可以搭载 Autopliot 2.0 硬件。Autopliot 2.0 硬件包含 8 个摄像头、1 个毫米波雷达、12 个超声波雷达以及 NVIDIA Drive PX2 计算平台。摄像头可以覆盖 360 度可视范围，对周围环境的监控距离最远可达 250 米。毫米波雷达可以提供更加丰富的场景数据，适应雨天、大雾天气、雾霾天气，对前方车辆进行监测。12 个超声波雷达完善了系统的视觉识别，探测和传感距离则是 Autopilot 1.0 的两倍。NVIDIA Drive PX2 计算平台大大提高了系统的运算处理能力，第二代处理器运算能力是第一代的 40 倍。

2017 年 8 月，特斯拉为 Model 3 推出了 Autopilot 2.5 硬件版本。该系统最大亮点在于采用新款二级 GPU，它可以提供更为强大的计算能力和控制冗余。直到 2018 年 3 月，特斯拉首次完成了将部分 Model S、Model X 和 Model 3 升级到最新的硬件系统 Autopilot 2.5，这一款硬件系统的真实内容才被曝光。2018 年 8 月，特斯拉表示拥有“世界上最先进的自动驾驶计算机”。2019 年将推出 Autopilot 3.0，并为新车配备该系统，同时还提供旧版本用户的免费升级。Autopilot 3.0 将配备自主开发的顶级芯片，其处理运算能力将进一步得到提升，它可以比 2.0 版本的处理速度快 10 倍多，从原来的每秒 200 帧提升到了每秒 2000 帧。10 月份，特斯拉的自动驾驶系统迎来重大的发展节点，特斯拉正式向用户提供“Navigate on Autopilot”功能，在原始的单车道自动驾驶和半自动车道变换的功能上，增加了半自动上下匝道的功能。有了这一功能，特斯拉能够自动完成正常行驶、变换车道、通过路口等功能，进一步解放驾驶员，可以说是 L4 级别点到点的自动驾驶雏形。

特斯拉独特的发展路径在于充分利用现有的成熟技术，加以改进创新，降低成本，让其商业化的实现成为可能。谷歌、百度等公司研发自动驾驶技术目前主要采用的是激光雷达方案，试图直接进入 L5 级别的自动驾驶研究，但激光雷达成本高昂，在商业化方面难以被普通大众接受。特斯拉大胆采用低成本的毫米波雷达 + 摄像头解决方案，即可量产且成本较低，符合消费者承受能力。特斯拉通过率先解决数据采集问题，利用影子模式采集功能数据，从而不断进行算法训练进行方案优化推陈出新，保证自动驾驶的可靠性和安全性。特斯拉这种循序渐进的发展模式既不同于传统车企的保守策略，也不同于科技巨头一步到位的激进策略。

5. 宝马

自动驾驶从来不是一个简单的事情，它需要大量的资金投入与支持，而宝马从没有金钱上的顾虑，其在自动驾驶行业内最大的特点就是开放合作联盟，成为各个自动驾驶联盟积极争取的对象。根据宝马的“未来 100 年计划”，宝马将逐步转型成为未来出行的解决方案专家。宝马将通过五个阶段实现自动驾驶发展规划：一是解放双脚；二是解放双手；三是双手离开方向盘；四是驾驶员车内休息或工作；五是解放驾驶员大脑。宝马的五阶段规划和 SAE 的自动驾驶等级划分相对应。宝马计划在 2030 年之前实现 L5 级别的自动驾驶技术，L5 级自动驾驶需要大量的道路测试，宝马计划按照虚拟道路测试和真实道路测试的 19∶1 的关系完成 L5 级别的 1.5 亿公里的道路测试需求。而在真正的无人驾驶实现之前，宝马于 2018 年把自动驾驶汽车测试车队的规模加大到 80 辆左右，预计总测试里程将达到 2.5 亿公里；L3 级别自动驾驶技术于 2019 年推出，并搭载在宝马 7 系上；2021 年，发布在技术上可以与 L4 级别汽车兼容的 BMW iNEXT，保证在欧洲和美国实现 130 公里/小时速度以内的 L3 级别的自动驾驶，可以进行自行判断切换车道，同时实现 60 公里/小时以内固定路线的 L4 级别的自动驾驶。计划至 2022 年才在中国实现 130km/h 以内的 L3 级别的自动驾驶。在 2030 年量产 L5 级别的自动驾驶车。

表 2－8 宝马自动驾驶技术发展历程

年份	事件
2006	BMW 3 系首次展示了全自动驾驶 BMW TrackTrainer 系统
2011	1. 宝马高度自动驾驶车在德国高速公路上进行了短距离的自动驾驶测试； 2. 宝马在德国慕尼黑开展 DriveNow 共享汽车项目
2012	宝马在中国成立设计工作室和智能互联驾驶研究院，进行包括自动驾驶、互联驾驶及应用 APP 的研发
2014	1. 在 CES 展上展示为自动驾驶的漂移辅助系统提供无缝控制的技术； 2. 与百度合作自动驾驶相关研究，包括车辆使用、驾驶技术、高精度地图和配套设施等
2016	1. 在德国推广智能物流，投入两个智能物流机器人。机器人自动驾驶，装配传感器，可以自动将 500 公斤的货运箱运送到目的地； 2. 宝马、英特尔、Mobileye 三方合作建立起行业第一个开放式的自动驾驶研发平台，随后德尔福、大陆、麦格纳和 FCA 等大型企业加入该联盟； 3. 宝马中国首次在中国实景演示 L3 级别自动驾驶； 4. 宝马展示了 i3 的自动手势控制泊车系统
2017	1. 宝马中国在杭州实景演示了 L4 级别的自动驾驶； 2. 宝马自动驾驶的全球测试原型车投放 40 辆
2018	1. 宝马自动驾驶的全球测试原型车增至 80 辆； 2. 推出宝马 Vision iNext 概念车，有意通过增加电动汽车以重振其未来产品阵容

在技术上，宝马一贯秉持开放合作的理念。2016 年，宝马、英特尔、Mobileye 三方合作，共同建立了第一个开放式的自动驾驶研发平台。随后德尔福、大陆、麦格纳、HERE、四维图新等公司陆续加入，以加强在传感器、系统集成、高精度地图、芯片等方面的合作。其中 Mobileye 提供自主研发的 EyeQ 5 高性能计算机视觉处理器；英特尔负责提供世界一流的处理器和 FPGA 技术，为车辆提供高性能计算技术；德尔福提供关键的雷达及传感器等计算元件；大陆将整合零部件与软件，在新平台开放的商业化方面发挥关键作用；麦格纳同德尔福一样，提供雷达、传感器等计算元件；HERE、四维图新为宝马提供电子地图及车联网服务。宝马自身则注重驾驶控制、动力学、整体功能安全评估、整体部件组装、原型车生产以及最终实现平台扩展等方面。

6. 博世

除了主机厂以外，不少零部件供应商及科技巨头也积极布局智能网联汽车产业。博世作为全球第一大汽车技术供应商，在自动驾驶技术“感知—规划—决策—控制”中的控制板块中具有得天独厚的优势，占据着全球大量 ESP 等汽车电子控制系统的市场，定位于自动驾驶核心零部件供应商及相关技术研发企业。

在商业化方面，博世针对乘用车进行了三类规划：一是 2018 年实现低速状态下车辆的自动泊车；二是 2021 年实现私人车辆的自动驾驶；三是 2022 年实现运营车辆的自动驾驶。基于泊车路径的规划被博世称为紫色市场，目前博世在泊车路径的规划上已经实现半自动泊车到全自动泊车的辅助功能，另一项技术——“自动代客泊车”技术由戴姆勒和博世合作完成，基于室内定位导航，在地下停车场汽车可以自主寻找车位泊车，行驶中可以完成停障避让功能，本质上是特定场景下的低速无人驾驶技术。从 2018 年初开始用户在德国斯图加特的奔驰博物馆停车时就可以享受到这个服务，这是世界上第一个在真实场景下基于智能基础设施的全自动代客泊车解决方案。针对私家消费者的日常通勤的自动驾驶应用场景被称为蓝色市场，蓝色市场是由传统主机厂和部分新造车企业对原有的造车技术和成型产品进行优化所组成的市场。2020 年将实现乘用车与点对点运行商用车上搭载的交通拥堵引导以及可以变道的高速公路引导等功能，2021 年底，博世计划向中国市场推广 L3 级别的自动驾驶功能，实现双手离开方向盘、低速交通拥堵引导等功能。新兴互联网企业以及共享出行供应商参与的针对移动运营服务商的城市内移动通勤被博世称为绿色市场。博世直接研发面向 L4 级别的自动驾驶车辆，从 L4 起步面向终端用户，建立自动驾驶出租车队。预计 2021 年底博世在德国率先开展针对城市场景的自动驾驶出租运营服务。在中国博世还需要进行更多的道路测试工作，因此基于中国城市道路的场景的自动驾驶出租运营服务可能会稍晚落地。

在关键技术方面，博世在感知、定位、决策、执行方面累积了相关的技术经验。在感知方面，博世在摄像头、毫米波雷达、激光雷达三个方面已形成一套独特的解决方案。车载摄像头方面，博世的自动驾驶技术方案可以做到在没有车道线的情况下，依靠物体表面材质的区别标识出可行驶区域。鉴于自动驾驶需具备复杂场景下多目标及高可靠性的探测能力，未来车辆搭载的传感器与雷达密不可分。博世经过多年的技术研究积累，涵盖了一套涉及远距离、中距离、近距离的雷达产品，在市场上的占有率也是相当高。在定位方面，博世不只运用 GPS 绝对定位系统，还自主研发了基于高精度地图的“博世道路特征功能”，摄像头与毫米波雷达用于收集道路特征数据，并将数据处理上传到云端，使用高精度地图进行同步校准，通过众包收集道路数据，帮助车辆在所有环境（雨、雪、雾、背光等）下准确定位及规划路线。在规划、决策方面，自动驾驶涉及的硬件及系统越来越复杂，因此模块化的、可移植性的、便于管理的域控制器应运而生，博世于 2017 年成立了一个团队，专门研发统一的域控制器，为自动驾驶提供规划和决策支持。

7. 谷歌 Waymo

提到自动驾驶，就不得不提全球该领域的领头羊——谷歌 Waymo。Waymo 是谷歌为自动驾驶专门分出来的一家独立公司，与传统主机厂不同，Waymo 最大的特点是越过 L4 级别的自动驾驶，直接着手研发 L5 级别自动驾驶技术。Waymo 最初是谷歌于 2009 年启动的一项自动驾驶汽车计划，至 2016 年才被独列出来。2012 年，谷歌基于丰田普锐斯汽车改装的第一代自动驾驶汽车可以完成直行、转弯、上坡、下坡、避障等基本任务，随后谷歌自动驾驶技术被用于雷克萨斯 SUV RX450h 车型。同年 5 月，谷歌拿到了美国历史上第一张自动驾驶测试执照，由美国内华达州车辆管理局颁发。并且谷歌已经积累从简单高速路况到复杂城市路况的道路测试超过 30 万公里。2014 年，谷歌推出了一款名为 Firefly 的专用自动驾驶车，这是世界上第一款完全自动驾驶的汽车，无油门无刹车无方向盘，最高时速为 40 公里，可以容纳 2 名乘客，这辆车于 2015 年完成了全自动无人驾驶载客测试，并且顺利到达目的地，于 2017 年退役。2016 年，谷歌自动驾驶道路测试已超过 200 万公里，并且自动驾驶团队正式分离出来，成立了一家名叫 Waymo 的新公司，Waymo 明确其“不造车”定位，而是向主机厂提供自动驾驶技术解决方案，谷歌自动驾驶技术开始正式商业化发展。2017 年底，Waymo 推出商业计划，将在公共交通、物流、乘用车等方面开展商业合作。2017 年 4 月，Waymo 开始向公众提供无人驾驶出租车服务，但是限定在特定的区域内，在 100 平方英里的测试区域满足数百家庭的出行服务，为安全起见，大部分出租车仍然配备了安全员。2018 年，Waymo 自动驾驶汽车在美国宣布收费运营，成为首家推出商用服务的无人驾驶汽车公司。

Waymo 最大的优势体现在其先进的技术上。Waymo 联合英特尔对摄像头、激光雷达、毫米波雷达等传感器设备进行优化整合，自主研发了一套用于传感器融合、自动驾驶决策、路径规划等功能实现的硬件系统，提高了原有车辆的分辨率、测量距离以及准确率。并且 Waymo 声称将激光雷达的传感器的成本降低了 90%，这也符合其量产化的目标设定。2018 年初 Waymo 发布的在加州测试报告显示其无人驾驶汽车需要人类干预频率为 0.18 次/千英里，而 Uber 的干预频率为 1 次/0.8 千英里，相对来说，Waymo 成果斐然。

8. 长安

作为中国汽车品牌的领军企业，长安汽车早在 2010 年就开始涉足主动安全、辅助驾驶等前沿技术研发，发展至今，其在相关领域的成果颇丰，已掌握智能技术 100 余项，牵头或参与行业标准二十余项。长安汽车主要致力于智能网联汽车的智能化方向，力争跟上国际领先的技术水平。2018 年，其智能化战略正式命名为“北斗天枢”计划。该计划以 2020 年和 2025 年为 2 个重要时间节点：到 2020 年，将不再生产非联网汽车，100% 的车型将联网，100% 的车型将配备驾驶辅助系统，实现 L3 级的自动驾驶；2025 年，实现 100% 的语音控制，推出 L4 级别的智能驾驶产品，实现 L5 级别的无人驾驶。长安汽车的自动驾驶技术及布局一直走在我国前列，根据长安汽车自动驾驶发展历程（见表 2 - 9），我国汽车产业多项“首个”成果都与之相关，我国首个汽车品牌企业完成 2000 公里长距离自动驾驶测试，中国唯一品牌加入美国汽车联盟 MTC，L4 级别网联式的城市无人驾驶国内首测，获得重庆市首批道路测试执照，自动驾驶汽车首个穿越可可西里无人区企业……目前它在智能互联、智能交互、自动驾驶领域内已掌握 100 余项技术。除此以外，长安汽车在网联化方面也有布局，2019 年将会将自动驾驶汽车引入国家尖端仪器小镇进行示范共享运营，实现 90% 的线上运行，2022 年，L3 级别的产品市场化后，网联化要达到 100%。同时长安汽车也是中国第一个独立自主建设车载云服务平台，以满足全时在线的车辆联网需求的汽车企业。

表 2 - 9　长安汽车自动驾驶发展历程

年份	事件
2011	in call 智能车载互联系统搭载长安悦翔发布，该系统结合通信技术、蓝牙、在线交互等系统为驾驶员提供出行向导、安全等智能服务
2015	发布“654”战略。6 大平台：电子电器平台、环境感知及执行平台、中央决策平台、软件平台、测试环境平台、标准法规平台。5 大核心科技：自动泊车技术研究、V2X 核心技术研究、自适应巡航核心技术研究、智能互联核心技术研究、HMI 交互核心技术研究。4 个阶段：单一功能自动化、组合功能自动化、有限自动驾驶、全自动驾驶

续表

年份	事件
2016	1. 长安成为我国首个实现长距离自动驾驶测试的企业，从重庆最终抵达北京，总里程超过 2000 公里； 2. 长安入驻硅谷，与 PNP 正式签约； 3. 长安作为唯一的中国品牌加入 MTC 智能汽车联盟
2017	1. 与科大讯飞在技术研发、产品设计方面开展合作； 2. 与蔚来在智能化和新能源汽车方面开展合作； 3. 与英特尔在智能驾驶、智能互联、智能交互、人工智能等方面开展合作； 4. 长安 CS55 搭载 L4 级自动驾驶技术 APA6.0 完成国内首次测试； 5. 获得“美国加州路测无人驾驶汽车测试牌照”； 6. 成功完成了 L4 级联网式城市无人驾驶系统的首次国内测试
2018	1. 与中国联通、中移物联、华为开展网联化合作； 2. 获得重庆市第一批自动驾驶道路测试许可证； 3. 长安汽车 CS55 成为中国第一个搭载 IACC 技术的量产车型，也是中国第一个实现量产的 L2 级别自动驾驶技术； 4. 推出搭载最新自动驾驶技术 APA4.0 的新 CS75 车型，可实现一键自动泊车，适用于水平泊车、垂直泊车、斜列式泊车、水平泊车等场景； 5. 长安汽车首度穿越可可西里无人区，进行 L3 级别的自动驾驶测试

在产业布局上，长安汽车开放技术创新平台，整合行业内相关企业联盟，围绕其智能互联、智能交互、自动驾驶三大板块推进“北斗天枢”4 + 1 行动计划：知音伙伴计划、合作共创行动、智能体验行动、智能联盟行动、千人千亿计划。未来，长安汽车将与博世、德尔福、IBM、高德、英特尔、腾讯、华为、联通、地平线、北斗星通、科大讯飞等展开深入合作，构建立体交通生态系统。预计 2020 年长安汽车在智能网联方面将达到 1000 人团队规模，累计投入 50 亿元，专注布局智慧出行、人工智能、芯片、高精度地图、语音交互、全息技术等领域。

9. 百度

百度是国内投入最大、实力最强的 L4 自动驾驶研发团队。百度自动驾驶计划始于百度 2013 年的无人驾驶项目，先后成立自动驾驶事业部（面向 L4 级别自动驾驶）、智能汽车事业部（面向 L3 级别自动驾驶），并于 2017 年与车联网业务整合成立百度智能驾驶事业群组 IDG。随着百度智能驾驶业务的快速发展，目前百度已有超过 100 家的合作伙伴，既有福特、戴姆勒、宝马、现代、本田等主机厂，也有微软、博世、英伟达、Intel 等高科技企业。在商业化方面，百度率先攻克商用车的推广，商用车无论是从难度和接受度上都比乘用车能更好地实现自动驾驶。目前百度已推出“阿波龙”首款 L4 级别自动驾驶巴士以及“新石器”自动驾驶货车项目，其中“阿波龙”已实现量产下线。

表 2-10　百度自动驾驶发展历程

年份	事件
2013	开始无人驾驶项目，所使用的核心技术是“百度汽车大脑”
2014	开始“百度无人驾驶汽车”研发计划
2015	1. 成立自动驾驶事业部； 2. 百度实现我国第一次城市、环路及高速道路混合路况下的全自动驾驶
2016	1. 百度为其自动驾驶汽车向激光雷达公司 Velodyne LiDAR 投资 7500 万元； 2. 百度获得美国加州道路测试牌照； 3. 百度自动驾驶事业部与芜湖政府合作建设“全无人驾驶汽车运营区域”； 4. 百度与乌镇旅游合作实现景区道路上的 L4 级别自动驾驶； 5. 成立智能汽车事业部； 6. 与福田汽车在车联网、大数据及 L3 级别自动驾驶方面开展合作； 7. 与远特科技在前装车机市场展开合作； 8. 百度与一汽大众、奥迪合作，在智慧汽车、车联网、车载信息系统等方面展开全面合作
2017	1. 发布 BAIDU IV 智能汽车，推出高级自动驾驶平台 ROAD HACKERS，并将开放基于此模型自动驾驶训练的数据； 2. 百度收购硅谷视觉计算初创公司 X - perception； 3. 百度与北汽合作打造“AI + 汽车”的生态体系，面向 L3/L4 级别的自动驾驶车辆量产，在 2018 年实现 L3 级别自动驾驶车辆量产化，L4 级别的自动驾驶车辆的大规模生产将于 2021 年左右实现
2018	1. 百度与长沙政府合作，全国首批自动驾驶出租车将在长沙进行运营测试； 2. 百度自动驾驶巴士“阿波龙”正式量产下线

百度为发挥其在人工智能领域的优势，希望通过推出 Apollo 自动驾驶开放平台建立一个以合作为中心的生态体系。Apollo 计划在自动驾驶行业内影响巨大，该计划面向汽车行业及自动驾驶领域，提供开放、完整、安全的软件平台，帮助结合车辆和硬件系统，快速构建属于自己的完整的自动驾驶系统。图 2-7 为百度 Apollo 自动驾驶开放平台规划。Apollo 平台是自动驾驶汽车行业一个完整的开放平台。自动驾驶核心技术点繁杂，产业链长，涉及软硬件、人工智能、大数据、芯片、传感、标准政策等各个层面，百度在 Apollo 架构的定位上主要提供自己所擅长的地图、算法、云服务三

部分，而其他涉及芯片、传感视觉等系统通过整合不同企业之间资源，为车企提供服务。截至 2018 年 7 月，百度发布最新的 Apollo 3.0 版本（见图 2－8），实现了从技术研发到量产的跨越，Apollo 3.0 的新起点是“面向量产，更加开放”。在原有的云服务平台、软件开放平台、硬件平台、车辆平台的基础上，将车辆平台升级为车辆认证平台，并开放车辆接口标准。在此次 Apollo 3.0 版本中百度也提出了面向特定区域的自动驾驶量产解决方案：自动驾驶巴士、自主泊车、无人作业小车，百度的量产解决方案在车联网方面采用的是自主研发的“小度车载 OS”，目前小度车载 OS 不仅可以完成语音与视觉的交互，还能主动感知用户的需求，对用户的手势、表情语音等进行合成理解，通过主动感知不同用户的属性以及场景信息等进行个性化的推荐。截止到 2018 年 12 月，百度 Apollo 已拥有 100 多家开放平台合作伙伴。Apollo 平台是当前无人驾驶领域最大的开放平台，获得了行业内各企业以及政府部门的大力支持。随着北京、上海、重庆、长春、长沙等地的自动驾驶道路测试政策的发布，一系列配套的基础设施将会迅速落地，Apollo 平台将会在未来智慧城市交通系统中发挥重要的作用。

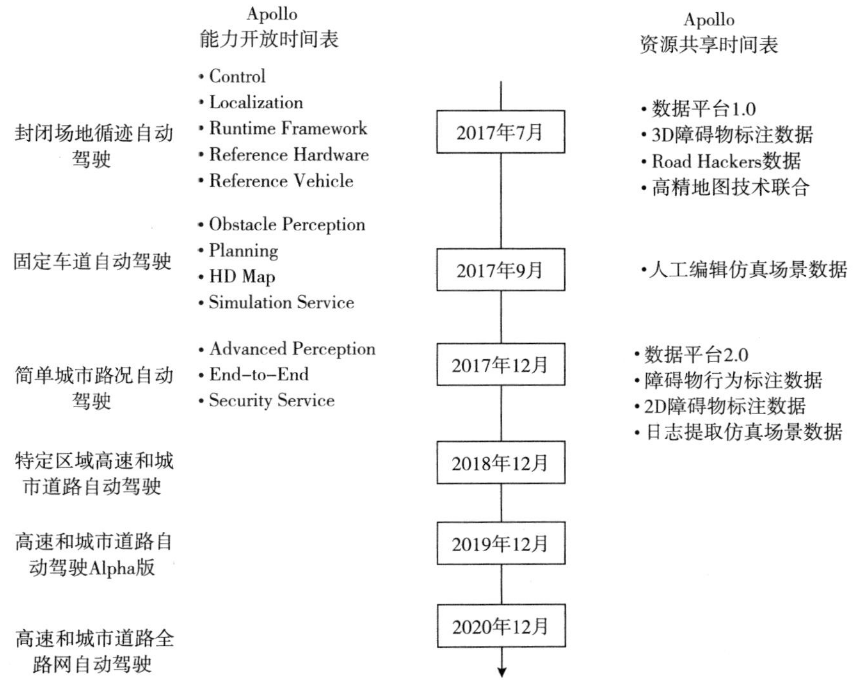

图 2－7　百度 Apollo 自动驾驶开放平台规划

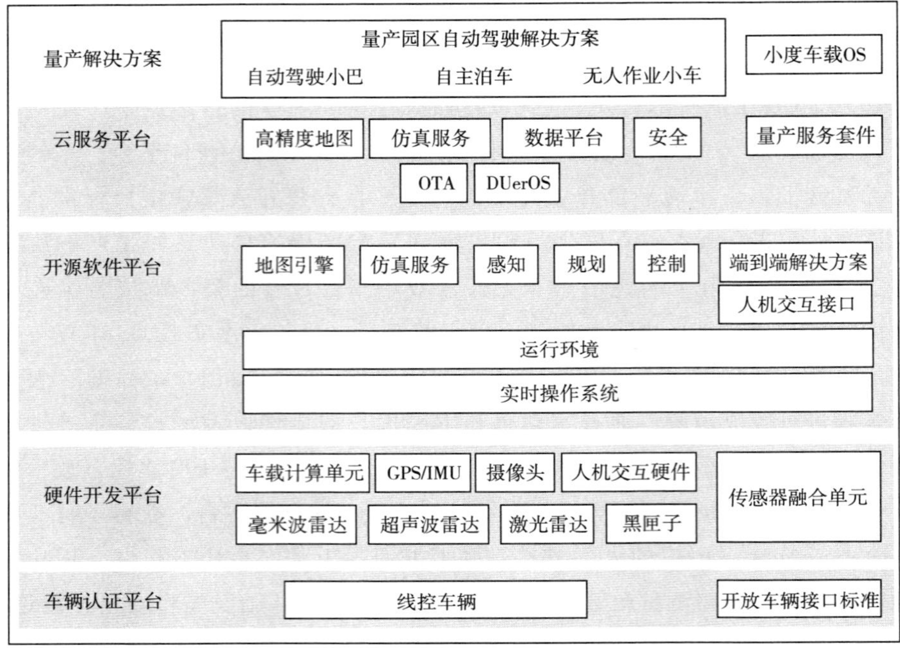

图 2-8　Apollo 3.0 量产园区自动驾驶

第二节　智能网联汽车标准法规现状及发展趋势

一　国外智能网联汽车标准法规

1. 美国

智能网联汽车是美国的智能交通系统中一项重要的战略。支持推进美国智能交通系统的国家层面的战略措施最早可以追溯到 1991 年美国智能交通协会（ITS）的成立，ITS 的任务就是利用当今最先进的技术推进智能交通系统的建立。截至目前，美国在智能网联汽车的 V2X 协同通信、大数据、云计算等方面都有着较为完善的国家战略和法规，其中产生较大的影响有 2014 年发布的《2015－2019 年智能交通战略规划》、2016 年《美国自动驾驶汽车政策指南》以及 2017 年《自动驾驶系统 2.0：安全愿景》。

《2015－2019 年智能交通战略规划》（以下简称《规划》）是由美国交通运输部与 ITS 联合项目办公室共同提出的，《规划》明确了未来 5 年内汽车的智能化、网联化为美国解决交通系统问题的关键技术手段。2016 年美国发布了世界上第一个无人驾驶汽车自动驾驶政策文件——《联邦自动驾驶汽车政策指南》（以下简称《指南》）。《指南》首先明确了美国将采用SAE作为自动驾驶等级水平的划分标准。《指南》针对自动驾驶汽车的性能研发、安全设计、测试、开放提出了15项评估标准，包括数据记录共享、用户的隐私和安全、人机交互界面、车辆的耐碰撞性、事故发生后车辆的行为、道德伦理等。数据方面记录发生故障、降级、失效数据，以便事故后重现碰撞情景，保证有据可查。此外《指南》还要求汽车公司制定相应的教材对经销商和消费者等进行培训。在自动驾驶的功能方面，《指南》也提出自动驾驶汽车应当具备的28项基本能力：探测响应道路限速标识、车道线、红绿灯及其他车辆，可以实现车辆跟驰、设置安全预警距离，可以主动识别并且避让消防车、警车、救护车，同时对其他意外情况也应有所措施，如道路维修、交警指挥、遇残疾人车辆等。在自动驾驶政策方面，《指南》也倡导在国家政策框架下，根据实际情况建立和实施相应的机动车管理办法及交通法规。当前，除了技术上的阻碍外，国家法规标准的限制也是自动驾驶推广的重要阻碍，《指南》的出台在于鼓励创新，努力克服法律的障碍，比如其中提到的"可变的测试程序"、"修改法规"、规避现行认证体系等。2017年美国交通部发布的《自动驾驶系统2.0：安全愿景》（以下简称《愿景》）是车厂针对2016年《指南》中的部分条款提出质疑而采取的新版方案，取代了之前的政策标准，新版政策主要针对L3级别到L5级别的自动驾驶系统，而且对企业强调的是秉承自愿原则，比如鼓励企业公开展示其自动驾驶系统的安全评估，而非强制提交报告。《愿景》主要分为两大部分内容，一部分内容是非强制性指导内容，其中自动驾驶安全要素占很大比重。安全要素中取消了对数据共享、注册认证、伦理的要求，尤其是2016版《指南》对于数据共享存在很大的争议，在2017年新版标准中变成了鼓励共享。2017版提出了新的12种自动驾驶安全要素：系统安全、设计适用范围、目标和意外检查及响应、退出机制、测试方法、人机交互界面、汽车网络安全、防撞性、碰撞后行为、数据记录、消费者培训、当地法律。在系统安全上建议重点放在软件的发展、验证和校验上。在自动驾驶测试的方法上提出了三种测试方法：仿真测试、试车场测试、道路测试。另一部分内容主要围绕联邦政府和州政府将在未来自动驾驶系统发展中各自扮演的角色进行指导建议，包括法律实践建议和公路安全实践建议。

事实上在2017版《愿景》之前，美国已出台首部相关法案——《自动驾驶法案》，强调了联邦在自动驾驶监管方面的优先权，即便不符合各州先前制定的安全标准，也可以按照该法案执行。这意味着以前各州为自动驾驶汽车规定的性能标准都将可以被推翻，虽然各州仍可以制定机动车登记、许可、责任、保险和安全检查的规定。但是，所有与自动驾驶相关的性能标准要受联邦政府制定的自动驾驶汽车监管法案的约束。

2. 日本

2016年，日本IT综合战略部制定了自动驾驶路线图，综合考虑了驾驶辅助控制、交通信息交互、自动驾驶以及未来大数据应用等。路线图对自动驾驶的规划具有清晰的发展定位，主要分为三个阶段：第一阶段，2014～2016年为近期战略，率先完成智能网联汽车终端设备的部署，大力发展V2X通信技术；第二阶段，2017～2020年为中期战略，实现L2等级的市场化部署，将每年交通死亡人数降到2500人以内，2019～2020年，完成自动驾驶安全系统的研发，研究自动驾驶发展过程中的典型问题，到2020年建设完成全球最安全的自动驾驶行驶道路，允许无人驾驶的乘用车在部分地区上路，并且在东京奥运会上进行运行；第三阶段，2021～2030年为远期战略，完成自动驾驶的产业化、技术化的布局。

为促进智能网联汽车的发展及规范自动驾驶汽车公共道路测试，日本警察厅于2016年发布了《自动驾驶汽车道路测试指南》，对测试机构、参与实验的驾驶人资质、测试车辆的安全技术等提出了诸多要求。测试场地限定于测试机构自有的专用测试道路、专用赛道、安全驾驶培训所、封闭测试场地等。测试机构需要对测试的数据进行记录和保存，以及采取相应的信息安全措施，防止黑客非法侵入系统。同时为促进远程自动驾驶实用化技术的研发，日本颁布了《远程自动驾驶系统道路测试许可处理基准》。该政策综合考虑了未来无人驾驶系统无须人进行驾驶及无方向盘的情况，明确规定了无人驾驶道路测试中发生交通事故的情况下，将远程监控员定义为远程存在的驾驶人，并且规定由其承担交通法中规定的事故责任。与此同时，日本政府开始修订《道路交通法》和《道路运输车辆法》等相关规定，并于2016年启动了涉及自动驾驶车事故的赔偿机制。从2017年4月起，汽车保险赔付对象包含自动驾驶交通事故受害者。

2018年9月，日本国土交通省为促进L3、L4级别的自动驾驶技术发展，正式对外发布了《自动驾驶汽车安全技术指南》，以期能降低交通事故的发生率。这份《指南》主要是针对乘用车、卡车及巴士。《指南》提出了10项安全条件：设计运行范围（ODD）的设定、系统的安全性、遵守安保标准、人机界面（HMI）、搭载数据记录装置、信息安全、用于无人驾驶移动服务的车辆安全性（追加要求）、安全性评价、确保驾驶过程安全、向使用者提供信息。

3. 欧洲

德国。德国最早推出无人驾驶汽车概念车，2013年德国政府批准博世自动驾驶系统在高速公路、城市交通道路、乡村道路等环境下进行国内道路测试，之后梅赛德斯、奔驰也相继得到批准。至2017年，德国联邦参议院决议对《德国交通法案》进行修订，修订后的《法案》是德国首部关于自动驾驶的法律。该《法案》允许汽车自动驾驶系统在特定条件下代替人类驾驶，是一部面向L3级别的自动驾驶法案。该《法案》规定汽车厂商、研究机构可以在道路上进行测试，但必须安装“黑匣子”记录相关数据，以便明确交通事故责任。该《法案》规定由于自动驾驶系统的原因导致交通事故的责任均由自动驾驶汽车制造商来承担。不同于日本，德国要求自动驾驶汽车必须配备司机，且必须保留方向盘、油门和制动装置等结构。修订后的《法案》未针对数据和信息安全提出相应的规定，未来会随着技术的发展逐步完善相关标准政策。2017年9月德国联邦运输部的伦理委员会率先开展研究并提交了世界上第一份自动驾驶指南，包含了20条意见，重点突出了人类生命优先权最高。

英国。2015年初，英国政府开始允许自动驾驶汽车正式进行道路测试，并且发布《自动驾驶汽车发展道路：无人驾驶技术规则综述》《无人驾驶汽车发展道路：道路测试指南》，主要包含了对驾驶员资质、车辆安全技术和道路测试的安全等相关要求。2018年，英国政府颁布了新的网络安全标准《车联网和自动驾驶汽车网络安全准则》，针对车联网的汽车安全提出8项准则，要求所有联网的车系统软件要及时地维护与升级。

法国。2014年，法国宣布了无人驾驶汽车的发展路线图，并推动道路交通法规的修订。2016年之前，法国政府只允许当地汽车公司在道路上进行自动驾驶测试，至2016年道路测试对国外汽车开放。2018年，法国表示第一批自动驾驶立法草案将在年底完成，草案将允许L3和L4级别的公共交通及私家车上路。从2019年起，法国全国道路将完全开放自动驾驶汽车测试。自2014年以来，法国已经开展了五十多个自动驾驶汽车测试项目，包括自动驾驶出租车、自动驾驶公交车和自动驾驶乘用车等车型已经被测试。政府计划在 2020～2022 年在公共道路上部署高度自动化的车辆，以支持自动驾驶汽车的发展。

二 国内智能网联汽车标准法规

1.《汽车产业中长期发展规划》

2017 年 4 月 25 日，工业和信息化部、发改委、科技部三部委联合印发《汽车产业中长期发展规划》，目的是推动我国汽车强国的战略部署建设。《汽车产业中长期发展规划》首先明确了我国汽车产业发展面临的困境，提出了关键核心技术、产业链条、创新体系、国际品牌建设、企业实力等方面存在明显的短板与缺陷。针对这些短板与缺陷，《汽车产业中长期发展规划》提出了汽车产业十年发展计划，并明确了智能网联汽车为未来产业发展的突破口，其中以 2020 年和 2025 年为两个关键时间点，力争实现汽车关键技术的重大突破。2020 年：智能网联汽车的发展与国际同步，智能化水平提高；品牌建设方面，打造中国知名汽车品牌，逐渐向发达国家出口，形成千亿规模的零部件企业；新能源汽车方面，形成全球十强新能源车企，新能源汽车燃料消耗降低到每一百公里耗费 5 升以内，节能环保型的汽车降低到每一百公里消耗 4.5 升以下，新能源汽车能耗处于国际领先水平；商用车方面，安全性能大幅提高，达到国际领先水平。2025 年，智能网联汽车发展水平大幅提升，重点领域全面智能化，进入世界先进水平行列；品牌建设方面，形成全球十强的汽车零部件企业，汽车产销量进入国际前十，中国品牌影响力进一步扩大；新能源汽车方面，全球影响力进一步扩大，新车燃料消耗降低到每一百公里耗费 4 升以内，能耗处于国际领先水平；商用车达到国际领先水平[1]。

2.《智能网联汽车创新发展战略》

2018 年 1 月，国家发改委颁布了《智能网联汽车创新发展战略》的征求意见稿，推动智能汽车标准发展，规划到 2030 年我国实现智能汽车强国目标。该战略以智能汽车发展为出发点，大力促进汽车与信息技术、大数据、智能制造、人工智能、互联网等领域跨行业深度融合。意见稿的愿景提到了三个关键时间点。2020 年：与中国标准智能汽车相关的基础框架基本形成，涉及道路基础设施、法规标准、信息安全体系、监管体系、产业生态等，其中智能汽车新车占比达到 50% 以上，LTE－V2X 覆盖率达到 90%，中高级别的自动驾驶汽车开始市场化应用；2025 年，与中国标准智能汽车相关的基础框架全面形成，新车基本实现智能化，5G－V2X 满足智能汽车的发展需要；2030 年，中国率先实现汽车强国目标，中国标准智能汽车享誉全球[2]。

战略指明：未来 10 年，中国的智能网联汽车技术需要大力发展。为实现 2030 年“享誉全球”的战略愿景，需要把握关键技术节点，同时明确相关战略规范。智能网联汽车需要突破信息通信、信息安全、高精度地图、大数据等核心技术。为了有效实现军民结合的发展，还需要对军工产品进行民用化，其中包括雷达、电子控制、北斗导航等产品。同时加强智能网联汽车相关的标准体系建设，加强对责任界定问题的研究。车路网设施体系方面，国家将严格控制高精度地图构建资质标准、测绘遥感资质标准、统一的通信接口及协议标准等涉及国家安全领域的资质标准。在产品监管体系层面，预测 2018 年底或 2019 年上半年中国将会针对中高级智能网联汽车产品准入及使用规范进行管理标准制定。

在智能汽车法规标准体系建设方面，国家将从健全法律法规、完善技术标准、推动认证许可三个方面入手。在法律法规方面，国家和各省份通过出台“公共道路自动驾驶测试规范”，修订《道路交通安全法》，逐步解决智能网联汽车发展中的标准法规问题，并将重点改进与地理信息测绘相关的法律法规，以支持车辆基本运行功能。在技术标准方面，根据《国家车联网产业标准体系建设指南》，重点制定车辆关键系统、基础道路设施、高精度地图、云控平台、信息安全等技术标准。在认证许可方面，将建立企业自评和第三方机构检验相结合的认证机制，为智能汽车的关键硬件系统和软件系统进行功能性、可靠性、安全性的认定，为不同层级的自动驾驶进行多层次的认证规范。加强企业及第三方机构的认证能力，建立自动驾驶能力测试认证中心。

3.《国家车联网产业标准建设指南》

2017～2018 年，工信部与国标委联合组织开展了国家车联网产业标准体系的系列文件编制工作。2018 年 6 月，《国家车联网产业标准体系建设指南（总体要求）》正式发布，与之配套的还有车联网方面的“信息通信”及“电子产品和服务”的相关文件。该《指南》明确了车联网产业标准体系，如图 2－9 所示。车联网的标准体系包含：智能网联汽车标准体系、信息通信标准体系、智能交通相关标准体系、车辆智能管理标准体系以及电子产品与服务标准体系[3]。

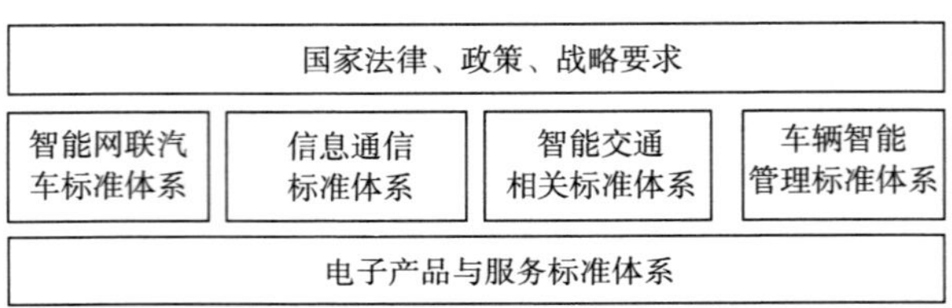

图 2-9　车联网产业标准体系总体架构

（1）智能网联汽车标准体系

智能网联汽车标准体系主要对涉及行业内标准、定位等相关的基础信息进行了明确。标准体系包含四个部分，分别为：基础，指涉及的基本术语、定义、分类等；通用规范，主要针对的是功能性的评价规范以及其测评场景，具体涉及信息安全、功能安全、人机界面等规范；产品与技术应用，指相关核心技术要求，包含感知、决策、控制、交互等；标准，主要指车辆通信方面的标准，包含但不限于通信协议、界面接口、信息交互等方面。针对相关的标准，我国已提出 99 项国标，其中 7 项关键标准已发布，其他标准处于在研状态。2020 年和 2025 年同样是标准体系发展确立的两个关键时间点。2020 年：将初步建立低级别的自动驾驶标准体系，包含驾驶辅助控制、决策控制预警、人机交互界面、信息安全等，完成 30 项以上智能网联汽车重点标准。2025 年：将系统完成智能网联汽车标准体系，包含自动控制、协调决策、典型场景下的功能与性能的技术评价方法，完成 100 项以上重点标准。

（2）信息通信标准体系

信息通信标准体系主要解决智能网联汽车与外界环境通信问题，重点研究 LTE-V2X、5G 技术等车联网标准化工作。车联网产业中的信息通信以共性技术和安全技术为基础，按照“端—管—云”三个层次划分了体系结构。图 2-10 所示为信息通信标准体系结构，包含 4 个方面：基础标准、通信协议和设备技术标准、业务与应用、网络与数据安全标准。其中也确立了 2 个关键时间点：2018 年底前建立基础技术标准体系，完成基于LTE-V2X 通信技术的标准体系建设；2020 年完成基于 5G 技术的通信系列标准建设。

（3）智能交通相关标准体系

智能交通相关标准体系以规范智能交通系统（ITS）技术、服务和产品为重点任务，包括智能交通相关的基础标准、服务标准、技术标准、产品

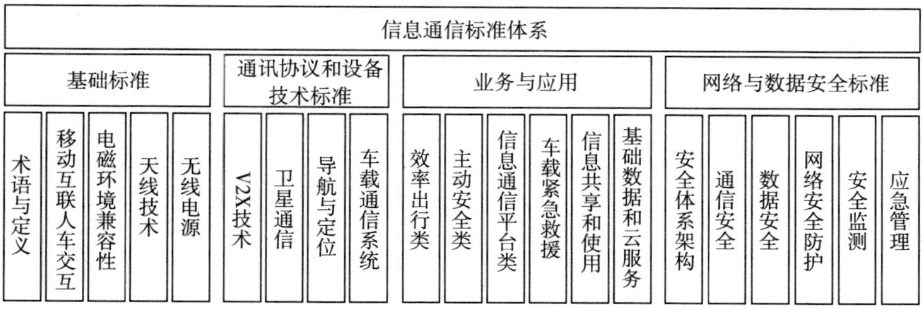

信息通信标准体系

- 基础标准：术语与定义；移动互联人车交互；电磁环境兼容性；天线技术；无线电源
- 通讯协议和设备技术标准：V2X技术；卫星通信；导航与定位；车载通信系统
- 业务与应用：效率出行类；主动安全类；信息通信平台类；车载紧急救援；信息共享和使用；基础数据和云服务
- 网络与数据安全标准：安全体系架构；通信安全；数据安全；网络安全防护；安全监测；应急管理

图 2－10　信息通信标准体系结构

标准等。该标准体系主要解决车辆、道路协调等问题，对智能车辆的快速发展具有关键性的意义。

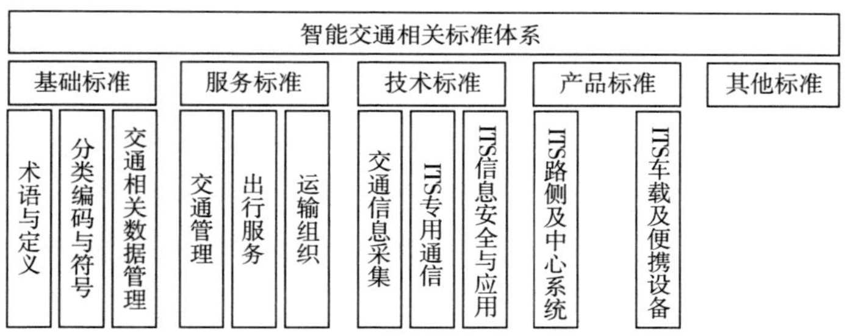

图 2－11　智能交通相关标准体系结构

（4）车辆智能管理标准体系

车辆智能管理标准体系主要针对车辆的管理制定相关法律标准，对交通安全行为进行有效规范，降低法律风险，促进车联网产业有序发展，主要包括基础标准、产品类标准、安全类标准和车辆安全运行测试与规范管理类标准等。

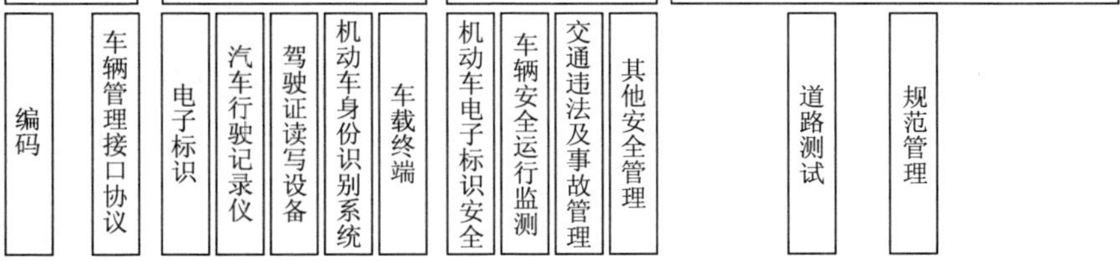

车辆智能管理标准体系

- 基础标准：编码；车辆管理接口协议
- 产品类标准：电子标识；汽车行驶记录仪；驾驶证读写设备；机动车身份识别系统；车载终端
- 安全类标准：机动车电子标识安全；车辆安全运行监测；交通违法及事故管理；其他安全管理
- 车辆安全运行测试与规范管理类标准：道路测试；规范管理

图 2－12　车辆智能管理标准体系结构

（5）电子产品与服务标准体系

电子产品与服务标准体系明确了与车联网相关的汽车电子、车载信息服务等的标准化方向，支持车载信息服务平台、汽车电子产品等发展。该标准体系包含了基础产品、电子产品、网络设备、平台与服务、网络与信息安全五个方面。

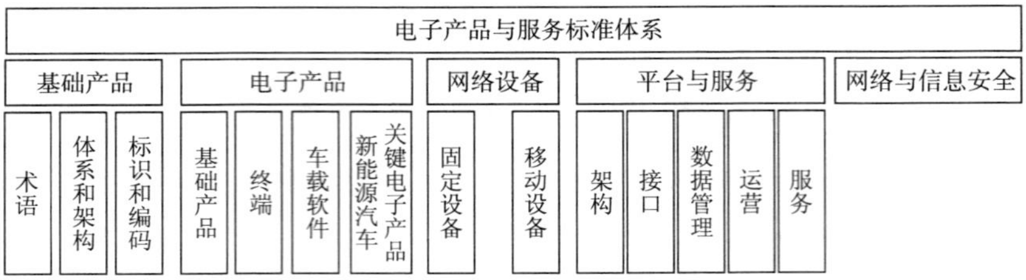

电子产品与服务标准体系														
基础产品			电子产品				网络设备		平台与服务					网络与信息安全
术语	体系和架构	标识和编码	基础产品	终端	车载软件	新能源汽车关键电子产品	固定设备	移动设备	架构	接口	数据管理	运营	服务	

图 2－13　电子产品与服务标准体系结构

4. 中国智能网联汽车产业创新联盟

中国智能网联汽车产业创新联盟成立于 2017 年 6 月，是由中国汽车工程学会、中国汽车工业协会带头，联合汽车、通信、交通、互联网领域的企业、高校、研究机构等共同发起的组织机构。其中，工信部为指导单位，联盟的首批成员单位高达 98 家。联盟主要开展共性技术、测试规范、商业化、标准法规、政策等核心工作的研究，并设立从技术研发到政策标准全产业链的共计 8 个工作组。其中，联盟近 100 名专家于 2016 年完成了“智能网络汽车技术路线图”，该技术路线图深刻影响着我国智能汽车的发展，为我国智能网联汽车技术和产业的发展发挥重要引导作用。该技术路线图的架构为“两纵三横”模式，两纵是指车载平台和基础设施，三横是指车辆与网络基础设施的关键技术、信息交互关键技术、基础支撑技术。随着研究的深入，专家结合自动驾驶不同出行方式于 2017 年重新修订了架构方案，形成新版“三横三纵”技术架构图，其中“三横”不变，“三纵”强调了未来汽车的应用场景，图 2－14 所示为新修订的三横三纵技术架构图[5]。

5. 各省市道路测试标准规范

自动驾驶道路测试主要有三种方式：一是在虚拟的仿真环境中进行算法验证测试；二是在封闭或半封闭的示范园区内进行测试；三是在实际运行的道路中进行测试。为保证车辆在各种工况下都能安全高效地运行，公共道路测试是自动驾驶发展过程中必不可少的环节。而道路测试随之也会带来一些安全隐患，为促进智能网联汽车良性发展，应对测试道路的风险，

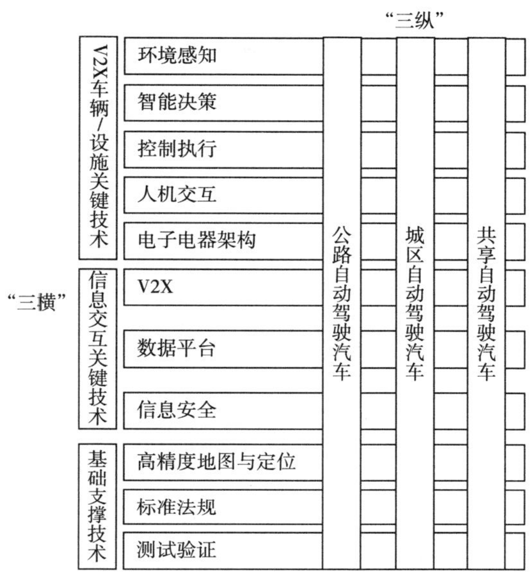

图 2－14　智能网联汽车"三横三纵"新技术架构

我国多个省市已相继出台相应的测试办法。各省市的办法大同小异，其核心思想主要是应对测试过程当中出现的风险问题，内容包括监管主体的职责划分、测试主体所具备的资质条件、测试车辆所具备的性能、测试员的资质以及测试过程中发生交通事故采取的处理办法。表 2－11 所示为各省市的汽车道路测试标准管理办法。

表 2－11　各省市汽车道路测试标准管理办法

省市	时间及管理办法	重要内容
北京	2017 年 12 月 北京市自动驾驶车辆道路测试管理实施细则（试行）	由市交委牵头，与市交管局、市经信委联合成立自动驾驶测试管理联席工作组，共同开展测试环节的实施工作； 申请主体须为国内独立法人单位，符合申请上路资质的包括自动驾驶科研、定型试验等； 测试员有驾照，三年以上安全驾驶经历； 测试主体必须在联系工作组指定的区域及时段进行测试； 被测试车辆需要有监控装置，且必须接受第三方授权机构的监控； 测试主体必须提供其自动驾驶系统的说明介绍，包括但不限于通信、操作、安全、监管等方面的系统； 出现违反实施细则的情况时，第三方授权机构有权取消测试主体的资质，并公布名单

续表

省市	时间及管理办法	重要内容
上海	2018 年 2 月 上海市智能网联汽车道路测试管理办法（试行）	市经信委、市公安局、市交通委共同成立上海市智能网联汽车道路测试推进工作小组； 测试主体必须配备车辆监控平台，并按规定接入被授权的第三方机构数据平台； 测试车辆须购买交通事故责任险，最低限额 500 万元人民币/辆，或出具相同金额的赔偿保函； 测试员须有自动驾驶操作经验 50 小时以上，及申请测试项目的驾驶经验 40 小时以上； 道路测试时发生的交通违法事故，由公安机关按照现行的交通法处罚
重庆	2018 年 3 月 重庆市自动驾驶道路测试管理实施细则（试行）	市经济信息委、市交委、市城管委、市公安局共同成立重庆市自动驾驶道路测试管理联席工作小组； 测试员不可超过 2 小时的长时间连续测试，间隔休息不少于半个小时，每天测试时间不超过 6 小时； 道路测试时发生交通违法事故的，由交通安全管理部门进行处罚
深圳	2018 年 3 月 关于规范智能驾驶车辆道路测试有关工作的指导意见（征求意见稿）	自动驾驶车辆须在规定的路段及时间段进行道路测试； 测试车辆须申请临时牌照，并粘贴“智能驾驶测试车辆”标识； 测试车辆须购买交通事故责任险，最低限额 500 万元人民币/辆，或出具相同金额的赔偿保函； 道路测试时发生的交通违法事故，由公安机关按照现行的交通法处罚
国家	2018 年 4 月 智能网联汽车道路测试管理规范（试行）	测试员与测试主体签订有劳动合同或劳务合同； 测试员须具有 3 年以上驾驶经验，最近连续 3 个记分周期内无满分记录、最近 1 年内无超速 50% 以上，无违反驾驶行为记录； 测试车辆除了满足耐久性等强检要求外，还须具有自动驾驶和人工驾驶两种操作模式； 测试车辆须配有车辆记录、存储、监控等功能，保留和存储车辆事故发生前至少 90 秒的数据，存储时间不少于 3 年； 测试车辆需申请临时牌照，并粘贴颜色醒目的“自动驾驶测试”标识。如需去其他省市测试，须按照相应省市的流程重新申请临时牌照； 测试时发生的交通事故，应按照交通法规进行处理

续表

省市	时间及管理办法	重要内容
长沙	2018 年 4 月 长沙市智能网联汽车道路测试管理实施细则（试行）	测试区将逐级申请、逐级开放、分类监管。第一级测试区含封闭及半开放式的测试环境，测试区域为湘江新区智能系统测试区；第二级测试区为开放式道路，并设有明显测试警示标志。测试主体必须先完成第一级测试，达到相应的技术指标，才能进入第二级测试区； 驾驶员的自动驾驶学习训练时间不少于 50 小时，实际的操作训练不少于 40 小时，驾驶员每天的工作时长不得超过 6 个小时； 测试期间发生交通事故时，应由法定职能部门处理，测试主体、测试驾驶人、测试车辆所有人、第三方管理机构依照现行法律法规承担相应责任
长春	2018 年 4 月 长春市智能网联汽车道路测试管理办法（试行）	测试员的驾驶经历须 3 年以上，每 2 个小时的测试时间应休息半个小时，每天累计的测试工作时长不得超过 8 个小时； 测试车辆在申请道路测试时，首先须通过第三方机构的封闭道路测试评审，方可申请上路测试； 测试车辆应具备人工驾驶和自动驾驶两种模式，并保证在任何情况下都能够将驾驶模式即时转为人工操作； 道路测试时发生的交通违法事故，应按照现行的交通法处理
杭州	2018 年 7 月 杭州市智能网联车辆道路测试管理实施细则（试行）	测试主体须是具有自动驾驶技术研发、生产或运营能力的企业； 驾驶员须具有 50 个小时以上的自动驾驶系统操作经验，最近连续 3 个记分周期内无满分记录，无酒驾等违反交通法规记录； 道路测试时发生的交通违法事故，由公安机关按照现行的交通法对驾驶人处理，而非测试车辆
天津	2018 年 7 月 天津市智能网联汽车道路测试管理办法（试行）	对测试主体、测试驾驶人、测试车辆、测试申请材料的要求、测试申请及审核、测试管理、交通违法和事故处理的规则，按照国家级标准运行

三　中国智能网联汽车应用示范

1. 国家智能网联汽车（上海）试点示范区

“国家智能网联汽车（上海）试点示范区”是国内第一个封闭性的智能网联汽车测试区，位于上海安亭，2016 年开始投入运营。上海示范区旨在测试和演示智能汽车、车联网通信关键技术。示范区的建设将分四个阶段推进：封闭测试区、开放道路测试区、典型城市综合测试区、示范城市与交通走廊示范区。在2020年实现覆盖面积达到150平方公里，10000辆车辆的容量，其中9000辆背景车、1000辆测试车，道路里程800公里，覆盖高速、城市、乡村等综合性交通场景。在示范区的一期建设中，已搭设多种道路场景及相应的通信设施，包含隧道、林荫道、加油/充电站、地下停车场、十字路口、丁字路口、圆形环岛等交通场景；基础设施包含1个GPS差分基站、2座LTE－V通信基站、16套DSRC和4套LTE－V路侧单元、6个智能红绿灯和40个各类摄像头，可实现厘米级定位。该示范区可为自动驾驶测试及车联网通信提供多达100种测试，是目前为止功能测试场景最多、通信技术最丰富的国际领先测试区[5]。

截至2018年5月，封闭测试区已完成200多个测试场景建设，累计为四十多家国内外企业提供450余天次、超过5000个小时的测试服务。7月，封闭示范区域内的无人驾驶科普体验区对外开放。根据示范区的规划，2019年底，覆盖面积将达到100平方公里，将增加高速公路测试场景，测试车辆达到5000辆。2020年，通过嘉闵高架等道路智能改造，形成汽车城与虹桥商务区两个城市独立共享交通闭环。

2. 京冀智能汽车与智慧交通产业创新示范区

京冀智能汽车与智慧交通产业创新示范区位于北京亦庄经济技术开发区，建设项目于2016年启动，由工信部、北京市政府、河北省政府三方牵头合作，共同签订基于宽带移动互联网的智能汽车与智慧交通应用示范合作框架协议。协议计划到2018年底，完成测试道路总长为10公里的封闭试验场地，100公里的开放/半开放的道路基础设施改造，包含30种以上城市道路元素，覆盖超过180种场景；截至2020年底，该封闭试验场将可容纳1000辆全自动驾驶汽车，完成200公里的市政道路基础设施改造，包含100种以上城市道路元素，覆盖300种以上场景。《北京市自动驾驶车辆封闭测试场地技术要求（试行）》已于2018年2月颁布。北京市长达12公里的首条车联网专用车道也正式运行，该车道位于亦庄荣华中路与景园街处，可以实现车辆与基础道路设施互联互通，专用车道包含智能交通信号灯、显示屏、信号发射器、北斗导航GPS定位等设施及技术服务。

3. 重庆智能汽车与智慧交通应用示范区

重庆是继京冀示范区、浙江示范区之后我国第三个落实智能网联交通应用示范区的城市。由工信部和重庆市政府共同合作，于 2016 年签署了《基于宽带移动互联网的智能汽车与智慧交通应用示范合作框架协议》。重庆示范区将结合重庆道路交通实际情况进行封闭测试场到开放道路交通环境设施改造工作，可完成一系列智能网联汽车测试试验，示范区包括智能驾驶、智慧路网、绿色用车、防盗追踪、便捷停车、资源共享、大范围交通诱导和交通状态智慧管理等八大领域应用。2016 年 11 月，该项目一期建设工作已完成并开始投入运营。一期“智能汽车集成系统试验区”道路总长 6 公里，占地面积达 403 亩，位于中国汽车工程研究院礼嘉园区内。场地包括直道、弯道、隧道、桥梁、上下坡、交叉路口、停车场、加油站、充电站等，覆盖五十多种测试场景。测试区内包含智能交通信号灯、信号发射器、LTE－V/DSRC 车路通信、北斗导航 GPS 定位等设施及技术服务，可提供自动泊车、行人预警、变道预警、盲区预警、车速引导、紧急制动、隧道行驶等测试。根据规划，重庆示范区二期项目重庆西部汽车试验场（垫江）智能汽车可靠性试验区于 2017 年建设完成，三期项目两江新区智能汽车与智能交通开放道路示范区于 2018 年建设完成。未来重庆智能网联汽车示范区可为国内外企业提供辅助安全驾驶、自动驾驶、智慧路网、绿色用车、智慧停车等测试评价及应用示范，为加速智能汽车服务和商业模式创新提供优质的技术服务及可靠的保障。

4. 中德智能网联汽车四川试验基地

中德智能网联汽车四川试验基地是一个国际合作智能网联汽车自动驾驶试验基地，也是国内唯一的国际合作示范基地，位于成都市龙泉驿经济技术开发区。该基地项目建设分为四个阶段。第一阶段，至 2018 年完成 1.2 平方公里的封闭测试场建设，覆盖 116 种测试场景，包含安全类、效率类、信息服务类、新能源应用类、通信和定位能力测试 5 类，同时，也将建立仿真、台架、驾驶模拟器、数据中心、信息安全实验室等，开展智能网联汽车认证功能建设。第二阶段，2018～2020 年，完成 5 平方公里的半开放式试验场建设，建设“智能网联汽车产业小镇”及技术转移中心，将建成智能道路、V2X 通信系统，率先覆盖 5G 网络，建立高精度地图与高精度定位支撑体系。第三阶段，2020～2022 年，完成 50 平方公里的城市车联网综合示范区建设，部署智能车路协同与交通云控系统，开展 5G 车联网试点应用、智能道路与智能交通体系建设，开展包括队列行驶、绿波带通行、交叉口盲区预警、区域内自动驾驶、城市道路自动驾驶、高速公路自动驾驶等各类智能网联汽车应用示范，形成多源、多维度且动静结合的交通 GIS 综合大数据系统。第四阶段，2022～2025 年，完成 200 平方公里的智慧交通生态圈建设，实现盲区提醒、紧急车辆接近、行人闯入、绿灯通过速度提示、优先级车辆让行等功能，形成集乡村测试区、城市测试区、高速测试区为一体的完整测试示范基地。中德示范区将涵盖和连接龙泉驿区主要城区，成为成都市经开区北部城区，将率先尝试无人驾驶、共享出行等新型交通模式，将该区域打造成为智能网联汽车相关标准法规的试验田，项目预计整体投资 300 亿元。

5. 吉林智能汽车与智慧交通应用示范基地

吉林智能汽车与智慧交通应用示范基地是中国国内首家寒区和东北地区的智能汽车和智慧交通测试体验基地，2016 年 11 月由工信部与吉林省政府签订合作框架协议启动，2017 年 8 月于长春市净月区启明软件园开工建设。吉林智能示范区建设由多家企业共同承担，包括中国一汽、清华、北航、电信研究院、华为、大唐等。该示范基地可为智能汽车和智慧交通提供 72 种主要场景、1200 个子测试场景、214 种细分场景的现场测试，对于验证未来智能汽车和智慧交通“传感器 + V2X + 人工智能 + 执行器”的功能和性能可提供有效的工具与手段。

吉林智能汽车与智慧交通应用示范基地将分三个阶段建设。第一阶段，完成不少于 2 辆车辆安装 V2X 通信设备及北斗高精定位设备，可容纳 100 辆测试车同时测试，实现信息提示、安全预警等应用。第二阶段，完成 8 辆以上安装 V2X 通信设备和北斗高精度定位设备，可容纳 500 辆测试车同时测试，实现信息提示、安全预警与控制、绿色节能等智能网联化应用。第三阶段，计划到 2019 年，完成智能网联汽车综合性典型城市示范区建设，占地面积 100 平方公里，50 辆以上车辆安装 V2X 通信设备和北斗高精度定位设备，可支持示范车辆达到 1 万辆，500 辆以上测试车辆安装 4G 的 T－BOX 和北斗高精度定位设备，其余车辆安装 4G 的 OBD 终端，道路涵盖城市快速道路、乡村道路、客货运中心、商业住宅区、工业园区，以及隧道、桥梁、立交桥、山地环湖坡路等多种道路环境，实现信息提示、安全预警与控制、绿色节能等智能网联化应用。

6. 浙江 5G 车联网应用示范区

浙江 5G 车联网应用示范区是我国首个开展工信部与省政府合作的 5G 应用示范项目，于 2015 年 9 月签订协议并启动。以云栖小镇为核心的（杭州）西湖区、以乌镇为核心的（嘉兴）桐乡市作为5G车联网的示范试点。云栖小镇以G20峰会为短期目标，建设基于LTE-V车联网标准的车—车—路的互连互通，以“一系统、一网、一平台”为主要建设内容，“一系统”指YunOS车载操作系统，“一网”指4G+智能路网通信环境，“一平台”指车联网大数据平台。2016年，云栖小镇初步建成了5G车联网应用示范项目，包含34个LTE-V路面站点，实现道路上的车辆与智能设备互联互通。乌镇示范点目标是以视频技术为核心的透明示范道路、4G+的宽带移动测试网络以及智能化停车应用场景，以第三届互联网大会为短期目标，以“一路、一场、两终端、一平台”为主要建设内容，“一路”指透明示范道路，“一场”指智慧化停车场/自动驾驶试验场，“两终端”指智能车载终端和移动终端，“一平台”指交通大数据平台。乌镇示范点也已于2016年初步完成了，构建了以视频技术为核心的透明示范路、搭建了4G+的宽带移动测试网络、推出了智能化停车应用，完成了多项辅助驾驶和自动驾驶的研究与测试，停车位数提高40%以上。

第三节　我国智能网联汽车面临的挑战

一　核心技术挑战

智能网联汽车的本质是结合了自主式智能汽车及网联式智能汽车。自主式智能汽车以智能化为主导，通过传感器主动探测周围环境，通过视域范围内对环境的了解做出智能驾驶行为；网联式智能汽车以网联化为主导，车辆被动接收其他车辆、设施、云端信息（高精度电子地图等）并做出适应性反应，解决非视域范围内停避障及提高行车安全和智能驾驶行为效率。在智能网联汽车的发展进程中，两者一定是相互融合、相互促进的。

智能网联汽车发展的过程中，最难突破的关键技术问题为融合问题。智能网联汽车搭载的多种传感器及通信设备分别获取不同类别、不同范围内的信息，如车载雷达解决200米范围之内识别、视觉传感器解决80米范围内的识别、专用短程通信解决一公里以内的信息传输问题。这些信息之间相互补充，但同时存在信息之间相互矛盾，而智能汽车安全行驶必须保证唯一且正确的指令。为保证智能网联汽车获得信息的实时性、可靠性、非冗余性，智能化信息和网联化信息的融合是必然趋势。传感器与网络结合，可实现远、中、近的空间维度的融合。时间维度上，5 秒到 20 秒范围内，通过短程通信解决，20 秒以上，通过移动通信解决。在同一发展时期，针对智能化和网联化两种信息，要确保在空间和时间维度上的统一，需要进一步确定在哪方面的融合问题，比如决策级融合、特征级融合、数据级融合。另外，算法是信息融合处理的核心，保证算法足够优化、处理速度快且容错性好也将成为驾驶决策的关键问题。

二　标准法规挑战

与自动驾驶技术攻关提升相比，我国尚缺乏支撑自动驾驶汽车合法上路的法规标准，这也是全球自动驾驶行业所面临的问题，也是一个矛盾冲突点。自动驾驶车辆需要法律的允许进行上路测试、研发，而法律制定部门又因自动驾驶技术的成熟度过低尚不能全面开展相应的上路实测的法律保障体系、测评体系、保险体系的建立。同时，对于自动驾驶模式下的交通事故，如何进行责任界定、事故调查等，都对现有的交通法规提出了新的挑战，尤其是涉及伦理道德问题，法规标准更难以决断。因此在相应的保障制度出台之前，真正意义上的无人驾驶上路还有很远的路要走。

三　信息安全挑战

用户隐私与公共信息很容易成为不法分子利用的对象。网联化为每位用户带来便捷信息传输的同时，也带来了个人隐私威胁。车辆信息如果被不法分子利用，自动驾驶系统被恶意攻击，车辆被远程控制，很可能对用户的人身安全造成更为严重的后果。所以需要相应的责任部门规范自动驾驶系统供应商、汽车生产商、通信运营商对用户的信息采集和使用，加强网联化通信中的网络安全技术、隐私保护技术、数据加密技术、身份认证技术，强化智能网联汽车体系的安全保障。

参考文献

[1] 宋城：《国家发改委等联合印发〈汽车产业中长期发展规划〉》，《中国设备工程》2017 年第 9 期。

[2] 国内：《汽车纵横》2018 年第 2 期。
[3] 游根节：《智能网联汽车标准体系分析》，《电信技术》2018 年第 8 卷第 5 期。
[4] 董扬：《汽车电动化、智能化需要政府强干预模式》，《汽车纵横》2017 年第 7 期。
[5] 左任婧、陈君毅：《国内外智能网联汽车试验场的发展现状》，《北京汽车》2018 年第 1 期。

第三章　智能网联汽车产业链及商业模式

第一节　智能网联汽车产业链

一　智能网联汽车产业宏观环境分析

智能网联汽车由于本身的公共特性，它的技术发展会受四方面因素的影响：政策、经济、资本、社会。任一因素的滞后都会明显影响产业整体进程，而同时任一因素的突破也可以强有力地拉动其他因素向好发展。中国具备较好的汽车产业基础及潜力空间，顶层设计逐步完善，技术创新底蕴深厚，经济增长需求迫切，公众社会认知开放，多元因素对汽车产品智能化起到促进作用。通过 PEST 模型（见图 3－1），本研究针对国内的宏观环境对智能网联汽车产业的影响进行分析。所谓 PEST，即 P 是政治（Politics），E 是经济（Economy），S 是社会（Society），T 是技术（Technology）。

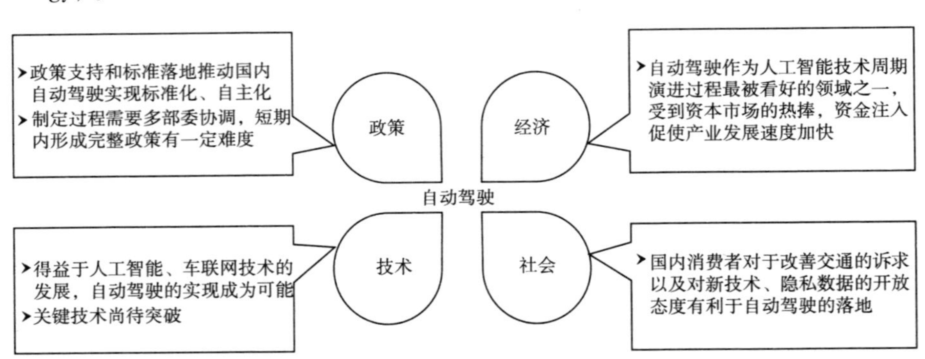

➤政策支持和标准落地推动国内自动驾驶实现标准化、自主化
➤制定过程需要多部委协调，短期内形成完整政策有一定难度
政策
经济
➤自动驾驶作为人工智能技术周期演进过程最被看好的领域之一，受到资本市场的热捧，资金注入促使产业发展速度加快
自动驾驶
➤得益于人工智能、车联网技术的发展，自动驾驶的实现成为可能
➤关键技术尚待突破
技术
社会
➤国内消费者对于改善交通的诉求以及对新技术、隐私数据的开放态度有利于自动驾驶的落地

图 3－1　智能网联汽车产业 PEST 模型分析

1. 政策

智能网联汽车在减少交通事故、缓解交通拥堵、提高道路及车辆利用

率等方面具有巨大潜能，已成为各国及企业机构的竞争热点。《中国制造2025》明确指出智能网联汽车为重点发展内容，国家部委及各级地方政府也纷纷出台相关的政策法规，加快了我国在智能网联汽车的产业布局，标准制定部门也逐渐建立起了完备的标准体系，促进了智能网联汽车产业的发展。

国家发改委发布《智能网联汽车创新发展战略》，旨在推动汽车与先进制造、信息通信、互联网、大数据、人工智能等各领域深度融合；工信部、国家标准化管理委员会印发了《国家车联网产业标准体系建设指南（总体要求）》，提出车联网产业的整体标准体系结构、建设内容，指导智能网联汽车产业标准化总体工作，逐步形成统一、协调的国家车联网产业标准体系架构；工信部、公安部及交通部发布《智能汽车道路测试管理规范（试行）》，为半开放及开放道路测试提供了国家级的管理规范。一系列的标准规范对智能网联汽车产业的发展起到顶层设计和基础引领作用，同时后续更多如《智能网联汽车自动驾驶功能测试规程》（试行）等智能网联汽车执行层面的细则会陆续出台。

尽管国家层面重视，并且出台了明确、完整的规划，但由于智能网联汽车产业涉及多领域、多部门，而各领域部门之间的协同机制、管辖范围又尚不明朗，因此短期内难以形成完整的政策体系。但是随着全球智能网联汽车产业的飞速发展和智能网联汽车技术的不断成熟，汽车产业势必倒逼相关的政策法规标准体系持续更新和改进。

2. 技术

智能网联汽车关键技术可以分为：智能化与网联化。

智能化：近年来，人工智能技术快速发展，并得到了广泛的应用，特别是人工智能中的深度学习算法广泛应用于环境感知、决策控制等环节，使得基于传感器感知的智能化自动驾驶成为可能。

网联化：基于新一代通信标准的 DSRC、LTE－V 及 5G 通信技术快速发展并正在加快落地商用，其中 DSRC 通信标准，美国已经发展了十余年，技术相对成熟，并且已经进行一定程度的商业化。LTE－V 及 5G 通信技术也即将在近两年内完成标准的建立及商业应用。新一代通信技术的通信带宽、传输速率及通信时延等各方面性能较上一代通信技术得到极大提升，这些技术的快速发展，使得基于网联化的自动驾驶也成为自动驾驶的重要技术路线之一。网联化在自动驾驶的研发和实际落地中发挥着重要作用，补充了单车智能化自动驾驶解决方案的不足。

3. 经济

随着互联网产业的红利逐渐消失，智能网联汽车作为人工智能产业的细分市场之一，受到资本市场的热捧，资本对自动驾驶商业化前景看好，同时大量资本的涌入也吸引大量创业者入局，产业发展速度加快。自动驾驶技术作为汽车的发展趋势，Strategy Analysis 预测其将有 7 万亿的市场规模（2050 年），如此庞大的蓝海市场引发资本的竞相追逐[1]。

根据中汽中心数据资源中心的数据，如图 3－2 所示，2012～2017 年国内汽车销量在 2016 年短暂增长后，到 2017 年出现负增长，汽车市场整体的需求减弱，导致国内汽车销量持续减少。与此同时，如图 3－3 所示，自 2014 年以来汽车销售利润率逐渐降低，利润总额增长速度放缓。在巨大的竞争压力下，整个汽车产业面临着转型升级的形势压力，智能网联汽车产业作为新的“蓝海市场”，为传统汽车的转型升级提供了良好的突破口，从而吸引汽车制造商、科技公司及造车新势力等各方力量的涌入，各方不断加大研发力度，力图将汽车打造成新一代移动智能终端。汽车产业将发生新一轮的产业整合升级，造车新势力及科技企业等新生力量争相以后发优势提前完成战略布局。

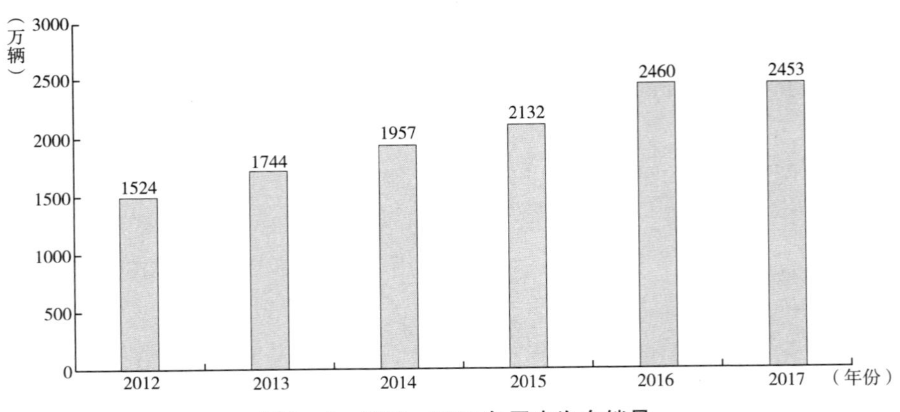

图 3－2　2012～2017 年国内汽车销量

4. 社会

智能网联汽车对消费者的出行带来的效益是巨大的，但是全球不同国家对自动驾驶技术等新技术的接受程度表现出较大的差异。

IBM、波士顿咨询等机构进行的消费者调查结果显示，相对于欧美日韩

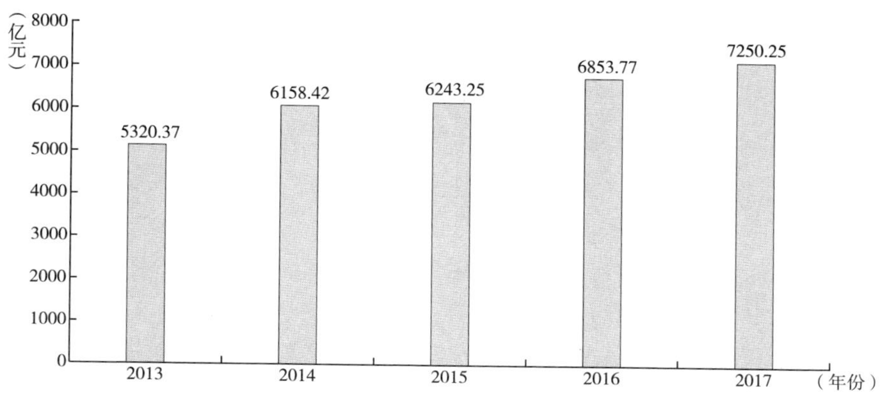

图 3－3　2013～2017 年汽车制造业规模以上企业利润总额

等发达国家，中国消费者对汽车新技术、新使用模式保有更为乐观积极的态度，也愿意在日常生活中应用，如图 3－4 及图 3－5 所示。

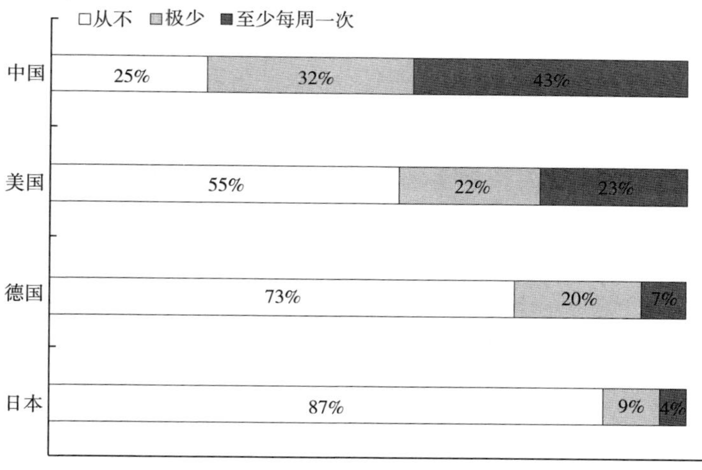

图 3－4　相关各国使用出行服务的消费者比例

国内新能源汽车产业和出行服务产业的蓬勃发展也表现出了中国消费者对新技术的接受程度。目前相较于其他成熟市场国家，中国消费者对出行服务的使用频率更高，催生了滴滴等出行服务巨头。共享出行服务的普及使得消费者对于传统注重汽车所有权的态度发生了改变，消费者开始更加关注汽车使用及相关服务，这种转变也有利于消费者接受来自运营服务商的自动驾驶汽车。从中国（新兴市场）与成熟市场对自主汽车功能的喜欢程度对比数据上可以看到，在国内，6 种自动驾驶汽车新技术更受瞩目。

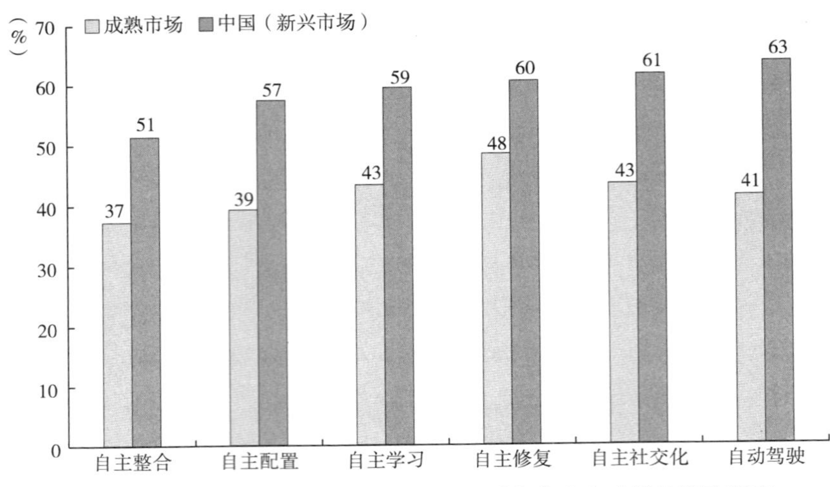

图 3－5 中国（新兴市场）与成熟市场对自主汽车功能的喜欢程度

目前消费者对于自动驾驶的认知程度尚低，在自动驾驶技术应用落地后尚需要很大力度的推广普及。对于持保守态度的消费者而言，乘车安全和人车伦理将是拒绝自动驾驶的主要原因。

由于国内城市规划与交通规划不协调，车路矛盾加剧、静态交通容量不足，同时随着国内汽车保有量的急速增加，中国交通拥堵情况日益严重。如图 3－6 所示，2017 年国内的拥堵城市排行榜，北京、上海及广州拥堵情况严重，甚至济南等省会城市已经超越北京成为 2017 年国内最拥堵的城市，同时值得注意，三线城市呼和浩特也进入拥堵前十。由此可见，国内现在拥堵形势已经从以前的一线二线城市向三线甚至四线城市蔓延，整体的拥堵形势严峻。从图 3－6 中可以看到在车流量高峰时期，平均车速基本在 20km/h，城市拥堵造成了糟糕的出行体验并浪费了大量时间。如何提高交通速率，减少交通拥堵是亟须解决的问题。

国内交通拥堵严重的同时，交通事故整体形势也不容乐观。图 3－7 所示为 2011～2016 年交通事故情况，可以看到交通事故发生数量、交通事故伤亡人数居高不下，并有增加的趋势，同时随着国内经济水平的提高，车辆保有量和拥有的车辆价值提高，交通事故引起的直接财产损失逐年增加。

智能网联汽车典型的应用场景就是提高交通效率及减少交通事故率，所以智能网联汽车的特性也有利于产业在中国的落地应用。

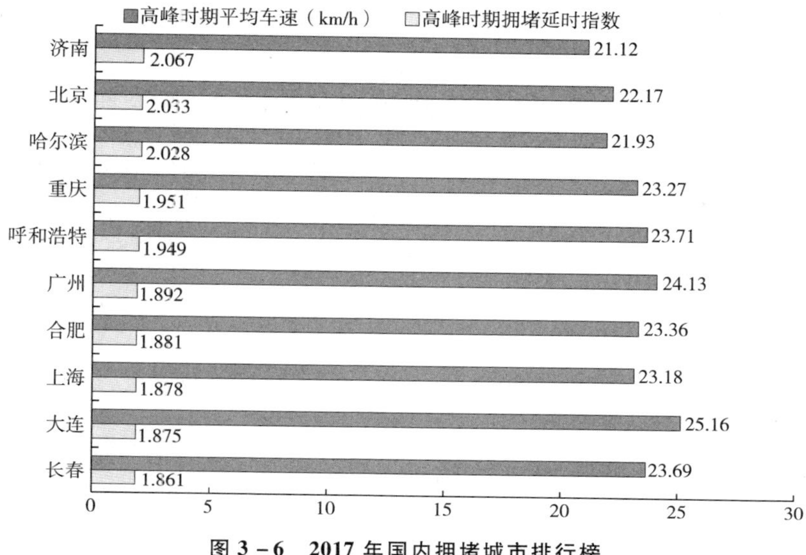

图 3－6　2017 年国内拥堵城市排行榜

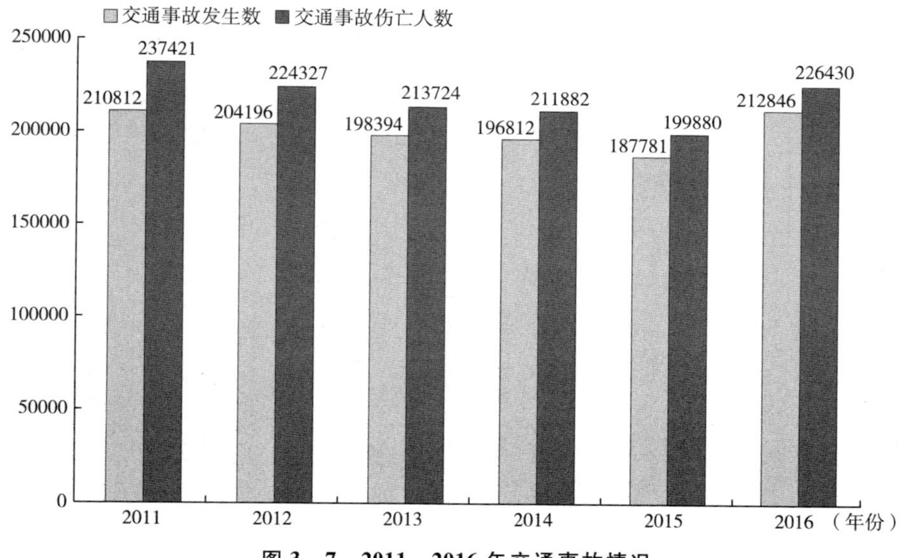

图 3－7　2011～2016 年交通事故情况

二　智能网联汽车产业生态分布

互联网、大数据、共享经济及人工智能等技术的发展、普及及应用正在打破传统成熟的汽车产业链结构。智能网联汽车的发展将催生新的产业链结构，在新的产业链中，处在不同环节的企业将更大程度地相互合作，使数据、技术和资本在整个产业链中更通畅地流动、循环，实现各个环节的最佳经济效益。

整体的智能网联汽车产业生态分布如图 3－8 所示。整个产业生态是由

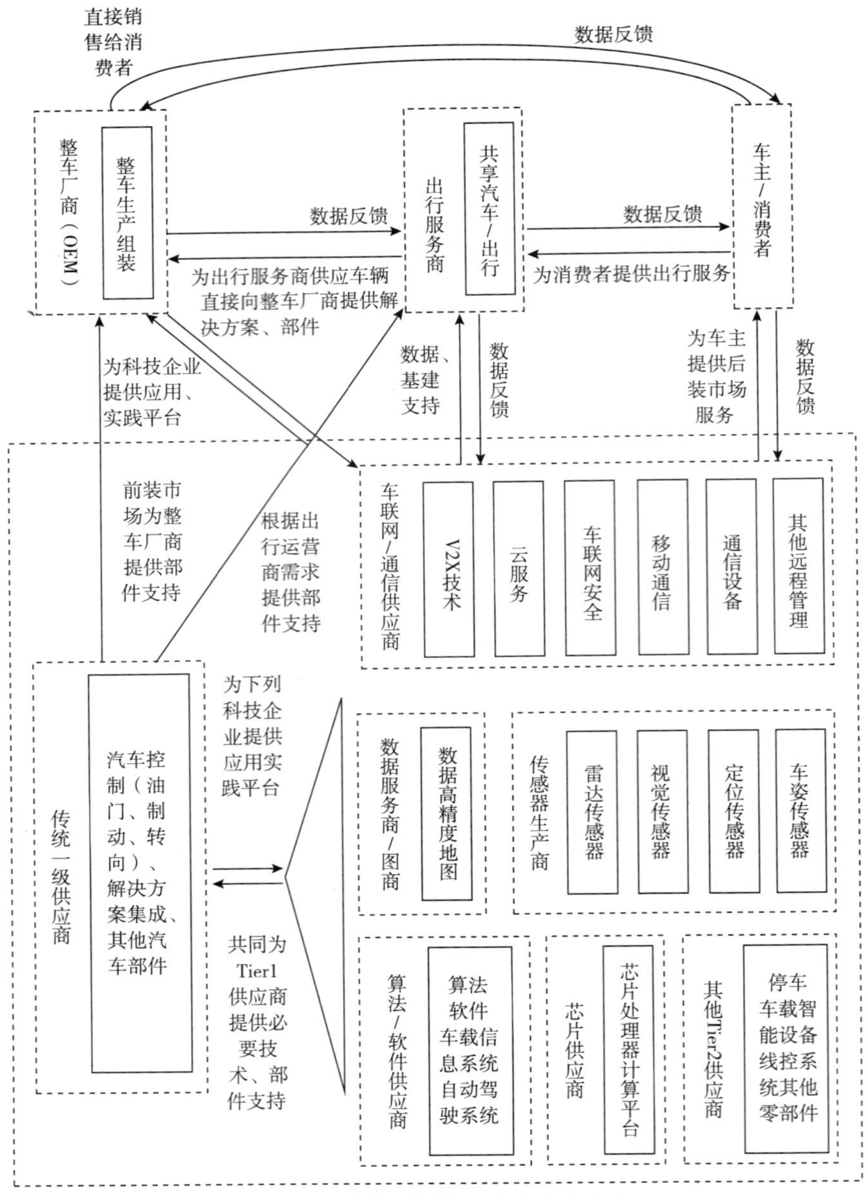

图 3－8 智能网联汽车产业生态分布

整车厂商、传统一级供应商、出行服务商、普通消费者以及提供技术服务的算法软件供应商、数据高精度地图供应商、通信运营商以及芯片供应商等二级供应商组成。自动驾驶供应商包括产业体系中的新兴企业，从传统二级供应商获得设备部件，经过技术整合研发，最终由一级供应商或直接由整车厂商完成集成及组装，形成自动驾驶整体解决方案。整车厂商为出行服务商提供具备自动驾驶功能的车辆，部分整车厂商也在向出行服务商转变，或者与出行服务商开展深度合作，出行服务商将出行数据反馈给整车厂商，帮助整车厂商调整产品研发方向。此外，处在生态中各环节的企业将加深合作，软硬件协同，提供一体化整体解决方案。整个智能网联汽车产业，现在已越来越呈现生态化、网状化的趋势，企业间纵向联结越来越紧密。智能网联汽车整体产业链如图 3－10 所示。

1. 智能网联汽车产业链上游

（1）感知系统

感知系统是自动驾驶汽车的“眼睛”，自动驾驶汽车通过感知系统采集周围环境的数据，通过算法的提取、处理及融合，形成完整的汽车周边驾驶态势图，为驾驶行为决策提供依据，感知系统的正确性及可靠性等性能直接影响车辆的安全性和稳定性。

①传感器

目前感知系统是指各类感知传感器，包括定位传感器：惯性导航系统、GPS/北斗、高精度地图、RTK 差分系统，雷达传感器：激光雷达（见图 3－9）、毫米波雷达、超声波雷达，视觉传感器：单目摄像头、双目摄像头、夜视红外摄像机，姿态传感器：OBU（车载诊断系统）、Can 总线、IMU 惯性测量单元、发动机、底盘等汽车工况传感器。

图 3－9　Velodyne 激光雷达

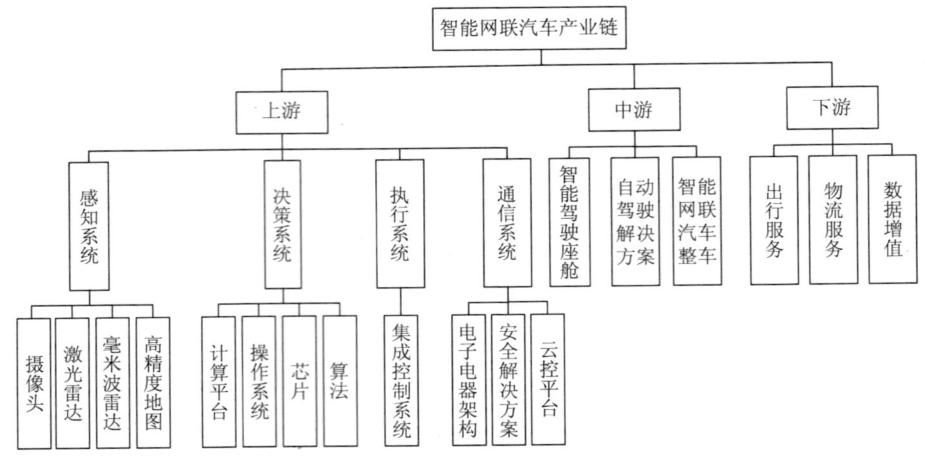

图 3-10 智能网联汽车整体产业链

智能网联汽车推动了车用传感器的快速发展，超声波雷达目前已经成熟地应用到各量产车上，其技术相对成熟。同时摄像头、毫米波雷达和激光雷达正随着自动驾驶技术的蓬勃发展，迎来活跃的技术创新。不同的传感器有各自的优劣势，目前基于摄像头视觉识别方案硬件技术相对成熟，但是相应的识别算法的准确性及可靠性有待提高；基于激光雷达点云识别方案，算法实现比较容易但是硬件技术方面难度较大。两种方案均不具备单独完成自动驾驶的能力，所以多传感器的融合将成为自动驾驶的重要趋势，多传感器协同，优势互补，共同组成自动驾驶的环境感知解决方案。预计到 2025 年，全球智能网联汽车传感器市场规模将达到 548 亿美元，博世、大陆、德尔福、Velodyne、Quanergy、北醒光子、禾赛科技等国内外企业正在加快推进市场布局。

②高精度地图

高精度地图，如图 3-11 所示，与现在常见的导航地图（比如车载导航地图）相比有很大不同。首先是使用者不同：导航地图的使用者是人，而高精度地图的使用者则是车辆。导航地图是用来为人提供导航服务的，高精度地图则是直接为车提供高精度定位，辅助自动驾驶车辆完成感知、决策和规划的导航地图属于带显示屏幕的车载信息系统，而高精度地图属于车载安全系统，没有人机交互界面，也无须人员的介入。在地图所包含的要素方面，导航地图仅仅包含道路中心线、信息点、区域边界、部分交通标识等，高精度地图则包含完整的道路信息，包括所有车道线、道路部

图 3-11 高精度地图

件、道路属性以及道路连接设施等丰富全面的信息。高精度地图帮助各种传感器更好地完成对环境的感知，为自动驾驶汽车提供更完备丰富的周边环境信息和更精确的定位，也可以视为一种特殊形式的传感器，可视为自动驾驶汽车先验知识积累形成的长期记忆，对于实现自动驾驶具有重要的作用，是自动驾驶技术落地的关键驱动力。高精度地图包含全道路信息，在道路采集、信息处理及最终生成方面均需要大量投入，同时车载高精度地图格式尚未统一，相关技术仍在测试阶段，高精度地图的落地应用及商业化还需假以时日。

根据高盛对全球高精度地图市场的预判，到 2020 年该市场将达到 21 亿美元；而到 2025 年，市场规模会扩大到 94 亿美元。高精度地图产业在未来 15 年将进入黄金发展期。国外的高精度地图图商代表主要有 Here、TomTom 及 Waymo 等老牌图商，此外美国政府对地图测绘政策限制较少，因此吸引了大批高精度地图创业公司，如 DeepMap、CivilMaps 及 Carmera 等。和美国不同，我国有比较严格的地图测绘政策限制，必须有相关的测绘资质才可以进行电子导航地图的采集工作，目前国内拥有“甲级导航电子地图资质”的企业有 14 家，分别是四维图新、高德、长地万方、凯德、易图通、城际高科、国家基础地理信息中心、科菱航睿、光庭信息、浙江省第一测绘院、江苏省基础地理信息中心、灵图、立德空间信息及滴图科技。国内地图行业主要是以百度地图、高德（阿里）及四维图新（腾讯）三家图商为代表，呈现三足鼎立之势，同时各个互联网巨头也纷纷入局，展开高精度地图的产业布局。由于高精度地图对自动驾驶具有重大意义并且蕴藏巨大的商业价值，各大主机厂也通过投资及收购等方式，参与到高精度地图产业发展之中。

（2）决策系统

感知系统是智能网联汽车的“眼睛”，决策系统则是智能网联汽车的“大脑”，通过处理感知系统采集的环境信息，做出行为预测、态势分析、控制决策以及路径规划。

①车载智能计算平台

车载智能计算平台包括芯片、模组、接口等硬件以及驱动程序、操作系统、基础程序等软件，是智能网联汽车感知、决策、控制高效可靠运行的基础保障[3]。传统的车载电脑（ECU）的硬件计算能力无法满足自动驾驶相关算法的需要，拥有更高运算力、更高数据传输带宽的智能计算平台成为市场需求。目前车载智能计算平台是全球智能网联汽车决策系统竞争的焦点，全球芯片制造商、汽车零部件供应商、整车企业以及互联网企业正展开积极布局。车载智能计算平台的芯片应用技术思路主要有三种：以 NVIDIA 为代表的图形处理器（GPU）主导实现通用化；以英特尔为代表的多核处理器异构化，将 GPU + FPGA 处理器内核集成在 CPU 上；以谷歌为代表的，基于深度学习框架 Tensor Flow 推出的专用型芯片 TPU。

②决策算法

决策算法是根据经融合处理的感知系统采集的环境数据，进行行为判定，从而决定车辆行驶的轨迹路线。决策算法主要有四种发展路线：神经网络、因果推理、设定规则以及混合路线等，由于社会和技术条件的不成熟，算法的搭建存在不同的技术路线，产业势必会采取兼收并蓄、混合互补的路线进行算法开发。

③操作系统

操作系统可提供人与车、车与车及车与互联网等全方面的交互功能，是智能网联汽车产品差异化及个性化竞争的重要组成部分。微软、黑莓、风河等国际巨头抢先布局智能网联汽车操作系统，各大供应商面向整车企业推出了各具特色的操作系统。其中，Windows CE 最先推出，性能稳定；QNX（见图 3－12）市场占有率最高，功能安全性出众；Linux 基于开源代码，适于个性化定制；风河提供端到端解决方案；Android 具有庞大的手机用户群体、强势推出车规级操作系统。

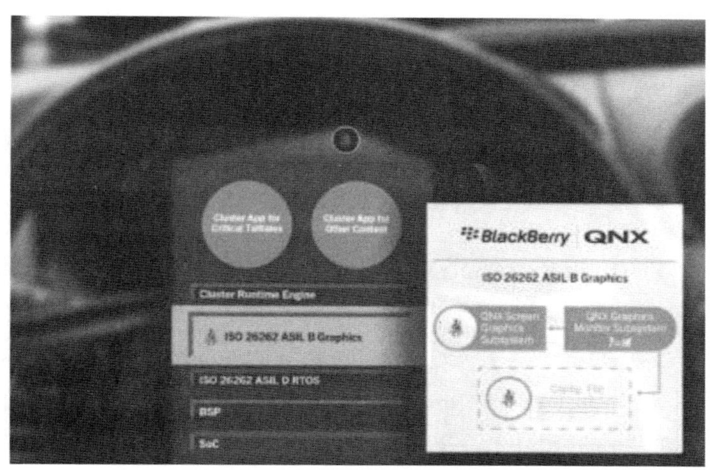

图 3－12　QNX 车载操作系统

国内以 BAT 为代表的互联网企业已经开始布局智能网联汽车的操作系统业务，互联网企业拥有软件开发的先天优势，可快速介入车辆操作系统的开发中。阿里与上汽合资成立的斑马公司，目前已经率先推出 Ali OS 操作系统，能够实现智能驾驶舱、语音交互、车辆远程控制、车辆状态查询等服务，并且已经成功应用到荣威 RX5、荣威 eRX5 及名爵 ZS 等多款量产车型中。百度已经推出两套操作系统：Car Life 及 Duer OS，同时Apollo平台中使用了开源操作系统 ROS。腾讯与广汽开展合作，成立合资公司开发 AI in Car 车载系统。

（3）执行系统

智能网联汽车控制系统主要包括车辆的横向控制，转向、纵向控制，加速、制动以及底层控制器控制，转向灯、大灯以及档位等功能，其直接决定了车辆的安全性和舒适性。线控制动为执行系统的核心功能，目前全球领先的一级供应商依靠成熟的底盘控制技术和规模效应，在线控制动领域占据主导地位，且底盘控制通信协议及接口不对外开放，形成了一定程度的行业壁垒。博世推出的 ibooster 线控制动系统，通过电机替换高压蓄能器实现技术革新，推动主缸完成制动过程，产品已批量应用于大众、奥迪、特斯拉以及凯迪拉克等品牌的车型。日立、大陆和天合也分别推出了EACT、MK C1、IBC线控制动系统。中国京西重工、万向集团、武汉元丰、伯特利、易立达等企业正在加速布局。

（4）通信系统

智能网联汽车通信系统包括：V2X通信系统、信息安全解决方案、电子电器架构以及云控平台等领域。V2X技术在自动驾驶车辆的研发和实际落地上发挥着重要作用，它可以补充现有单车自动驾驶解决方案的不足。

①V2X通信系统

V2X（Vehicle to Everything）是指车辆与周围一切事物进行通信，包括车与车之间、车与行人、骑车者以及车与路侧基础设施之间的通信系统。V2X通信主要分为三大类：V2V（Vehicle to Vehicle）、V2I（Vehicle to Infrastructure）和V2P（Vehicle to Pedestrian）。V2X通信是车协同的重要组成部分，车辆在行驶过程中，不断与其他车辆、行人及路边设施进行通信，车辆可以基于三方提供的共享数据，提供左转辅助、弱势群体碰撞预警、视野被遮挡情况下的闯红灯预警及限速预警等智能驾驶服务。V2X应用场景丰富，欧美及日本在V2X技术研究上处于领先地位，均已经完成了车—车、车—路通信的相关标准体系的建立，并且开始在实际环境中逐步展开测试。随着智能化技术的局限性日益凸显，网联化技术快速发展，智能网联汽车产业上游企业加快市场布局：半导体供应商纷纷推出V2X方案，以期抢占新一轮车联网市场。V2X相关应用的实现，需要相应的道路基础设施大量布建作为硬件支撑。世界各国和国内各地政府均在积极筹建搭载相应基础设施的V2X示范区，并推出了相应的建设计划，随着基础设施部署率逐年提高，V2X规模商用进程将不断加快。表3-1为《合作式智能运输系统+车用通信系统应用层及应用数据交互标准》中一期应用的17个典型应用场景。

目前，V2X通信标准主要有三类：DSRC标准、LTE-V标准以及5G。其中DSRC标准为美国主导，已经发展多年，是比较成熟的通信标准，基于此标准的相关产品也较多；LTE-V标准是由中国主导，其同时解决DSRC技术未能满足的离路覆盖、盈利模式、容量及安全等各方面问题，但标准目前尚在制定过程中，技术成熟度较低，面向智能驾驶的服务性能还需要充分的测试验证。5G 是最新一代的移动网络，凭借高带宽和低延时（滞后），5G 的速度远远超过前几代，将极大地推动智能网联汽车 V2X 技术的发展，但目前 5G 技术还没有商业标准，处于测试阶段。

表 3-1　V2X 一期应用场景

分类	应用	通信类型	频率（Hz）	最大延时（ms）	定位精度（m）	通信范围（m）	适用通信技术
低延时、高频率	前向碰撞预警	V2V	10	100	1.5	300	LTE-V/DSRC/5G
	盲区预警/变道辅助	V2V	10	100	1.5	150	
	紧急制动预警	V2V	10	100	1.5	150	
	逆向超车碰撞预警	V2V	10	100	1.5	300	
	闯红灯预警	I2V	10	100	1.5	150	
	交叉路口碰撞预警	V2V/I2V	10	100	5	150	
	左转辅助	V2V/I2V	10	100	5	150	
	高优先级车辆让行/紧急车辆信号优先权	V2V/V2I	10	100	5	300	
	弱势交通参与者预警	V2P/I2V	10	100	5	150	
	车辆失控预警	V2V	10	100	5	300	
	异常车辆提醒	V2V	10	100	5	150	
	道路危险状况提示	I2V	10	100	5	300	

续表

分类	应用	通信类型	频率（Hz）	最大延时（ms）	定位精度（m）	通信范围（m）	适用通信技术
高延时、低频率	基于信号灯的车速引导	I2V	10	100	1.5	150	4G/LTE - V/DSRC/5G
	限速预警	I2V	10	100	5	300	
	车内标牌	I2V	10	100	5	150	
	前方拥堵提醒	I2V	10	100	5	150	
	智能汽车近场支付	V2I	10	100	5	150	

②信息安全及电子电气架构

图 3－13　汽车电子电器架构

信息安全贯穿智能网联汽车信息交互系统，为智能网联汽车的正常安全行驶提供了有效保障。随着汽车智能化、网联化程度的逐渐提高，下一代电子电气架构也将有别于传统模式，为此，全球汽车企业、零部件供应商以及电子、半导体和软件系统公司依托 AUTOSAR 汽车开放系统架构（Automotive Open System Architecture），共同开发汽车电子标准架构，其中包括新一代电子电气架构。

③云控平台

云控平台为智能汽车及其用户、管理及服务机构等提供车辆运行、基础设施、交通环境、交通管理等动态基础数据，具有数据存储、数据运维、大数据分析、云计算、信息安全等基础服务机制，以及支持智能网联汽车实际应用需求的基础支撑平台。智能网联汽车云平台是实现智慧交通、智慧城市的基础。

2. 智能网联汽车产业链中游

（1）智能驾驶舱

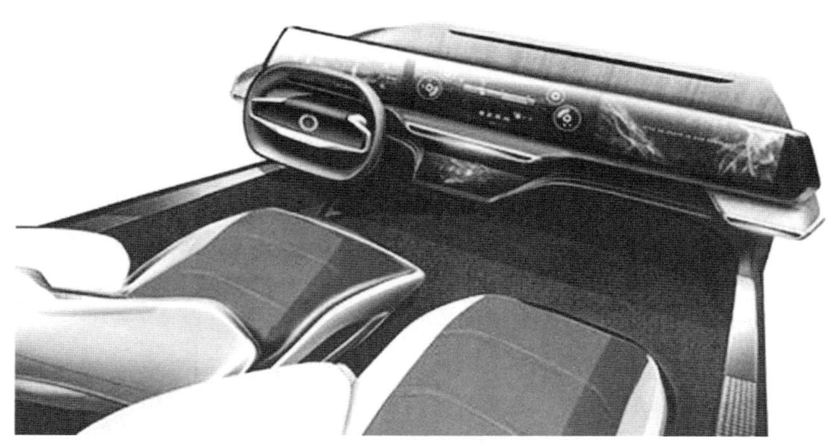

图 3－14　Ali OS 智能驾驶舱

对于智能网联汽车来说，人车交互是用户体验的核心，多屏融合的智能驾驶舱则代表着人车交互的未来发展方面。传统汽车座舱功能区布局碎片化，导致智能手机成为人车交互的入口，汽车本身的入口价值被低估。随着汽车电子化程度提高，集成了液晶仪表、抬头显示仪、中控屏幕和后座娱乐的多屏融合智能驾驶舱会带来更为智能化的交互体验，同时也是高级辅助驾驶（ADAS）、自动驾驶和人工智能等新技术的关键接口。

随着新能源及 ADAS 车型的普及以及智能驾驶舱相关技术的进步和整体成本的降低，智能驾驶舱正逐渐向中低端车型渗透，目前中控的市场渗透率最高，前装渗透率达到 70%，数字仪表盘及 HUD 等展现出了加速发展态势。在智能驾驶舱产业中中控 Tier1 厂商是主要的玩家，伟世通、博世及大陆等汽车电子巨头正加大对智能驾驶舱的开发力度，奥迪、宝马、奔驰等品牌的高端车型已实现配置，智能驾驶舱人性化、多功能化、智能化、个性化等元素逐渐成为汽车品牌的差异化亮点。

（2）自动驾驶解决方案

自动驾驶解决方案是融合感知、决策、控制及通信等技术的综合解决方案，其中各大主机厂及科技公司争议比较大的为环境感知的技术路线。目前环境感知技术路线主要分为两类：视觉主导和激光雷达等传感器融合。摄像头视觉属于被动视觉，受环境光照的影响较大，目标检测与SLAM较为不可靠，但成本低。激光雷达是主动视觉，它的目标检测与SLAM比较可靠，但是成本高昂。视觉主导路线以特斯拉以及“宝马英特尔联盟”为代表，他们倾向于采用低成本的摄像头方案：摄像头+毫米波雷达+超声波雷达+低成本激光雷达。诸多其他企业如菲亚特、克莱斯勒、德尔福、大陆、麦格纳、滴滴出行等也主要采用此技术路线。激光雷达多传感器融合路线则以Waymo及“丰田英伟达联盟”为代表，他们倾向于高成本激光雷达以及毫米波雷达、超声波雷达、摄像头等多种传感器的融合应用，其他采用此技术路线的企业还包括大众、戴姆勒、博世、采埃孚、优步等。

（3）智能网联汽车整车

图3-15　L3级量产车奥迪A8

智能网联汽车产业的落地最终还是依托智能网联量产车产品的推出，近年来，国内外的汽车企业以及科技巨头均提出了不同自动驾驶等级的量产车规划，稳步推进自动驾驶技术商业化。汽车企业如丰田、通用、戴姆勒、长安等已经开始在量产车型上规模化装配L1级、L2级自动驾驶系统，开始L3级、L4级自动驾驶系统的研发与测试，并计划在2019年左右开始市场投放L3级量产车，在2021年左右实现L4级自动驾驶。科技企业如特斯拉、蔚来、小鹏、奇点汽车计划于3年内量产L3、L4级别自动驾驶汽车。

3. 智能网联汽车产业链下游

（1）出行服务

随着近年来移动互联技术的兴起，移动互联网的普及让出行服务行业从业务结构到商业模式发生了颠覆性的变化，以汽车租赁或网约车服务为主营业务的“新兴出行服务企业”在这种机遇中快速发展，这些企业通过创新使得行业的开放性大大增强，市场需求同时迅速扩大[4]。与此同时，人工智能、大数据、信息通信等技术的日益革新，也推动了以智能化、共享化、多样化、个性化为代表的出行模式创新。目前的出行服务主要包括：网约车服务、分时租赁服务以及租车服务，这些新兴的出行服务越来越得到广大消费者的认可。

智能网联汽车的规模化普及，能较大程度地提高交通效率，减少拥堵等，为消费者提供更好的出行服务。随着互联网的发展，网约车及共享经济迅速崛起，并快速发展，这无疑也为自动驾驶汽车商业化提供了巨大机遇，基于自动驾驶的出行服务成为智能网联汽车产业商业化的首选之一。与此同时罗兰贝格发布的《全球汽车行业颠覆性数据探测》第三期报告显示[5]，全球大多数消费者表示愿意使用无人驾驶出租车，在中国这一比例高达 80%，而美国、英国、荷兰、日本这四个国家表示不愿意的占多数。如果成本更低，荷兰、法国、日本、韩国大部分消费者愿意放弃拥有车辆。

借助共享经济带来的出行服务市场增长机遇，自动驾驶商业化也加速落地，各大自动驾驶企业纷纷将出租车作为自动驾驶汽车商业化首要场景之一。除了行业领头羊 Waymo 之外，戴姆勒、Uber、博世、Lyft、通用等企业都宣布将推出自动驾驶出租车，提供自动驾驶出行服务。未来，智能网联汽车将作为 Maas（Mobility as a Service，出行即服务）平台的重要组成部分，为消费者提供一站式的出行服务。

（2）物流服务

Al Masah Capital 报告显示，全球物流市场规模预计将从 2015 年的 8.1 万亿美元扩大至 2024 年的 15.5 万亿美元，2015 ~ 2024 年的复合年增长率为 7.5%。按货量计算，2015 年市场规模为 546.9 亿吨，预计到 2024 年全球运输和物流（T&L）行业预计将达到 921 亿吨，预计 2016 ~ 2024 年的年复合增长率为 6.0%，到 2020 年，全球第三方物流（3PL）市场预计将以年复合增长率（CAGR）超过 5% 的速度增长。

随着互联网的快速发展，特别是网络购物的普及，物流市场持续地快速增长。随着人工智能、大数据、物联网等技术的不断成熟，智能化、网联化已成为物流行业未来发展的必然趋势。当前，传统货物运输企业、物流企业以及各类电商正加速推动物流平台化运作，车货匹配平台、整车运输匹配平台、货运市场对接匹配平台等各类平台不断涌现，随着装配有自动驾驶系统的物流运输车在园区、港口等场景的应用逐渐成熟，物流运输车辆将与物流管控平台实现无缝对接，分时租赁、车队运营、车货智能化匹配调度等服务模式将相继推出。作为智慧物流的重要一环，与自动驾驶乘用车相比，自动驾驶商用车极有可能率先落地，其中蕴藏的市场巨大：不管是传统汽车戴姆勒、互联网巨头谷歌，还是科技新贵特斯拉和 Otto，在自动驾驶货车方面已有布局。

（3）数据增值

由于智能网联汽车搭载了大量的感知传感器，包括激光雷达、高清摄像头、毫米波雷达等，这些传感器在智能网联汽车运行过程中会实时采集大量的数据，据估算智能网联汽车每小时将产生 4TB 的数据，这也是智能网联汽车区别于传统汽车的特点之一。英特尔指出：数据是未来无人驾驶的新“石油”。智能网联汽车产生的数据包含了环境感知数据、决策控制数据、信息交互数据以及衍生出的产业服务数据，通过搜集与处理这些海量的数据，服务企业可以向用户提供多种定向的增值服务，提升智能网联汽车的商业价值。智能网联汽车的数据增值既来自汽车产业链数据的创新性整合，又来自汽车与不同行业间的数据融合，其带来的不仅是出行方式、商业模式的全面革新及汽车产业价值链体系的重塑，更将反向作用于消费者，对他们的生活方式、生活习惯、生活偏好等产生巨大影响。

三　智能网联汽车产业价值链

1. 汽车产业价值转移

智能网联汽车对传统汽车的产品形态和服务模式产生了极大的影响，将对汽车产业价值链上各环节产生深刻变革。影响汽车产业发展的因素很多，智能网联汽车的出现和发展是汽车工业升级转型的重要突破口，同时也使汽车产业的价值链发生了较大程度的转移。从普华永道提供的 2015 ~ 2030 年汽车产业价值转移预测可以看到，汽车产业整体发展健康，营业收入从 5 万亿美元增长到 7.8 万亿美元，利润从 4000 亿美元上升到 6000 亿美元。但细分之后可以发现，当前车企的收入占比在 15 年之后会下降至 70%

以下，而新市场竞争者，包括数字化服务、出行、新技术、金融科技、新型电动车公司等收入比例会超过30%。在利润方面，车企的利润占比会从70%下降到50%以下，新市场竞争者利润占比超过40%（见图3-16）。所以从预测可以看到汽车产业的价值链将发生较大转移。

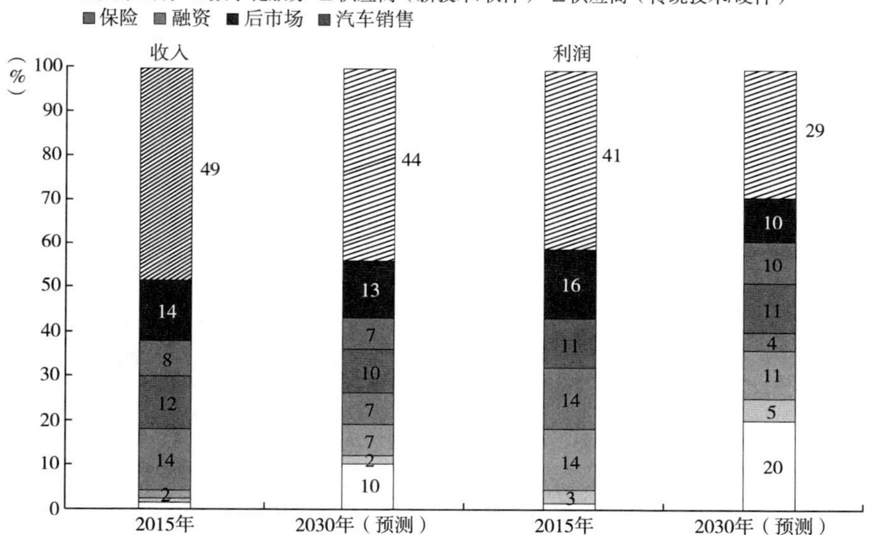

图3-16　2015~2030年汽车产业价值转移预测

资料来源：普华永道。

随着智能网联汽车的发展和落地，汽车产业的收入和盈利增长将大部分来自以数字化服务和共享出行为代表的新兴市场。整体上车企的收入和利润还是会持续性增长，但整个产业的收入比例将会下降。由于共享出行提升了车辆的利用率，汽车后市场的增长在中短期内将高于平均水平；但伴随着电动汽车的快速发展，其逐渐占据大量的市场份额，后市场增速在中长期会出现下降。对于汽车供应商，他们的收入来源也将发生转移，从传统的内饰、发动机和底盘，转向电子系统、软件和电池。随着共享出行的普及，拼车、机器人车队等领域将会加速增长。随着汽车网联化的快速发展，汽车娱乐服务及基于位置信息的推荐规划等数字化服务将快速普及。共享出行和数字化服务的利润占整体利润比例将越来越大，汽车行业的收入也出现了分化。随着自动驾驶出租车等差异化小的低成本汽车的普及，越来越少的人会选择拥有汽车，自动驾驶车队会给车企带来巨大的价格压力。与此同时车内配置的成本会随着技术复杂度的提升而逐渐提高，从而销售新车的利润也将会下滑，但是提供新兴技术的供应商利润会得到较大幅度的提升。

2. 汽车产业价值链变化

智能网联汽车的快速发展，也推动了汽车工业的转型升级，汽车产业价值链也随之发生转变。汽车产业链的变化主要表现在价值链驱动、价值链治理模式、价值链分布三个方面。

（1）价值链驱动变化

根据 Gereffi 价值链理论[6]，价值链的驱动方式可以分为两类：购买者驱动和生产者驱动。在传统汽车产业中，OEM 厂商完全自主并完整地定义产品，Tier1 供应商则完全按照 OEM 厂商所提出的性能及系统需求进行零部件的设计研发，经销商的市场营销则完全依据车企的市场推销策略及定位，属于典型的生产者驱动方式。在传统的汽车产业中，OEM 厂商拥有绝对的控制权。智能网联汽车的出现则改变了传统的汽车产业价值链的驱动方式，完全打通了 OEM 厂商和消费者之间的障碍，OEM 厂商可以顺畅地得到消费者的个性化需求，同时通过智能网联汽车可以满足消费者对应方面的需求，汽车产品的功能完全是由消费者自主决定，而 OEM 厂商只是扮演着系统集成的角色。基于此，企业如果具备与消费者需求无缝对接的能力和具备品牌价值，将在新形势下掌握主导权。这样汽车产业价值链的驱动方式从本质上发生了变化，转变为购买者驱动。

（2）价值链治理模式变化

根据交易中知识和信息转移的复杂程度、编码化能力与实际和潜在供应商的能力三种因素，价值链的治理模式分为市场型、模块型、关系型、俘获型及层级型[7]。随着汽车工业的不断发展，汽车不仅是交通工具，而且是具备各种通信及娱乐的移动终端，而汽车系统的功能日益复杂、集成度越来越高，汽车制造商难以独自掌握全部技术，所以其向价值链中其他企业进行溢出和转移，供应商能力得到不断增强。随着技术极其复杂的智能网联汽车的不断发展，过去汽车制造商纵向一体化的层级型模式难以持续，制造商与供应商将展开合作并形成相互依赖的关系。由于智能网联汽车涉及通信、人工智能及交通运输等多方面专业技术，汽车制造商单凭自身能力无法承担智能网联汽车的研发与应用，在这个过程中，感知决策算法的科技公司、高精度地图图商、智能传感器供应商、通信运营商等均扮演着重要的角色。同时由于国家为了企业统筹发展强制制定的相关规定、各大企业均开展的模块化战略、行业内各个企业逐渐以联盟形式展开合作等因素影响，智能网联功能模块化及标准化程度得到了大大提高，从而使得供应商具备独立开发系统性产品和提供解决方案的能力，智能网联汽车整体价值链将以模块型治理模式进行组织。整个汽车产业将向未来的充分协作式方向发展。

（3）价值链分布变化

智能网联汽车产业价值分布具有典型的微笑曲线的特征，如图 3 - 17 所示，智能网联汽车产业将使得汽车产品附加值得到全面的提升，同时会延伸其覆盖的价值内涵。智能网联汽车附加值更多地表现在两端——产业链上游及下游。产业链上游包括：自动驾驶感知、决策及控制算法的研发，车载高性能芯片的设计，智能传感器的研发，智能网联汽车数据的采集与分析等研发壁垒较高、市场集中度高及利润率水平高的行业。而下游面向消费者的运营服务环节，例如车辆维修、保养、租赁及广告等服务轻资产运营，在智能网联汽车对服务数据化和标准化的作用下，销售和服务环节的价值体量将急剧扩大[8]。产业链中游则包括：汽车零部件生产、组装等传统汽车业务，产业链附加值最低，处于价值链底端。行业的主要参与者正在避免成为低价值产出的代工方，积极向上游的研发环节和下游的运营服务环节靠拢。

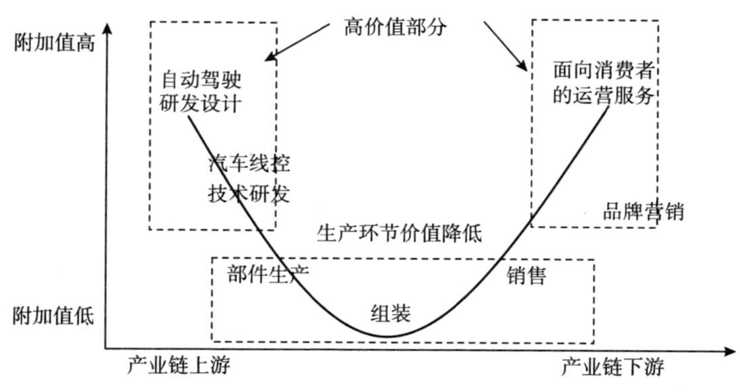

图 3 - 17　智能网联产业的价值微笑曲线

第二节　智能网联汽车商业化技术与服务

智能网联汽车是全球车企及科技公司争相发展的热点，但由于智能网联汽车极高的技术复杂度，短时间内无法实现完全的无人驾驶技术及商业化服务，对于量产不同自动驾驶等级的智能网联汽车的车企来说，也面临着如何盈利的难题。随着智能网联汽车的发展，其商业化技术及服务可以从消费者服务、智能网联汽车服务套餐及供应侧技术三方面去实现应用及盈利，如图 3－18 所示。

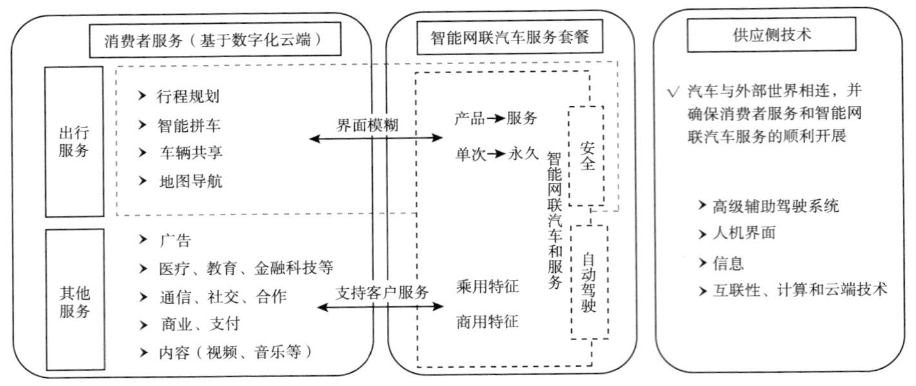

图 3－18　智能网联汽车商业化技术与服务

一　消费者服务

消费者服务包括两类服务：一般的互联网服务和智能出行服务。两类服务均是基于互联网及云端的数字化服务，它们可以大大提升汽车驾驶体验。其中一般互联网服务是指目前现有的涉及广告、医疗、社交、娱乐、购物、支付及健康等相关服务，这部分服务目前一般在车外开展。智能出行服务则是为汽车出行量身定制，包括车辆共享、智能拼车、行程规划及地图导航等相关服务，这类服务很有可能与汽车销售进行捆绑，后续可以持续为车主提供有偿的升级服务。

二　智能网联汽车服务套餐

智能网联汽车本身的科技含量较高，可以较大提高汽车的安全性、使用性及娱乐性，汽车厂商可以选择将相关的技术及性能分级捆绑销售给车主。目前，传统汽车大部分设施内置在汽车中，用户购买汽车就可以永久享受相应服务。对于智能网联汽车则可以采取订购服务的形式，根据服务类型及等级，面向不同消费能力的群体分为不同的定制化服务套餐，这样将加大车辆之间的差异性及独特性。智能网联汽车的相关技术逐渐成熟，涉及 L1 及 L2 级自动驾驶的 ADAS 功能模块逐渐成为汽车的标配，目前全球市场大部分中高端量产车上配备了例如紧急制动系统、前向防碰撞系统及盲区监测系统等安全套餐，随着智能网联技术的不断发展，套餐内容会越来越丰富，套餐科技含量也会越来越高，同时套餐的普及面也会越来越广。

三 供应侧技术

供应侧技术是指汽车供应商提供的各方面技术，传统汽车的供应侧技术是由供应商提供，随着智能网联汽车的发展，该项技术供应者将由传统供应商转变为新科技公司，同时整车企业通过收购、并购等形式可以迅速实现纵向一体化，也可以拥有供应侧技术。供应侧技术主要包括高级辅助驾驶系统（ADAS）、汽车网联技术、云端服务、云端计算机人机界面等。供应侧技术发生变化的同时，汽车本身也将发生巨大变化，汽车发展将出现专业化的趋势，包括具备自动驾驶功能的高端车、低成本及大批量的城市“豆荚车”及机器人出租车等。

第三节 智能网联汽车商业模式

新形势下的智能网联汽车产业中，每环节的参与者都会带来具有战略意义的贡献——技术实力、知识产权、设计专长、制造能力、研究投入、参股资本等，在得到应有的回报同时承担相应的风险，自动驾驶车辆市场化存在多种商业模式和不同的技术路线，企业只有认清自身当前所处位置、技术和财务潜力、未来发展目标，以及当前国情国策，才能选出最合适的商业化路径。

一 自我转化模式

自我转化模式是指车企在大力投资科技和网约车初创公司的同时，积极发展自身能力，力求具备核心竞争力。自我转换模式中，车企将依托自身雄厚的汽车设计和制造经验以及财力，大力发展自动驾驶相关的技术，以车企的综合能力研发的相关技术可以覆盖整个价值链。在此种模式中，车企将拥有核心技术的研发能力及绝对的知识产权，并将在未来竞争中占有巨大优势。但是自我转化模式中，也存在一系列风险，由于涉及新技术及车企本身的限制，车企初期的研发进程会慢于大型的科技公司，同时前期的研发费用数额巨大，相关技术无法在短期内实现盈利，如果后续的落地业务失败，则面临着巨额损失的风险。与此同时自我转换模式中，车企可选择整体公司的升级转型，由汽车制造商向出行服务商转型。图 3-19 所示为车企自我转化模式的 SWOT 分析。

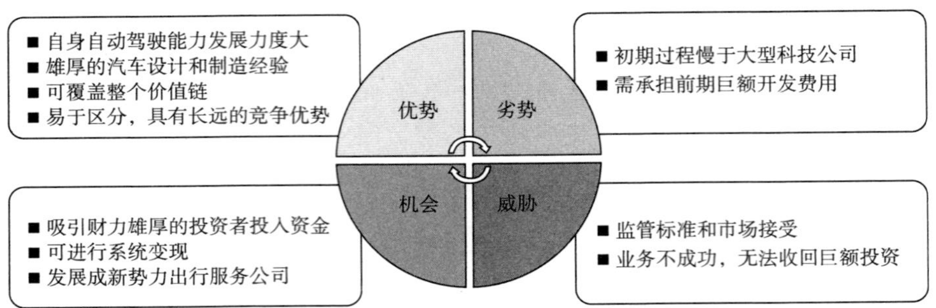

图 3-19　自我转化模式的 SWOT 分析

国内外的各大主机厂均开始布局无人驾驶相关业务，并均提出了不同自动驾驶等级的量产车计划。国内外主机厂自动驾驶汽车研究进展及计划如表 3-2 所示。

表 3-2　主机厂自动驾驶汽车研究进展及计划

企业	进展与计划
通用	2017 年凯迪拉克 CT6 搭载 Super Cruise3.0 计划于 2019 年量产 L4 级自动驾驶汽车 Cruise AV
福特	2017 年收购人工智能软件初创公司 Argo AI 推迟 2021 年量产 L4 级自动驾驶汽车的计划
丰田	2017 年 1 月发布 L4 级概念车 Concept-爱 i 2018 年推出多功能自动驾驶出行平台 e-Palette 计划于 2020 年推出适合高速场景的 L3 级自动驾驶汽车 计划 2025~2029 年将自动驾驶技术推广到普通道路
戴姆勒	计划于 2021 年测试 L4、L5 级的自动驾驶汽车
大众	2017 年 4 月发布 L4 级概念车 Sedric 计划于 2021 年推出 L5 级自动驾驶汽车 Sedric
奥迪	2017 年 7 月搭载 L3 级量产车 A8 上市 2017 年 9 月发布 L4 级概念车 Elaine 和 L5 级概念车 Audi Aicon 计划 2019 年量产 L4 级自动驾驶汽车 Elanie

续表

企业	进展与计划
宝马	计划 2019 年发布 L3 级自动驾驶的宝马 7 系 计划 2021 年将 L3 级自动驾驶方案应用于量产车型 iNext 计划 2021 年发布 L5 级自动驾驶汽车
沃尔沃	计划在 2021 款 XC90 车型基础上实现 L4 级自动驾驶
一汽	计划 2019 年量产 L3 级自动驾驶红旗车型 计划 2020 年推出 L4 级自动驾驶量产车型 计划 2025 年实现 L5 级自动驾驶
东风	计划 2020 年实现 L3 级自动驾驶示范运营及量产
长安	2018 年 3 月成为国内首家实现 L2 级自动驾驶汽车量产的企业 计划 2020 年实现 L3 级自动驾驶汽车的量产 计划 2025 年实现 L4 级自动驾驶汽车的量产
上汽	计划 2019 年实现 L3 级自动驾驶汽车量产
广汽	计划 2020 年实现 L3 级自动驾驶汽车量产 计划 2025 年实现 L4 级自动驾驶汽车量产 计划 2030 年实现 L5 级自动驾驶汽车量产
北汽	计划 2019 年实现 L3 级自动驾驶汽车量产 计划 2021 年实现 L4 级自动驾驶汽车量产
长城	计划 2019 年前后实现 L3 级自动驾驶汽车量产 计划 2021 年前后实现 L4 级自动驾驶汽车量产 计划 2025 年实现 L5 级自动驾驶汽车量产
吉利	计划 2018 年前后实现 L2 级自动驾驶汽车量产 计划 2020 年前后实现 L3 级自动驾驶汽车量产

二　产业联盟模式

传统车企同科技公司结成核心联盟，邀请其他公司加入，分担开发成本并加速产品上市。智能网联汽车是一个极其复杂的系统，需要进行大量的技术创新，单独某个车企或者科技公司，都无法独立承担。目前，各大车企、科技公司、出行商、一级供应商及高精地图供应商等均呈现抱团联盟共同研发的趋势。产业联盟模式，将联盟各成员的专业技术进行整合，取长补短，增强产品的综合性能。各个联盟成员可以一起分担研发前期的巨额费用，也分担了后续业务发展失败带来的损失。同时联盟成员的共同研发，可以加快量产产品的落地，后续各自的销售渠道也可为最终产品的销售提供便利。但是，联盟模式也存在相应的弊端，如核心技术的知识产权问题以及如何在联盟中保持自身品牌的独特性等。联盟发展模式的 SWOT 分析如图 3－20 所示。

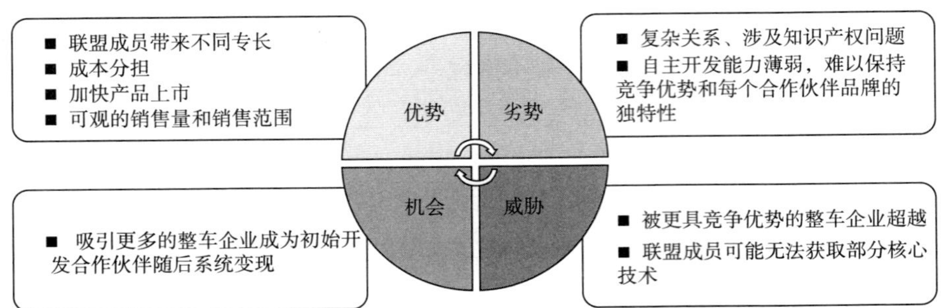

图 3－20　联盟发展模式的 SWOT 分析

目前各大行业巨头也以相互结盟的模式，开展智能网联汽车研发，比如戴姆勒—奔驰—博世联盟、宝马—英特尔—菲克联盟、雷诺日产联盟、沃尔沃—Autoliv 联盟、百度—北汽联盟等。国内外各大主机厂及其合作伙伴如表 3－3 所示。

表 3－3　国内外主机厂及其合作伙伴

公司	合作企业	合作内容
戴姆勒	博世	合作开发无人驾驶汽车，以生产“机器人出租车”为目标
	Posmates	合作测试自动驾驶外卖运输车
	百度	联合开发自动驾驶汽车，并合作在中国测试区进行测试
宝马	英特尔、Mobileye	共同开发以宝马 740i 为原型的自动驾驶车辆，并计划 2021 年投入市场
	菲亚特克莱斯勒	合作开发自动驾驶平台
沃尔沃	Autoliv	建立合资公司，开发自动驾驶软件
	百度	共同为中国汽车市场开发纯电动高度自动驾驶汽车
东风	华为	车载与 IT/ICT 信息化建设
	百度	“阿波罗”的自动驾驶项目
	雷诺	测试自动驾驶技术的 Zoe 电动汽车
长安	英特尔	智能交互及人工智能
	腾讯	筹备建立合资公司，开展与智能车联网整体方案打造和运营相关的系列业务
	百度	自动驾驶、车联网

续表

公司	合作企业	合作内容
上汽	TTTech	推进智能驾驶中央决策控制器（iECU）集成开发
	阿里巴巴	阿里 AliOS 系统
	英特尔	智能驾驶中央控制器
	Mobileye	上汽集团自主开发的第一代智能驾驶中央控制器将搭载 Mobileye 最新的视觉芯片
	武汉光庭信息	合作研发高精度地图
广汽	伟世通	联合开发自动驾驶解决方案
	小马智行	自动驾驶技术、无人驾驶示范运营
	株式会社电装	智能驾驶领域进行技术合作
北汽	百度	借助 Apollo 平台生产自动驾驶汽车及车联网
	松下	电动汽车领域拓展至智能汽车和自动驾驶汽车领域
	博世	合作开展 L0～L3 级自动驾驶技术
吉利	戴姆勒	电动化、自动驾驶技术和未来汽车
	Autoliv	研发高级驾驶辅助系统
	恩智浦	下一代毫米波雷达传感器和多雷达系统的前瞻性协作定义
	Smart Eye	引进 Smart Eye 的 AI 驾驶监控（DMS）技术

三　新营销模式

智能网联时代，消费者随时随地都会与品牌接触，并随之发生各类购买行为。对于智能网联汽车的营销重点已经不是把车辆本身卖出去，而是要创造一种黏住车主、与车主不断沟通的方式。传统车辆的车企只是在购买新车、换车及维修时才能收集到车主一定的信息，而对于智能网联汽车，车企会随时随地地收集用户方方面面的数据，那么基于这些数据可以精准地进行用户画像，并基于此向用户提供全方位的服务。比如根据用户洗车习惯、洗车点及当时天气可提供智能洗车服务；根据用户交通习惯、路况及日期提供智能出行服务；根据用户家庭地址、公司地址、下班时间及音乐习惯提供智能回家服务；根据航班信息、动态交通及机场信息提供出行提醒服务；根据车辆油量数据、导航数据及动态油价提供智能加油服务；根据节假日信息、历史出行记录以及历史路况提供节假日出行服务。

图 3－21　新营销模式

四　新维护模式

智能网联时代，车辆的养护、保险、置换等后市场服务有望迎来巨大变革。

1. 智能网联汽车养护模式

智能网联汽车会搭载大量传感器并可以通过网联手段与外界进行实时交互，这样的特点使得基于大数据的车辆预测性维护成为可能。整车企业可以持续获得大量的智能网联汽车的传感器数据，存储并分析，通过大数据分析可以对车辆零部件及整车状态进行预测，为车主提前预测故障及车辆缺陷。同时通过此类信息车企可以提前通知车主适时地安排车辆维护保养，并可以智能地预约相关服务。智能网联汽车大数据的采集及积累，会促使整车企业由传统的注重汽车销售转变为为客户提供全生命周期的解决方案，包括售后服务、保养维修及对客户的长期支持。

同时对于维修企业，他们可以利用智能网联汽车的智能化及网联化特点，实现对车辆的在线远程状态监测及故障诊断，为车主提供预测性维护的同时提供紧急服务。汽车零部件的标准化、车辆智能传感器及通信接口的标准化，促使不同品牌汽车之间的数据可以集中存储、集中处理，这将产生大数据效应，极大地扩大企业业务的范围并提升其服务质量，维修企业的品牌连锁模式将成为趋势。

2. 智能网联汽车保险模式

L1、L2 级的智能网联汽车车辆损失险及第三者责任险等传统险项仍不可或缺，依然是汽车财产保险公司主要保费来源。未来，整车车企与保险公司深度合作以降低费率，同时随着碰撞事故减少，汽车保险市场或将大幅萎缩。智能网联汽车不再只是作为运输工具，而是逐渐成为物联网终端，通过智能网联汽车可以采集、存储并传输车辆本身状态、车主驾驶行为及车主驾驶档案等数据。通过这些数据，保险公司可以为车主提供个性化、差异化的保险产品。由于智能网联汽车的特点，车主在驾驶过程中将逐渐摆脱驾驶主体的身份，同时智能网联汽车衍生的汽车共享、汽车分时租赁等都将激发保险企业开发新保险品种并扩展业务。

基于驾驶员行为定价的保险（UBI）是汽车保险与车联网重要的应用。UBI 是通过分析智能网联汽车车载单元收集的车主驾驶行为数据，按照数据表现出来的实际风险进行车险定价，这样的车险定价方式，可以使保险公司进一步细分汽车保险产品，在低成本的前提下，更精准地满足车主的个性化需求，同时车主可以享受更优惠的车险价格及更贴心的服务。UBI 模式已经在欧美国家发展十多年，例如美国的 Progressive 公司、英国的 Insure the Box 公司以及德国的 Provinzial 公司均已经推出基于驾驶行为保费的 UBI 产品，但国内 UBI 领域还处于起步阶段，发展空间巨大。国家统计局、兴业证券研究所联合发布的数据报告显示，到 2020 年国内将有 30%～40% 的车主成为 UBI 的客户，保守估计 UBI 有望达到 3000 亿元的市场规模。

3. 智能网联汽车二手车交易模式

中国汽车流通协会发布 7 月份“汽车消费指数”报告，2018 年 1～6 月，全国二手车累计交易 660.24 万辆，同比增长 13.11%，累计交易金额 4123.17 亿元、同比增长 5.83%。未来，智能网联汽车可以搜集大量数据，企业由此可以掌握车辆详细使用信息，优化旧车价值评估体系，方便消费者实现旧车置换，提高消费者忠诚度。对于二手车的销售及回收，企业可以通过车辆的状态数据、出险维修数据、违法违规数据及驾驶行为数据等为消费者提供可靠、公正及科学的二手车认证，并打破买卖双方的信息不平等，为消费者提供公平可信的交易平台。同时，随着二手智能网联汽车大量数据的积累，企业可以建立起完善的评估方法，并为整车企业及经销商提供大数据服务。

五 新使用模式

智能网联汽车随着自动驾驶等级的提升，逐渐将驾驶员的脚、手、眼睛及大脑全部解放出来，驾驶员的角色也将转变为乘客，车辆的角色也由交通工具变为移动的终端。对于用户端，驾驶员可以和其他乘客一样享受充分的行为自由，不再需要将注意力和精力集中在驾驶上，可以去享受车辆上的办公、生活及娱乐等各方面的功能与服务，而且随着智能网联汽车技术的提升，应用的内容和形式还会得到极大的提升。对于车辆端，智能网联汽车网联功能，使得车辆可以与外界实时交互，汽车可以与旅游、家电、教育、餐饮以及物流等行业连接起来，实现智能出游路线推荐、智能家居远程控制、移动教育及远程订餐服务等。

与此同时，智能网联汽车的网联化技术，有利于车辆租赁过程中车辆和驾驶员的综合管理，促进了汽车分时租赁业务的快速发展。出行服务行业拥有连接大量用户的云平台，可以积累大量用户数据，基于大数据分析可以准确地获取不同用户需求，并基于此为用户提供精准的定制化产品。掌握了用户数据，就掌握了主动权，增强了自身的竞争优势。各大车企均在寻求与出行服务企业的合作，通过收购、投资等形式，布局出行行业，如丰田投资优步，通用汽车投资 Lyft，戴姆勒投资 Mytaxi，宝马投资 DriveNow。但是，由于技术成熟度、社会认可度及相关法律法规完善度不足，为共享服务大面积配备自动驾驶汽车仍然很难实现，车企目前很难实现投资回报。

第四节 总结

智能网联汽车的飞速发展，对传统汽车产业带来了极大冲击，也带来了汽车产业转型升级的极大契机。随着政策逐步完善、经济投资持续、技术不断成熟及社会逐渐认可，智能网联汽车将完全重塑汽车整个价值链体系，构建新的汽车生态圈。原有生态圈的组成者，面临升级与淘汰的选择，是选择自我转换还是产业联盟，还是多维度发展，都是各个企业面临的难题。智能网联汽车的发展，催生了汽车的新销售模式、新使用模式及新维护模式，如何在这些模式中实现盈利，实现可持续的商业模式，是各个企业在抢占行业制高点的同时需要面对和解决的问题。

参考文献

[1] 亿欧智库：《2017 年中国自动驾驶产业研究报告》，2017。

[2] 中国电子信息产业发展研究院、工业和信息化部装备工业发展中心：《全球智能网联汽车产业地图》2018 年第 10 期。

[3] 中国软件评测中心、智能网联驾驶测试与评价工业和信息化部重点实验室、汽车电子产业联盟：《车载智能计算平台白皮书》，2018。

[4] 崔航：《新兴出行服务企业创新环境与协同创新研究》，博士学位论文，北京科技大学，2018。

[5] 罗拉贝格：《全球汽车行业颠覆性数据探测》2018 年第 7 期。

[6] GEREFFI G. The organization of buyer - driven global commodity chains：how us retailers shape overseas production networks//GEREFFI G，KORZENIEWICZ M. Commodity chains and global capitalism. Westport CT：Praeger，1994.

[7] Gereffi G，Humphrey J，Sturgeon T. The Governance of Global Value Chains. Review of International Political Economy，2005，12（1）.

[8] 赵福全、匡旭、刘宗巍：《面向智能网联汽车的汽车产业升级研究——基于价值链视角》，《科技进步与对策》2016 年第 9 期。

第四章　驾驶场景数据技术

第一节　驾驶场景数据简述

伴随着科技的进步与发展，智能网联已经成为汽车行业的发展热潮和趋势，驾驶场景作为智能网联汽车开发和测试的基础，其对智能网联汽车开发、测试的重要性不言而喻。现阶段公认的智能网联汽车驾驶场景数据一般包含自然驾驶数据、标准法规、危险工况、交通事故数据、虚拟仿真数据等。综合上述多种来源的场景数据，从感知、决策、控制三方面对智能网联汽车技术研究、产品开发、试验验证、认证管理、示范区建设、行业标准法规研究制定等提供数据支撑。自然驾驶数据作为典型场景和边角场景来源的主要基础，代表了约 80% 最常见的道路交通状况，是智能网联汽车功能定义、产品开发的重要数据来源。因此进行自然驾驶场景数据的采集与积累，根据功能需求完善相关的场景库格外重要。自然驾驶场景数据具有真实性、代表性、可量化、通用性的特点。

真实性：中国智能网联汽车驾驶场景数据的采集是基于中国道路交通环境进行的。采集的驾驶场景数据应能够真实地反映具有中国特色的道路交通场景，这样才能开发或测试出能够适应中国道路交通环境的智能网联汽车。

代表性：基于中国道路交通环境采集的驾驶场景数据应具有代表性，一是能够反映车辆的实际行驶过程中遇到的场景，二是采集到的驾驶场景数据能够覆盖中国道路交通典型场景、边角场景、危险场景、事故场景等场景，同时覆盖不同环境条件、不同道路类型、不同驾驶员驾驶等场景类型。

可量化：驾驶场景数据的采集是基于各种感知、定位等传感器系统进行的，场景的表现形式和特征均是由量化的参数来表示的。

通用性：驾驶场景数据采集应以统一的场景数据采集需求、场景数据存储格式、同步方式等为基本前提。由行业制定通用的驾驶场景数据采集工具链和规范势在必行。

交通事故数据包括交通事故数据和交通违法数据。结合我国道路交通事故深入研究的素材、方法与理论，提取中国典型危险驾驶与违法行为场景数据，为智能网联汽车测试提供重要参考依据。

交通违法相比交通事故更具普遍性，自动驾驶汽车应能避免本车发生违法行为。通过对我国典型交通违法行为深入分析，从道路交通法律法规、违法行为诱因、交通对象参与类型等维度提炼出智能网联汽车场景数据。

驾驶场景测试用例主要通过虚拟仿真环境及工具链进行复现，因此建设虚拟场景数据库是连接场景数据与场景应用的关键桥梁。虚拟仿真数据具有无限性、扩展性、批量化、自动化的特点。

无限性：虚拟仿真数据主要由测试用例经虚拟仿真建模得到，而场景参数分布的连续性以及场景元素排列组合的多样性，使得场景个数不断积累、虚拟场景数据库不断丰富，同时仿真衍生数据是无限量扩展的。

扩展性：构成场景的关键要素包括静态要素、动态要素以及驾驶员行为要素，要素的不同排列组合及遍历取值更丰富地扩展了虚拟场景的边界，使得虚拟场景的个数呈比例式增长。

批量化：借助虚拟仿真工具链开发标准的驾驶场景数据接口，能够实现测试用例的批量化导入及建模，并利用高性能仿真服务器实现批量化的仿真测试，节约时间成本与人力成本。

自动化：可实现自动化测试是虚拟场景数据的另一个特点。测试用例的评价规则将被写进数据库，当仿真测试结束后，结合测试对象的性能表现，自动化给出综合评价结果和指标。

第二节 驾驶场景数据

一 驾驶场景数据采集平台

目前，数据资源中心已建成基于视觉的驾驶场景采集平台、基于视觉和前向毫米波雷达融合的采集平台以及基于单目视觉、双目视觉、毫米波雷达、激光雷达等多传感器融合的采集平台。目前正在搭建基于360°毫米波雷达、前向视觉（Mobileye）的融合采集平台，以及基于毫米波雷达、多线激光雷达、前向视觉的采集平台。未来数据资源中心能够根据客户需求提供定制化的普通配置、中等配置和高级配置等多种不同配置级别的驾驶场景采集平台方案并进行实时采集、数据处理和仿真测试等。

图 4－1 为数据资源中心已有的基于单目视觉的场景采集平台。平台还配备前、后、左后、右后和 360°环视摄像头，实现采集车辆无盲区视频采集。搭配便携式采集系统和上位机系统能够同步采集并存储车辆 CAN 信号、GPS 信号、目标识别信号和视频信号。采集系统的结构及传感器覆盖范围如图 4－2 所示，其中车前视频采集模块集成机器视觉算法，能够实现交通标识、车道线、行人、车辆等目标检测、识别和追踪。

图 4－1　基于单目视觉的场景采集平台

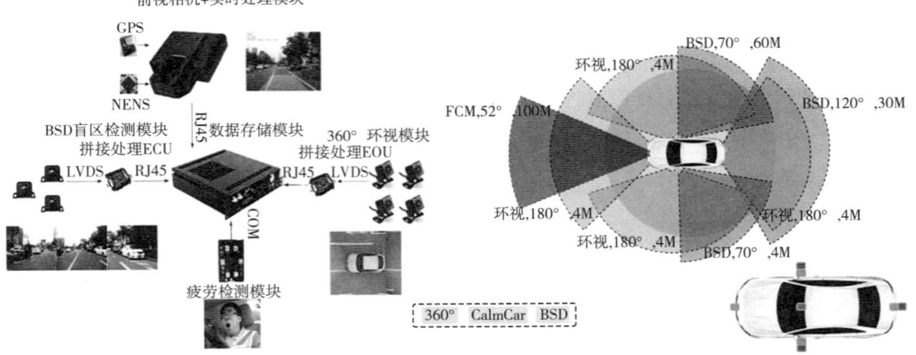

图 4－2　采集系统的结构及传感器覆盖范围

图 4－3 为数据资源中心已有的视觉与毫米波雷达融合的场景采集平台。将毫米波雷达和视觉传感器融合，提高整个采集平台的采集精度和可靠性。

融合系统的实现方法是由视觉与雷达分别独立完成目标的检测，获得各自的目标序列，即雷达可提供目标的位置和纵向速度信息，视觉的图像处理算法可以提供目标的位置、宽度、类型和质量信息，采用融合算法对获取结果进行综合判断，并筛选雷达检测的有效目标信息与视觉检测的目标进行匹配，最后将车辆前方障碍物对应的结构化信息输出。融合算法流程如图 4 -4 所示。

图 4 -3　视觉与毫米波雷达融合的场景采集平台

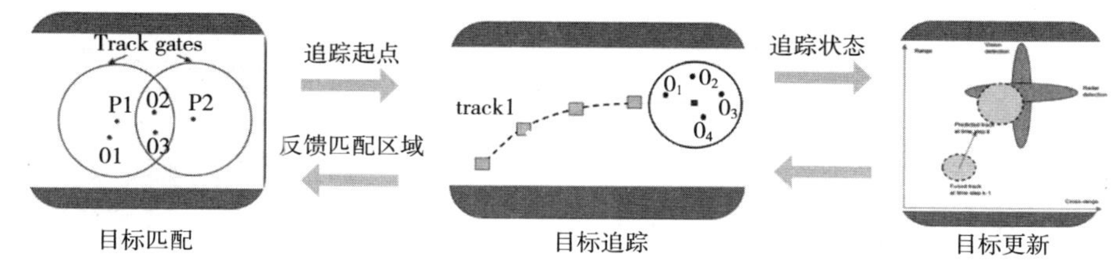

图 4 -4　融合算法流程

图 4 -5 为数据资源中心已有的多传感器融合的场景信息采集平台。平台安装了 Mobileye 单目视觉、双目视觉、低线束线激光雷达、高线束线激光雷达、毫米波雷达等感知传感器，同时匹配高精度惯导系统、环视高清摄像头。通过自主开发的采集系统同步采集存储各个传感器信号、车辆 CAN 信号、车辆位置信号等参数。

采集系统采用双控制器设计，ESR 雷达与 Camera 的数据通过各自的协议与控制器 1 交互，惯导、4 线与 40 线激光雷达通过通用 TCP/IP 协议与控制器 2 交互，控制器之间通过局域网进行数据交互。采集系统结构如图 4 -6 所示。

图 4－5　多传感器融合的场景信息采集平台

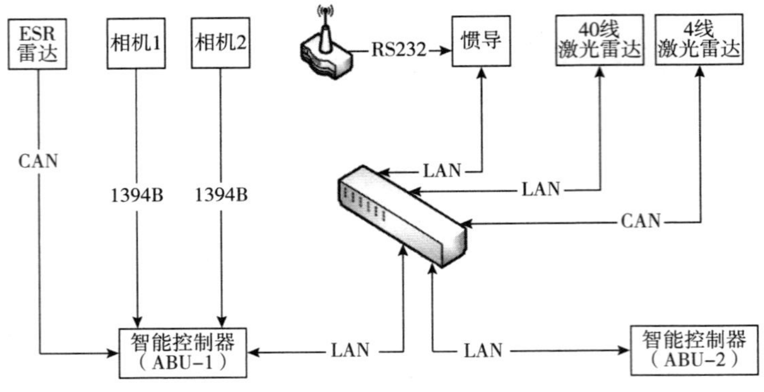

图 4－6　采集系统结构

同时，数据资源中心正在开发多传感器融合算法，最终实现视觉、毫米波雷达和激光雷达的目标级数据融合，最大限度地提高场景采集参数的多样性和精度，为驾驶场景数据的处理和分析应用等做好铺垫。

二　采集数据内容

在进行场景信息采集之前，需要针对驾驶场景展开研究，从而确定场景采集的数据内容。驾驶场景要素以及要素之间的逻辑关系共同构成了驾驶场景，不同场景之间包含不同的要素种类、属性和逻辑关系，因此需要首先对其进行明确定义，从而为场景数据的采集以及数据库的建设提供指导。

通过对驾驶场景进行研究和分析，可以将驾驶场景要素按照四个维度进行划分，分别为环境信息、道路信息、交通参与者信息以及本车信息。

1. 环境信息

在场景数据采集过程中，需要采集得到的环境信息包括采集日期、采集时间、天气、温度、光照条件、经纬度。其中，采集时间和经纬度信息均由 GPS 获得，光照条件信息由光照计获得。

2. 道路信息

道路信息包括道路类型、道路交通标识、地面指标线属性、车道属性、车道之间位置关系以及车道线属性等信息。

道路类型包括高速公路、城市道路、乡村道路以及停车场，其中，高速公路按照其不同区间的功能进行细分，可分为高速收费站、高速匝道、高速公路、高速服务区、高速隧道以及高架桥等；城市道路可分为主干道、路口、环岛、立交桥等；乡村道路可分为乡间公路、路口等；停车场可分为地上露天、地上室内、地下、机械举升、停车楼等。道路交通标识信息包括指示牌和地面指示线。地面指示线属性包括地面指示线颜色、地面指示线线型、地面指示线完整度、地面指示线清晰度。车道属性包括车道数量、车道宽度、车道坡度、车道材质、车道减速带数量。车道线信息包括车道线颜色、车道线线型、车道线完整度、车道线清晰度。

3. 交通参与者信息

交通参与者信息包括交通参与者类型、数量、ID、速度、加速度、尺寸、坐标以及和本车的距离。其中，交通参与者类型包括人、清洁工、拉杆箱行人、巡逻车、小轿车、客车、面包车、两轴货车、两轴集装箱车、卡车、集装箱卡车、摩托车、自行车、手推车、三轮车、儿童三轮车、婴儿车、平衡车；交通参与者行驶状态包括直行、掉头、左转、右转、向左变道以及向右变道等状态信息。

4. 本车信息

本车信息包括本车速度、横向加速度、纵向加速度、发动机转速、四轮轮速、加速踏板开度、刹车信息、刹车力度、档位信息、方向盘转角、偏航角速度、左转向灯、右转向灯、近光灯、远光灯、鸣笛信号、雨刮。

场景要素的逻辑关系主要包括本车与交通参与者之间的位置关系、交通参与者之间的位置关系、本车与车道之间的位置关系、交通参与者与车道之间的位置关系、车道线与车道之间的关系等，相同的场景要素在不同逻辑关系的支撑下能够生成不同的驾驶场景。

三　场景数据分类

在采集得到驾驶场景数据之后，需要对数据进行分类，数据资源中心通过深入研究，提出了基于推理机和基于支持向量机的驾驶场景自动划分算法，实现了对驾驶场景的自动划分，为建立更加全面完善的场景库提供了基础。

1. 基于推理机的驾驶场景分类

首先，通过分析和总结，将驾驶场景划分为四个维度，并将各维度中的场景元素定义为实体类，随后，结合专家经验制定了实体类的数值属性以及各实体类之间的关系属性，在此基础上，建立场景中各类元素之间的关系，从而得到了包含各类驾驶场景要素的关联网络。随后，对摄像头、毫米波雷达及激光雷达等传感器测得的数据进行融合处理，利用融合结果对场景模型进行实例化，得到了当前采集场景中各元素的具体取值和动静态关系。进一步地，基于专家经验和法律法规构建场景规则库，定义不同场景需要满足的具体规则，为实现场景自动划分提供依据。最后，利用推理机构建推理机制，并结合实例化场景和场景规则库实现对驾驶场景的自动划分，从而能够协助和指导智能网联汽车不同功能的研发和测试工作。

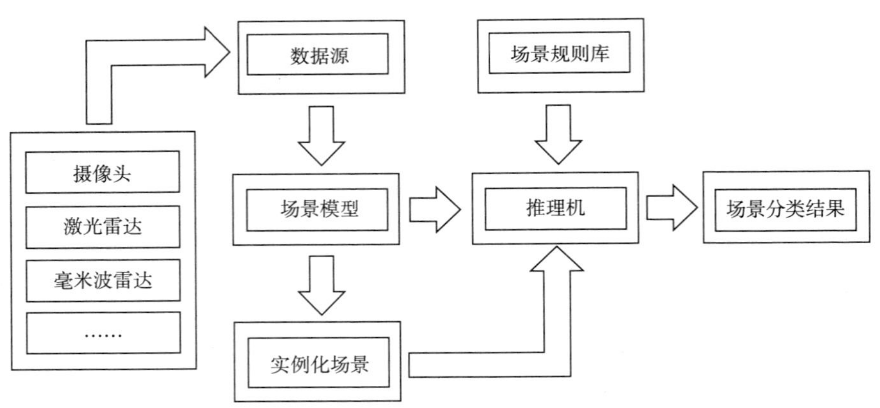

图 4－7　基于推理机的驾驶场景分类流程

（1）驾驶场景建模

在实际驾驶场景中，由于场景所包含的要素较多，且各要素之间关系复杂，因此，驾驶场景的复杂度较高，对其进行建模将面临巨大的挑战。目前，对于驾驶场景的建模更多处于概念化的层面，仍无法系统准确地描述场景中各要素之间的关系。

为了更加准确地建立驾驶场景模型，首先，本文将驾驶场景划分为四个维度，分别为交通参与者要素信息、交通参与者状态信息、环境信息以及道路信息。随后，结合智能网联汽车对驾驶场景的需求，本文将这四个维度进一步细分，得到了更为具体和全面的场景要素，并将这些要素定义为实体类。随后，实体类要素通过关系属性连接在一起，形成了驾驶场景要素关系网络。实体类要素包括以下四大类以及相应的子类。

①交通参与者要素信息实体

该实体涵盖了交通参与者类型以及交通参与者数量，在此基础上，通过定义关系属性来准确描述交通参与者之间的位置关系。

交通参与者包括本车（*SubjectVehicle*）和目标车辆（*ObjectVehicle* [*m*]），其中，$m \in [1, 2, \cdots, M-1]$，*M* 表示交通参与者的数量。交通参与者在本研究中被划分为 5 类，包括机动车（*MotorVehicle*）、非机动车（*Non-MotorVehicle*）、行人（*Pedestrian*）、动物（*Animal*）和其他（*Other*），为了便于推理，交通参与者要素在本文中被统一定义为 *TPT* [*m*]：

$$TPT = MotorVehicle \cup Non-MotorVehicle \cup Pedestrian \cup Animal \cup Other$$

②交通参与者状态信息实体

该实体用来描述交通参与者的动态信息，包括行驶状态（*DrivingState*）和行为状态（*ActionState*），其中，行驶状态包括车辆的速度（*Speed*）和加速度（*AcceleratedSpeed*），行为状态包括直行（*GoStraight*）、掉头（*TurnAround*）、左转（*TurnLeft*）、右转（*TurnRight*）、向左变道（*ChangeLaneToLeft*）以及向右变道（*ChangeLaneToRight*）。同样，为了便于推理，行为状态被统一定义为 *TPAS* [*n*]：

$$TPAS = GoStraight \cup TurnAround \cup TurnLeft \cup TurnRight \cup ChangeLaneToLeft \cup ChangeLaneToRight$$

其中，$n \in [1, 2, \cdots, N]$，*N* 表示交通参与者行为状态的数量。

③环境信息实体

该实体用来描述驾驶场景中的各种环境信息，包括光照条件（*LightingCondition*）、海拔信息（*AltitudeInformation*）、天气状况（*Weather*）、室外温度（*OutdoorTemperature*）、室外湿度（*OutdoorHumidity*）、采集日期（*AcquisitionDate*）以及地理位置（*GeographicPosition*）等信息。

④道路信息实体

该实体用来描述驾驶场景中的道路信息，包括道路类型（*RoadType*）、交通标识（*TrafficSign*）、车道（*Lane*）、护栏（*Guardrail*）以及车道线（*LaneLine*）等信息。

在确定驾驶场景的实体类之后，定义各实体的数据属性，并根据实体类之间的逻辑关系，定义了相应的关系属性，从而将场景要素连接起来，构成了驾驶场景要素的关系网络。数据属性主要用来描述实体的自身状态，包括实体的种类以及具体取值等，关系属性主要用来描述实体类之间的逻辑关系以及位置关系。本模型中的数据属性和关系属性如表 4－1 所示。

表 4－1　场景模型中的数据属性和关系属性

类别	车辆属性	道路属性	环境属性
数据属性	车辆数量 车辆类型 速度 加速度 行为状态	车道数量 道路类型 车道 ID 车道曲率 车道线类型	天气状况 室外温度 海拔高度 光照条件 地理位置
关系属性	连接属性	车辆位置关系属性	车道位置关系属性
	位于 驶入 驶出 的	正前方是/正后方是 正左方是/正右方是 左前方是/右前方是 左后方是/右后方是	左侧是 右侧是

在驾驶场景建模过程中，本研究采用斯坦福大学研发的 Protege 软件来进行模型构建，并结合专家经验和交通法律法规建立了各场景要素之间的关系，从而得到最终的驾驶场景模型，该模型如图 4－8 所示，其中的连接线代表各实体类之间的相互关系。

（2）基于多源数据的驾驶场景实例化

在得到驾驶场景模型之后，需要结合采集得到的数据进行场景实例化，进而才能通过分析和推理对场景进行划分。为了实现这一目标，首先应对摄像头、毫米波雷达、激光雷达等传感器数据进行分类处理，并在此基础上进行多源数据融合，从而实现对场景地图以及场景中要素的实例化。

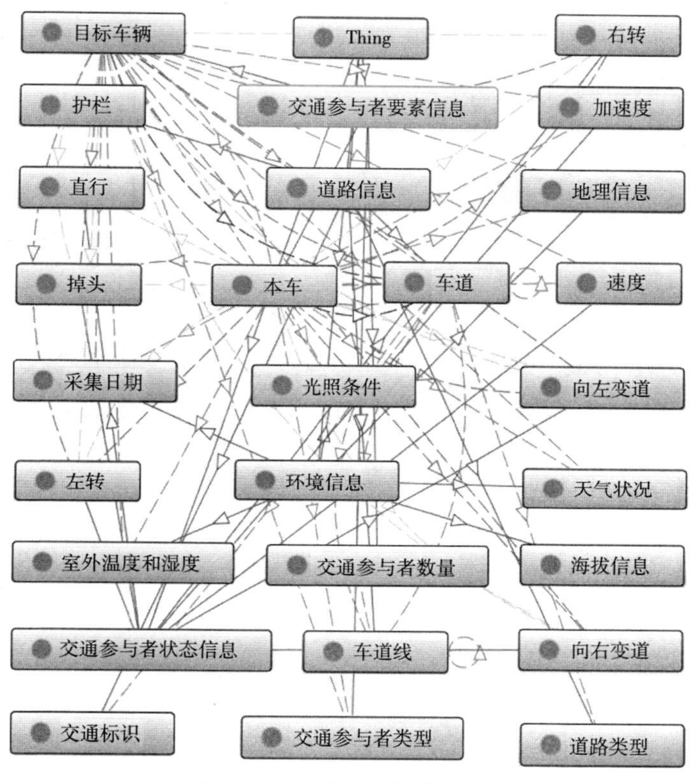

图 4－8　驾驶场景建模结果

具体而言，利用摄像头进行车道线检测、交通标识识别、运动障碍物检测和识别等任务，利用毫米波雷达进行运动障碍物检测，利用雷达进行道路边缘检测以及动态和静态障碍物检测，从而可以得到本车和驾驶场景中其他实体类的空间位置和动态关系。在此基础上，利用 GPS 获得本车的定位信息，并根据定位信息从地图文件中读取地图信息，同时，结合利用各类传感器得到的实体间关系将各实体类映射到地图中，从而完成了驾驶场景的实例化。

以图 4－9 的驾驶场景为例，该场景为本车所搭载的摄像头拍摄的画面，本车实体可实例化为具体的车辆 IntelligentVehicle，同一车道的前方目标车辆可实例化为 ObjectVehicle1，右侧车道的前方目标车辆可实例化为 ObjectVehicle2；该场景共包含了三条车道 Lane1、Lane2 和 Lane3，三条车道线 LaneLine1、LaneLine2 和 LaneLine3，以及两个护栏 Guardrail1 和 Guardrail2。

图 4-9　示例场景

该真实驾驶场景的实例化结果如图 4-10 所示，其中，各实体类之间的关系属性通过连接线来进行呈现。

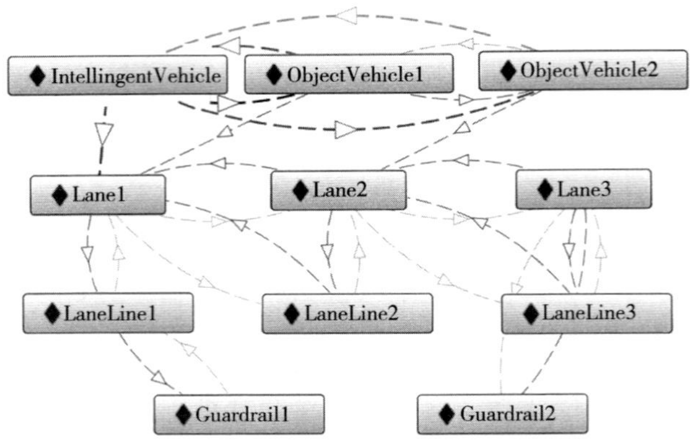

图 4-10　示例场景的实例化结果

在实例化结果中，连接线所代表的关系属性不同，其具体含义如表 4-2 所示。

此外，在实例化过程中应对实体类的数据属性进行实例化，利用上述驾驶场景中传感器测得的真实数据，对各实体的具体取值和属性进行赋值和定义，分别得到场景中具体的车辆属性、道路属性以及环境属性。数据属性的实例化结果如表 4-3 所示。

表 4－2　关系属性的实例化结果

	连接线类型	属性类型	连接线类型	属性类型
关系属性	—	左后方是	—	正左方是
	—	右前方是	—	位于
	—	正前方是	—	右侧是
	—	正后方是	—	左侧是
	—	正右方是		

表 4－3　数据属性的实例化结果

<table>
<tr><td rowspan="5">数据属性</td><td colspan="2">车辆属性</td><td colspan="2">道路属性</td><td colspan="2">环境属性</td></tr>
<tr><td>车辆数量</td><td>3</td><td>车道数量</td><td>3</td><td>天气状况</td><td>阴天</td></tr>
<tr><td>车辆类型</td><td>IntelligentVehicle：轿车
ObjectVehicle1：SUV
ObjectVehicle2：轻卡</td><td>道路类型</td><td>高速公路</td><td>室外温度</td><td>28℃</td></tr>
<tr><td>速度</td><td>IntelligentVehicle：85km/h
ObjectVehicle1：92km/h
ObjectVehicle2：90km/h</td><td>车道 ID</td><td>Lane1
Lane2
Lane3</td><td>海拔高度</td><td>46m</td></tr>
<tr><td>加速度</td><td>IntelligentVehicle：0m/s²
ObjectVehicle1：1.8m/s²
ObjectVehicle2：1.5m/s²</td><td>车道曲率</td><td>Lane1：0
Lane2：0
Lane3：0</td><td>光照条件</td><td>良好</td></tr>
</table>

（3）驾驶场景规则库的构建

驾驶场景规则库是场景自动划分的基础和依据，包含了不同驾驶场景应遵循的规则，为实现推理机进一步的推理提供了知识和规则支撑，这些规则应根据专家经验和交通法律法规来进行构建。

场景规则的格式应遵循符号化和规范化标准，并利用逻辑联结词（且、或、非）进行逻辑表达，从而便于利用单一场景片段构建更为复杂的场景。表 4－4 为场景规则库的部分场景规则。

表 4－4　场景规则库的部分场景规则

场景类别	场景规则
跟车	本车在目标车辆“正后方”或“正前方”

续表

场景类别	场景规则
变道超车	本车在目标车辆“正后方”，完成“向左变道”或“向右变道”，且“速度”快于目标车辆； 或目标车辆在本车“正后方”，完成“向左变道”或“向右变道”，且“速度”快于本车；则称之为“左变道超车”或“右变道超车”
泊车入位	本车或目标车辆“驶入”车位，且最终保持“静止”
前车插入	本车在目标车辆“左方”或“右方”或“左前方”或“右前方”，完成“向左变道”或“向右变道”，到达目标车辆“正前方”； 或目标车辆在本车“左方”或“右方”或“左前方”或“右前方”，完成“向左变道”或“向右变道”，到达本车“正前方”；则称之为“前车左插入”或“前车右插入”

（4）基于推理机的驾驶场景自动划分

推理机能够在一定的控制策略下，根据专家经验、知识库以及规则库对问题进行求解。在本研究中，我们使用基于规则的推理机，对驾驶场景模型进行解析，通过概念的推理，并结合场景规则库，完成基于语义的信息检索，从而将驾驶场景进行自动划分。

本小节以两种场景为例，阐述通过推理实现场景自动划分的具体过程。

①高速跟车场景的推理过程

$RoadType == Expressway \wedge$

$M > 1 \wedge TPT[m] == MotorVehicle \wedge$

$\mathrm{SubjectVehicle}.TPAS[n] == GoStraight \wedge$

$ObjectVehicle[m].TPAS[n] == GoStraight \wedge$

$SubjectVehicle.Lane == ObjectVehicle[m].Lane$

$\Rightarrow Expressway\ Car-Following\ Scenario$

②行人和车辆在车道内停车场景的推理过程

$RoadType == Park \wedge$

$M > 2 \wedge TPT[1] == MotorVehicle \wedge$

$TPT[2] == Pedestrian \wedge$

$SubjectVehicle.Lane == TPT[1].Lane \wedge$

$SubjectVehicle.Lane == TPT[2].Lane$

$\Rightarrow MotorVehicle\ and\ Pedestrian\ in\ Lane\ Parking\ Scenario$

2. 基于支持向量机的驾驶场景分类

此外，数据资源中心采用支持向量机等机器学习算法对驾驶场景进行分类，通过训练生成场景分类器，并利用采集到的数据对分类器的种类和参数进行迭代更新，得到更加全面的分类结果。

具体而言，以泊车场景为例，通过对泊车场景进行分类，并通过人工标注不同类型的场景数据，形成分类器训练所必需的训练数据集。场景划分的阶段以及类型如下。

表 4－5　泊车场景类型划分

场景阶段	场景类型
进停车场	进停车场
场内行驶 & 寻找车位、车位识别 （室内或室外）	场内车道内行走 倒车 掉头行驶 场内路口直行 场内路口左转 场内路口右转 车位识别
泊车入位	泊车入位
驶离车位	驶离车位
场内行驶 & 找出口 （室内或室外）	场内车道内行走 倒车 掉头行驶 场内路口直行 场内路口左转 场内路口右转
出停车场	出停车场

随后，利用训练数据集对支持向量机不断训练，即可实现对未训练场景数据的自动划分，自动分类结果如图 4－11 所示，其中，“○”代表实际测试集分类结果，“＊”代表预测测试集分类结果，从结果中可以看出支持向量机的分类结果具有较高的准确度，该结论在表 4－6 中同样得到了验证。

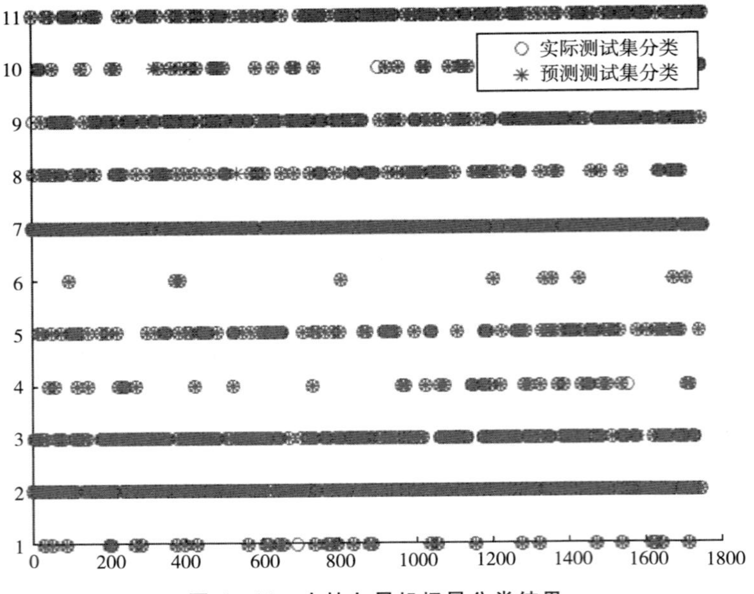

图 4-11　支持向量机场景分类结果

表 4-6　支持向量机场景分类精度

单位：%

训练集和测试集比例	分类机的识别精度	分类结果成功比例
5	92.0288	6777/7364
10	97.4627	6799/6926
20	98.0003	6017/6201
77	98.3447	1723/1752

四　采集数据的处理

1. 传感器采集平台的空间标定

(1) 单目摄像头的标定

无人驾驶领域主要利用定焦摄像头来感知外界信息，通过棋盘格子标定方法，获取摄像头的内部参数，内参信息主要包括：单目摄像头的焦距、主点、径向畸变、切向畸变、单位距离像素个数等。图像处理库 OpenCV，机器人系统 ROS，都有相应的单目摄像头标定工具包。标定的过程可以使用多种标定工具包，将各个结果进行对比和融合，标定使用 Ubuntu14.04 系统，下面是通过 ROS 进行单目摄像头标定的主要过程和方法。

图 4－12　C170 罗技摄像头

图 4－13　9×7 黑白方格子标定板，格子尺寸为 7cm×7cm

第一步需要将摄像头的视频数据流读入，ROS 提供了相关的视频接入接口，运行：

roslaunch usb_cam usb_cam – test. launch

相应的传输消息为：

/usb_cam/image_raw

标定结果存储在 head_camera. yaml 的配置文件中，并且以下面的消息发布出去：

/usb_cam/camera_info

第二步启动标定节点：

rosrun camera_calibration cameracalibrator. py—size 7x9—square 0. 07 image：=/usb_cam/image_raw camera：=/usb_cam

节点之间传输数据的流程图：

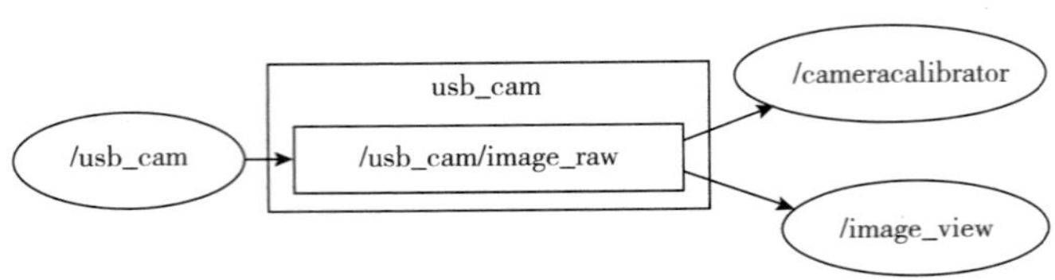

图 4－14　节点数据传输流程

移动标定板，直至有足够多的数据供程序来完成标定，标定结果可以直接给出投影矩阵，如已知世界坐标系的坐标点（X_w，Y_w，Z_w），像素坐标系下的值可以通过投影矩阵和平移旋转矩阵相乘求出：

$$Z_c\begin{bmatrix} u \\ v \\ 1 \end{bmatrix} = \begin{bmatrix} f_x & s & x_0 \\ 0 & f_y & y_0 \\ 0 & 0 & 1 \end{bmatrix} \begin{bmatrix} R_{3\times 3} & t_{3\times 1} \\ 0^T & 1 \end{bmatrix} \begin{bmatrix} X_w \\ Y_w \\ Z_w \\ 1 \end{bmatrix}$$

可以很容易想到，这里的单应矩阵实际上为一个单位矩阵。

（2）激光雷达的标定

激光雷达是无人驾驶领域重要的传感器之一，与价格低廉的摄像头相比，激光雷达的探测距离较远，能够准确获取物体的三维信息；并且它的稳定性相当高，鲁棒性好，这都得益于它的复杂的构造，属于较为精密的传感仪器。

从用户角度出发，激光雷达包括较多的性能参数，需要标定的参数主要包含以下几方面内容。

表 4-7　需要标定的雷达性能参数

LiDAR 线束	探测距离	刷新频率	水平视场角
水平角分辨率	垂直视场角	垂直角分辨率	激光器等级
防护等级	距离测量精度	工作温度范围	工作电压范围
工作功耗	数据传输方式	重量	尺寸

本节介绍其中四种参数性能的标定方法，包括：LiDAR 的距离精度标定、输出频率标定、水平视场角标定、最远探测距离标定。

1）激光雷达距离精度标定

①在 LiDAR 正前方放置一个表面粗糙的测试板，测试板的反射率和灰度值为恒定值；

②平面测试板的几何中心与 LiDAR 的圆柱体中心连线，与测试板板面对称且垂直；

③激光测距仪读取测试板到 LiDAR 中心的距离值 A1；

④笔记本电脑连接通过 C + + 程序读取 LiDAR 的测量平均值 A2；

⑤LiDAR 距离精度标定值为 N 次测量结果的相对误差的平均值；

2）激光雷达输出频率标定

①根据各种 LiDAR 的 TCP 或者 UDP 协议，抓取 LiDAR 的数据包；

②利用 C + + 代码输出 LiDAR 在 2 个小时内，每一帧数据包的平均扫描频率；

③做出扫描频率值、标准误差值随着时间值的变化趋势图，将扫描频率值的正态分布的 mean value 作为输出频率的标定结果。

3）LiDAR 水平视场角大小的标定

①将 LiDAR 置于封闭的、无任何物品的室内环境中；

②对于机械旋转式 LiDAR，观察 LiDAR 的三维成像信息是否有明显的阴影区域，以及 LiDAR 每条线束是否为 360°的、连续的闭环线束；

③对于固态 LiDAR，利用算法对 LiDAR 的激光线束进行滤波降噪，使激光线束保持最大程度的稳定；

④在固态 LiDAR 探测范围的墙壁边界，分别放置两根长度为 2 米竖直金属棒，线束端点的分布相对于金属棒保持对称；

⑤计算两根金属棒与 LiDAR 的三角支架中心线分别形成的平面，所夹的二面角，作为标定值。

4）LiDAR 的最远探测距离的标定

①测评系统均同上，纵向方向，将平面测试板向 LiDAR 远离的方向先快后慢进行移动，直至可视化程序看不到测试板的点云反射点，记录此时的最远距离粗测值 E1；

②平面测试板向靠近 LiDAR 三角支架的方向移动 5 米，记录此时的距离值为 E2；

③在［E1，E2］区间，每隔 0.5m 距离缓慢地远离 LiDAR 的三角支架，直至可视化程序看不到测试板平面上的点云反射点，记下此时最远距离的精细值 E3；

④比较 E3 距离值和用户手册上的最远探测距离值大小，对 LiDAR 做最远探测距离标定。

（3）毫米波雷达的标定

毫米波雷达为感知系统提供精确的距离、速度和角度信息，需要标定的性能参数如表 4－8 所示。

表 4－8　需要标定的毫米波雷达性能参数

距离相关的标定参数	测距范围 距离测量分辨率 距离测量精度
速度相关的标定参数	速度范围 速度分辨率 速度精度
角度相关的标定参数	水平角精度 水平角分辨率

本节介绍其中三种参数性能的标定方法，作为范例，包括：RADAR 横纵向距离精度标定，RADAR 最近探测距离标定，RADAR 最远探测距离标定。

1）毫米波雷达横纵向距离精度标定

标定地点为一间环境封闭屋，屋内墙壁涂上对毫米波信号反射率低的涂层。将毫米波雷达安装在车辆前端保险杠中央处，经过方位角校准之后，在车辆正前方放置一个静态目标物（目标物对于毫米波反射性能良好），目标物的水平中心与毫米波雷达的表面的中心点连线，与车体前端平面左右对称且垂直。利用激光测距仪测量物体距离毫米波雷达的距离值 A1，并从毫米波雷达上位机软件中读取测量值 A2，精度值为 N 次测量结果的相对误差的平均值。

2）毫米波雷达最近探测距离标定

测评环境同上，在纵向上向毫米波雷达靠近的方向缓慢移动，直至上位机软件检测不到物体，距离值记为 D1，向远离毫米波雷达的方向移动 10 厘米，记下距离值为 D2，在［D1，D2］区间，每隔 1cm 靠近毫米波雷达，直至上位机软件检测不到物体，记下距离值为 D3，比较 D3 和毫米波雷达说明书上的最近探测距离。

3）毫米波雷达最远探测距离标定

测评环境同上，在纵向上向毫米波雷达远离的方向缓慢移动，直至上位机软件检测不到物体，距离值记为 E1，向靠近毫米波雷达的方向移动 5 米，记下距离值为 E2，在［E1，E2］区间，每隔 1m 距离远离毫米波雷达，直至上位机软件检测不到物体，记下距离值为 E3，比较 E3 和毫米波雷达说明书上的最远探测距离。

2. 传感器采集平台的时间标定

时间标识的统一也是多传感器数据采集系统重要的技术环节。不同种类的传感器数据采集系统，分别对环境进行独立的感知，通常情况下各个传感器的刷新频率不同，收集的环境数据也并不在同一个时间点。除了对空间坐标系进行精确的标定之外，各个设备之间也要进行时间的同步。

表 4－9　各个传感器的刷新频率

Camera：30HZ	40LiDAR：10HZ	4 线 IBEO：25HZ
RADAR：20HZ	Mobileye：60～70ms	INS：200HZ

时间同步通常有三种方式：

（1）不同传感器都具有自己独立的时钟，在数据融合的过程当中，以低频率的传感器为基准，搜索其每一帧的时间戳在高频传感器中最近时间戳的数据帧，进行时间融合。

（2）采用 GPS 的时间戳作为其他传感器的时间标准，对其他低频传感器授时，如果被授时的传感器和 GPS 的采样点不在同一个时间点上，进行非同步时间的内插和外推。

（3）多个 camera 的传感器系统，可以使用同一个开关，进行曝光和采样时间点的同步。

3. 单目摄像头和毫米波雷达的融合

面向可量产的无人驾驶传感器感知系统，主要依托视觉摄像头传感器系统和毫米波雷达探测系统。这种传感器组合平台系统的优势在于：既利用了摄像头系统对周围障碍物分类识别的能力，对行人的探测能力，对车道线的检测能力，又融合了毫米波雷达远距离探测障碍物的能力，高精度距离、方位角、速度的检测能力。

表 4-10 传感器性能对比

感知物理量	Camera	RADAR	融合
距离	中	优	优
方位角	中	优	优
速度（纵向）	低	优	优
车道线识别	优	低	优
车辆检测	中	优	优
行人检测	优	低	优
障碍物识别	优	低	优
抗天气干扰	低	优	优
抗光照干扰	低	优	优

用于多目标动态匹配过程的算法主要包括以下四种：竞标算法、匈牙利算法、GNN 算法和 JPDA 算法；GNN（Global Nearest Neighbor Algorithm）目标匹配算法，从相对简单和相对复杂两种场景考虑目标匹配。

（1）对于多目标物体，相对距离较远。像素坐标系下没有交叠区域（见图 4-15），那么跟踪每一个 bounding box，当有一个 RADAR 投影值落入矩形框时，即将此 RADAR 的投影值和此 bounding box 做匹配。

（2）对于障碍物密集区域，不同 bounding box 之间会有重叠，同一个 bounding box 区域会落入多个毫米波雷达的投影点，用 GNN 算法计算落入同一个矩形框内的毫米波雷达投影点与该矩形框的分配概率，取其中的分配概率最大值（计算 mahalanobis 距离的最小值），作为匹配结果，最后，对于那些未被匹配的 RADAR 像素值，对其进行删除。匹配后的结果，通过非线性卡尔曼滤波的方式对毫米波雷达和摄像头的距离、速度结果进行融合输出。

4. 激光雷达和视觉摄像头的融合

视觉摄像头传感器的位置识别结果，映射到激光雷达坐标系，（u，v）

图 4－15 匹配结果

图 4－16 匹配融合对应的复杂场景

为像素坐标，Zc 为相机坐标系下物体的纵向物理距离，（X，Y，Z）为摄像头局部的坐标值，转换关系有如下公式：

$$Z_c\begin{bmatrix}u\\v\\1\end{bmatrix}=\begin{bmatrix}\frac{1}{dx} & 0 & u_0\\0 & \frac{1}{dy} & v_0\\0 & 0 & 1\end{bmatrix}\begin{bmatrix}f & 00 & 0\\0 & f0 & 0\\0 & 01 & 0\end{bmatrix}\begin{bmatrix}R & t\\0^T & 1\end{bmatrix}\begin{bmatrix}X\\Y\\Z\\1\end{bmatrix}$$

摄像头的内部参数矩阵可以通过前面的标定方法得到，单应矩阵利用激光测距仪、电子水平仪测量 camera 和 LiDAR 的相对位置关系和相对角度关系，得到相应的外部参数，u、v 像素值为摄像头识别 bounding box 中心点像素值，运用世界坐标系得到像素坐标系的公式，可以得到视觉识别结果在激光雷达局部坐标系的三维坐标值。投影到二维平面的效果如图 4－17 所示。

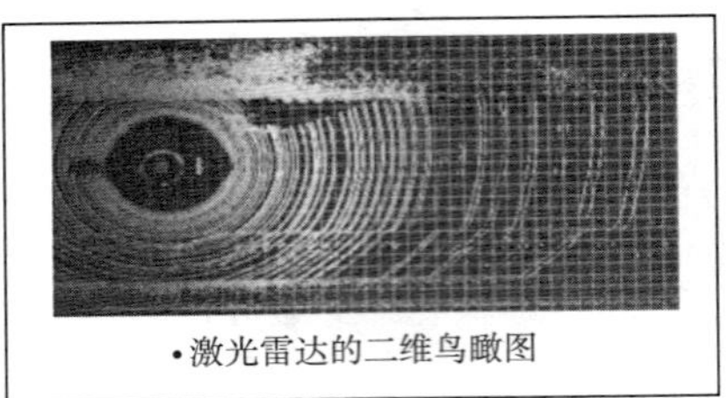

•激光雷达的二维鸟瞰图

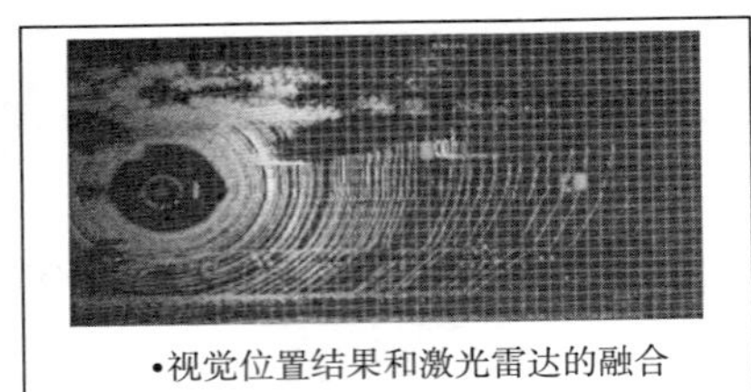

•视觉位置结果和激光雷达的融合

图 4－17　激光雷达点云投影效果

五　采集数据的传输存储

1. 场景数据的传输方式

采集的场景数据既包含车辆 CAN 线、采集信息表等结构化数据，同时也包含图像、视频、点云、高精度地图等非结构化数据。因此需要针对不同的数据类型，指定针对性的传输方法。现行的传输方法包括实时传输和离线传输两种，分别针对结构化数据和非结构化数据。

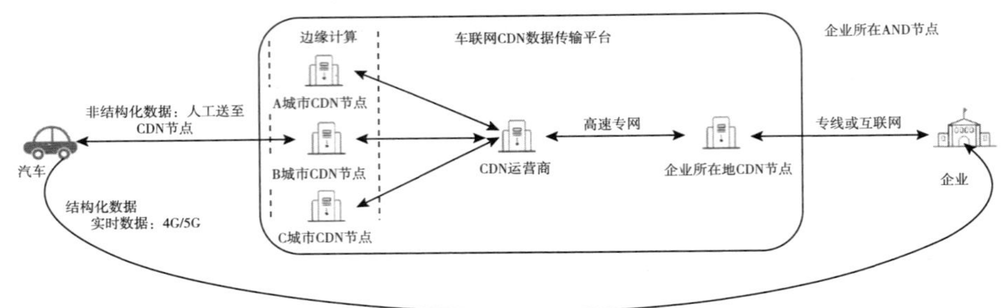

图 4－18　场景数据传输方式示意

实时传输是以现有的 4G/5G 移动网络为基础，实时将小数据量的结构化数据传送到存储中心的存储设备上的方法。云存储需要将大量的场景数据进行迁移，而在传输完成之前，数据被存储在具有特定数据访问协议的孤岛中，将这些数据转移到云端上非常复杂。因此，应该采用漂移和转移策略，将存储的数据转移到使用本地存储的云原生格式，并逐步将数据传输到云端，该步骤能够降低成本和风险，并且可以随着时间的推移而完成。

对于离线传输方式，需要提供足够的备用硬件将数据进行暂时存储，该方式能够对数据进行保护和备份。离线传输可以采用移动硬盘或者 NAS 设备，移动硬盘直接通过 USB 进行数据传输，NAS 设备需要高速网络进行数据传输，同时 NAS 设备应支持目标环境（Windows、Linux 等）和文件访问机制（NFS、CIFS、光纤通道等）。在采集任务完成之后，可以将存储的设备传输至服务器中，完成数据的离线传输。

2. 场景数据的传输协议

场景数据传输协议主要分为两部分：介质之间的数据传输协议及数据传递之间的管理规范。从数据传输过程的安全性、可靠性、可行性和有效性出发，制定场景数据的传输协议及传输规范。

常用的数据传输协议包括以下两种。

（1）二进制数据传输协议

二进制数据传输协议原理是直接将内存里的对象保存为二进制数据，然后通过封包（size + 二进制数据）的方式发送出去，在解包的时候通过读取 size，获得二进制数据，再根据二进制的结构体系描述文件来解开这个包，从而获取每个数据成员的数据。二进制协议具有体积小、传输性能好以及效率高等优点。

（2）json 数据传输协议

json 数据传输协议的封包格式不采用 size + body 的方式，因为脚本语言不适合直接操作字节，所以采用 \ r \ n 的模式，收到 \ r \ n 后认为就是一个数据包。json 数据协议可读性比二进制好，并能够实现跨语言的封包和解包，每个语言只需要实现 json 的解码编码即可。

3. 场景数据的存储方案

存储方案包括云端存储和本地存储两种，云端存储是将数据通过网络通信方式上传至云端进行存储，本地存储指的是利用自建服务器对数据进行存储。

云端存储需要构建云端系统，云端系统包括存储层、基础管理层、应用接口层和访问层，各层的结构和功能如下。

（1）存储层

存储设备之上是一个统一存储设备管理系统，可以实现存储设备的逻辑虚拟化管理、多链路冗余管理，以及硬件设备的状态监控和故障维护。

（2）基础管理层

基础管理层是云存储最核心的部分，也是云存储中最难以实现的部分。

基础管理层通过集群、分布式文件系统和网格计算等技术，实现云存储中多个存储设备之间的协同工作，使多个存储设备可以对外提供同一种服务，并提供更大更强更好的数据访问性能。

CDN 内容分发系统、数据加密技术保证云存储中的数据不会被未授权的用户所访问，同时，通过各种数据备份和容灾技术与措施可以保证云存储中的数据不会丢失，保证云存储自身的安全和稳定。

（3）应用接口层

应用接口层是云存储最灵活多变的部分。不同的云存储运营单位可以根据实际业务类型，开发不同的应用服务接口，提供不同的应用服务，比如视频监控应用平台、IPTV 和视频点播应用平台、网络硬盘应用平台、远程数据备份应用平台等。

（4）访问层

任何一个授权用户都可以通过标准的公用应用接口来登录云存储系统，享受云存储服务。云存储运营单位不同，云存储提供的访问类型和访问手段也不同。

云端存储可分为公共云存储、内部云存储和混合云存储三类。

公共云存储。公共云存储具有低成本的优势，供应商可以保持每个客户的存储、应用都是独立和私有的。公共云存储可以划出一部分作为私有云存储，可以将采集的场景数据存储在私有云中，便于开发人员对其进行管理和使用。

内部云存储。内部云存储和私有云存储比较类似，唯一的不同点是它仍然位于企业防火墙内部，因此具有较高的安全性，适合存储较为重要或稀缺的场景数据。

混合云存储。混合云存储把公共云和私有云/内部云结合在一起，可以用于按客户要求的访问，特别是需要临时配置容量的时候。从公共云上划出一部分容量配置一种私有或内部云可以帮助公司面对迅速增长的负载波动或高峰时很有帮助。尽管如此，混合云存储带来了跨公共云和私有云分配应用的复杂性。

本地存储可以采用 SAN（Storage Area Network）存储方式，SAN 的支撑技术是光纤通道（FC Fiber Channel）技术，它是 ANSI 为网络和通道 I/O 接口建立的一个标准集成。FC 技术支持 HIPPI、IPI、SCSI、IP、ATM 等多种高级协议，其最大特性是将网络和设备的通信协议与传输物理介质隔离开，这样多种协议可在同一个物理连接上同时传送。SAN 采用了光纤通道技术，所以它具有更高的存储带宽，存储性能明显提高。SAN 的光纤通道使用全双工串行通信原理传输数据，传输速率高达 1062.5Mb/s。

SAN 的硬件基础设施是光纤通道，用光纤通道构建的 SAN 由以下三个部分组成。

- 存储和备份设备：包括磁带、磁盘和光盘库等。
- 光纤通道网络连接部件：包括主机总线适配卡、驱动程序、光缆、集线器、交换机、光纤通道和 SCSI 间的桥接器。
- 应用和管理软件：包括备份软件、存储资源管理软件和存储设备管理软件。

第三节　驾驶场景数据库建设

驾驶场景数据库建设应依托一套完整的数据库构建体系，该体系包含数据采集、数据处理、数据格式、数据库结构以及仿真软件接口的标准性流程和规范，从而指导驾驶场景数据库的标准化建设，以便于场景数据库的不断扩充和完善。

该数据库涵盖自然驾驶场景数据、标准法规场景数据、危险工况场景数据、事故场景数据、仿真场景数据以及重构场景数据。此外，在数据库建设中应确定包含功能场景库、逻辑场景库以及测试用例库在内的数据库结构，并制定场景数据处理方案，同时还应规范场景数据格式，从而为智能网联汽车的模拟仿真、试验验证以及试验场的设计与建设提供数据支持，促进中国智能网联汽车技术的发展。

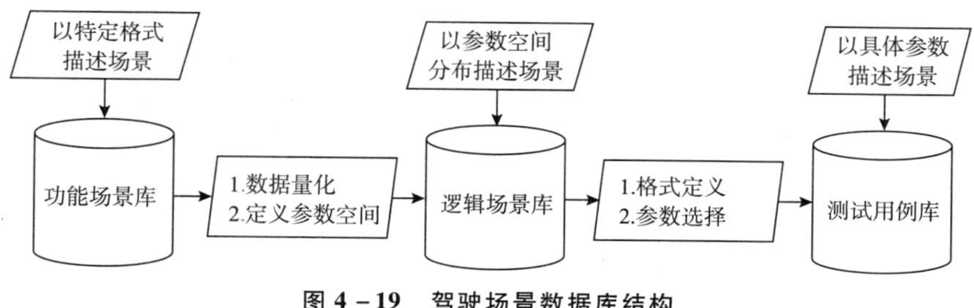

图 4－19　驾驶场景数据库结构

一　功能场景库建设

在进行功能场景库建设时，应以特定的格式描述场景，通过引入环境信息、道路信息、交通参与者信息以及交通参与者移动信息，完成场景的具体描述。

数据资源中心通过对驾驶场景进行研究，得到了场景中各元素之间准确的关系。同时，通过遍历驾驶场景中元素间的所有关系，可以更加全面地覆盖功能场景。图 4－20 为功能场景库中各场景元素之间的关系，不同颜色的连接线表示元素之间具有不同的关系属性。

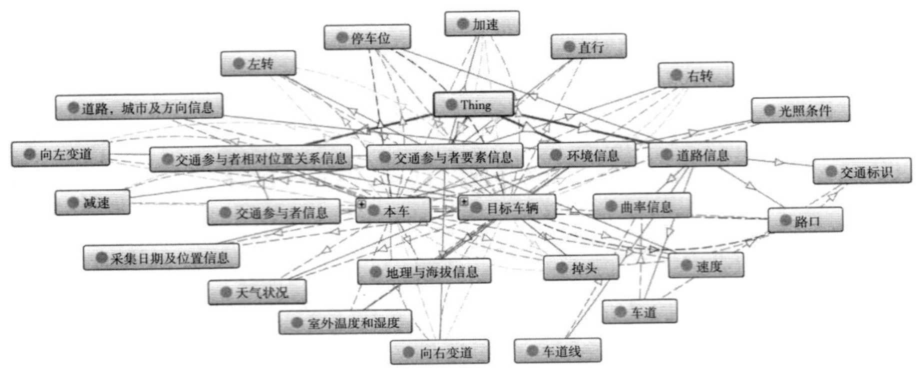

图 4－20　各场景元素关系

通过上述方式可以得到格式统一的功能场景库，为逻辑场景库建设和测试用例库的生成提供了基础。每一种功能场景均包含其所属的场景类别以及场景子类，并包含相应的场景 ID、场景名称、环境信息、道路信息以及场景描述。表 4－11 为部分功能场景的示例。

表 4－11　部分功能场景

场景分类	场景子类	场景 ID	场景名称	道路信息	环境信息	场景描述
高速公路场景	10XX. 高速正常驾驶行为场景	1001	高速循线行驶	高速公路；直道、弯道、坡道；两车道、三车道、四车道	晴天、雨天、雪天、冰雹、雾霾；凌晨、白天、傍晚、夜间；温度	本车沿固定车道行驶，本车所在车道前方可监测区域内无其他车辆
		1002	高速跟车	高速公路；直道、弯道、坡道；两车道、三车道、四车道	晴天、雨天、雪天、冰雹、雾霾；凌晨、白天、傍晚、夜间；温度	本车沿固定车道行驶，本车所在车道前方可监测区域内有其他车辆

续表

场景分类	场景子类	场景 ID	场景名称	道路信息	环境信息	场景描述
高速公路场景	11XX. 高速拥堵场景	1101	高速车辆慢速行驶	高速公路；直道、弯道、坡道；两车道、三车道、四车道	晴天、雨天、雪天、冰雹、雾霾；凌晨、白天、傍晚、夜间；温度	高速拥堵导致本车慢速行驶
		1102	高速车辆不断启停	高速公路；直道、弯道、坡道；两车道、三车道、四车道	晴天、雨天、雪天、冰雹、雾霾；凌晨、白天、傍晚、夜间；温度	高速拥堵导致本车不断启停

二　逻辑场景库建设

在建立功能场景库之后，通过本车信息、交通参与者信息、道路信息以及环境信息的参数空间及分布进行限定，即可得到对应的逻辑场景库。逻辑场景的描述如表 4－12 所示。

表 4－12　逻辑场景描述

本车信息	速度	[0，130] km/h
	加速度	[－4，2.5] m/s^2
	行驶车道	[－4，4]
	动态驾驶任务	车道保持，跟车，变道，超车，避障，靠边停车，紧急刹车，交叉路口冲突出行，自动泊车，匝道汇入/驶离，行人、非机动车识别和响应，车辆行驶状态识别及响应，车道线和路面标识识别及响应，信号灯识别及响应，其他交通标志识别及响应，其他障碍物识别及响应
交通参与者信息	类型	行人，非机动车辆－自行车，非机动车辆－摩托车，非机动车辆－三轮车，非机动车辆－手推车，目标车辆－特殊车辆，目标车辆－一般车辆，其他障碍物－路障，其他障碍物－路面凸起，其他障碍物－道路设施，其他障碍物－道路施工，其他障碍物－动物，其他障碍物－球类物体
	数量	[0，N]
	位置	行车道 [－4，4]，人行道，非机动车道，交叉路口，停车位

续表

交通参与者信息	速度	[0，135] km/h
	加速度	[－4，2.5] m/s^2
	相对纵向距离	[0，120] m
	相对运动方向	同向，对向，左侧横穿，右侧横穿，左侧相对斜穿，左侧相背斜穿，右侧相对斜穿，右侧相背斜穿
道路信息	道路类型	城市道路，乡村公路，高速公路，山路，停车场道路
	道路结构	直道，弯道，平面交叉路口，立体交叉路口，环岛，隧道，桥梁，斜坡
	弯道半径	[105，305] m
	横坡	[4，8]%
	纵坡	[－7，－3]%，[3，7]%
	摩擦系数	[0.1，1]
	车道数	单行道，双向两车道，双向四车道，双向六车道，双向八车道
	车道宽度	3.5m，3.75m
	车道线类型	白色虚线，白色实线，白色虚实线，白色双实线，黄色虚线，黄色实线，黄色虚实线，黄色双实线
	限速标志	[30，120]
环境信息	天气	晴，阴，多云，阵雨，雷阵雨，冰雹，雷阵雨伴有冰雹，雨夹雪，小雨，中雨，大雨，暴雨，大暴雨，特大暴雨，阵雪，小雪，中雪，大雪，暴雪，雾，冻雨，沙尘暴，浮尘，扬沙，强沙尘暴，霾
	时段	白天，傍晚，夜晚
	温度	[－23～40]℃

三　测试用例库自动生成

在逻辑场景库的基础上，通过对场景中元素的参数进行具体赋值，即可生成大量的测试用例。随后，抽取典型的测试用例，研究特定测试场景数据格式，并实现测试用例库的自动生成。

驾驶场景测试用例的数据格式包括道路层、交通基础设施层、目标层以及环境层几个方面，设计统一的驾驶场景数据格式有利于大规模测试用例的自动生成，并能够实现不同仿真平台间的格式转换。测试用例的特定数据格式如图 4 - 21 所示。

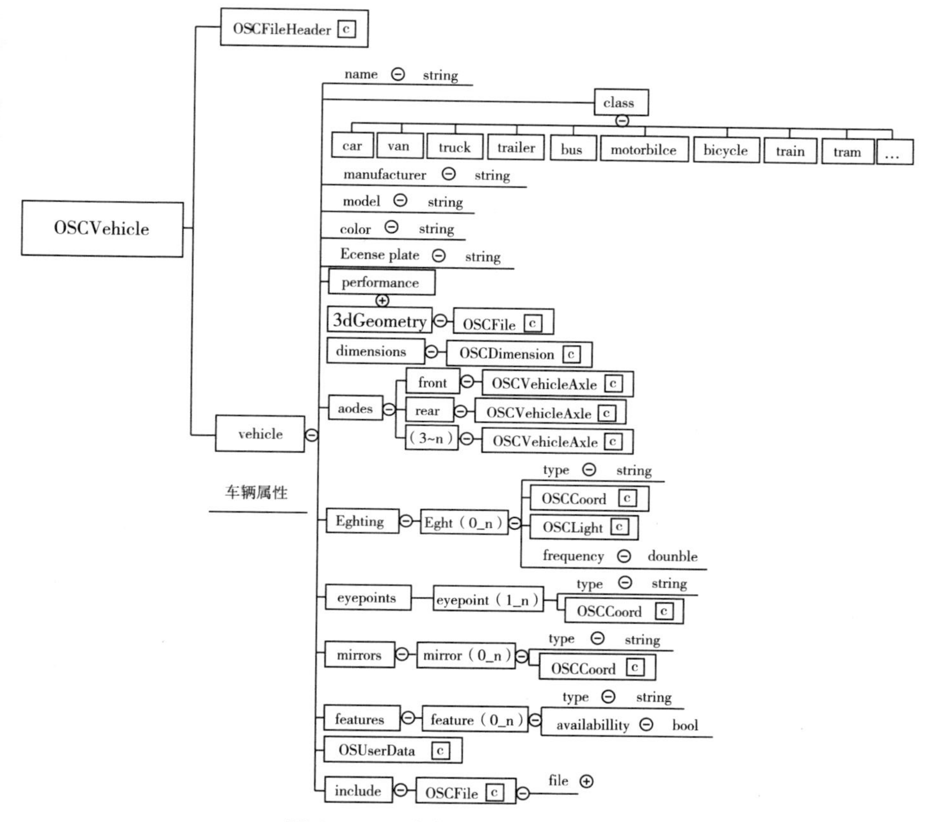

图 4 - 21 测试场景特定数据格式

四 场景复杂度评级

在进行驾驶场景复杂度评级时，需要同时考虑场景的静态复杂度和动态复杂度。静态复杂度针对的是场景中静态要素的复杂程度，静态复杂度越高，则场景复现的难度越大；动态复杂度针对的是场景中交通参与者和本车的运动状态，动态复杂度同样影响场景复现中动态交通流的实现难度，此外，动态复杂度决定着算法测试过程中的难度，动态复杂度越高，则算法测试难度越大。对于一段连续场景，分别计算每一帧场景的复杂度，随后计算该段场景中所有场景帧复杂度的平均值，即可得到该连续场景的复杂度。

为此，本文以信息熵为方法论，结合驾驶场景的维度信息，分别计算每一帧场景中环境信息、道路信息、交通参与者信息和本车信息这四个维度的信息熵，并进行加权融合，得到场景的最终信息熵，据此对场景进行复杂度评级。信息熵的概念是 C. E. 香农从热力学中借用过来的，利用信息熵可以描述信源的不确定性，对信息进行量化度量，信息熵越大，则信源所包含的信息量越大，复杂度越高。

在得到四个场景维度的信息熵计算结果之后，根据维度之间的串并联关系，将四个结果进行加权融合，确保最终的场景复杂度计算结果在 0～100 的取值范围，并根据计算结果进行复杂度评级：结果在 0～60 范围的，则该场景被评价为简单场景；结果在 60～80 范围的，则该场景被评价为中等场景；结果在 80～100 范围的，则该场景被评价为复杂场景。驾驶场景复杂度评级的流程如图 4－22 所示。

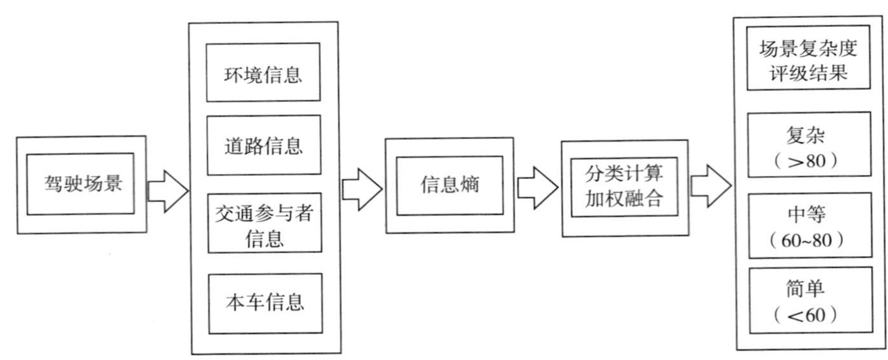

图 4－22　驾驶场景复杂度评级的流程

需要注意的是，在进行复杂度计算时，只考虑对场景复杂度有直接影响的要素，从而使得评价体系更具有条理性和逻辑性。例如，阴天和夜晚会同时影响场景中的光照条件，环境信息维度同时包含着光照条件这一要素，因此直接从光照条件的角度入手，计算其对场景复杂度的影响，不再分别计算天气和时段在光照条件层面对场景复杂度的影响。

第四节　驾驶场景规范体系

近年来，车辆自动驾驶技术和产品正在迅速进入市场，并且成为汽车产业未来发展的重要趋势，世界各国纷纷开展了自动驾驶研发、测试、管理及应用的研究，并考虑为其制定相应的标准或法规。国际范围内普遍采用的基于特定场景、特定条件、特定指标的现行汽车产品测试评价方法，已无法满足针对自动驾驶汽车在各种复杂场景条件下全天候进行感知、决策、控制等驾驶任务的测试评价，亟须建立适应自动驾驶汽车的全新测试方法和评价体系。现行汽车测试一般不需要场景的支持，或有限的典型场景即可满足其测试和评价需求；自动驾驶汽车的功能和性能必须通过在海量场景下不断进行测试验证才能提升其安全性和舒适性。

目前在国际上尚无自动驾驶测试及测试场景的统一标准，制定科学、合理的测试场景标准是进行自动驾驶测试评价的基本要求和迫切需求，同时也将有效支撑有关自动驾驶测试评价国际标准和国家标准的制定。形成的国际标准可用于指导构建自动驾驶汽车模拟仿真和实车测试场景，满足企业产品开发和政府行业管理的多样需求。本书规定驾驶场景应具备以下基本特征：

- 真实性：源于车辆实际行驶
- 代表性：反映车辆实际行驶
- 可界定：可以语言图形描述
- 可量化：可以特征参数量化
- 可复制：适合重复设置使用
- 可调整：根据实际变化调整
- 可分解：分解产生基本元素
- 可组合：组合产生更多场景
- 多用途：适合各种不同用途

一 智能网联汽车驾驶场景规范体系概述

场景采集、算法开发、产品验证等对智能网联汽车驾驶场景的需求是不同的，需要具体根据应用需求确定自动驾驶场景的形态。比如，驾驶场景的采集和数据处理需要统一的规范指导各家企业进行，保证驾驶场景数据的采集、存储和处理规范一致，便于数据的交换和利用；构建虚拟测试场景对自动驾驶的功能和性能进行仿真测试，可以使测试过程更加安全、测试场景更加多样、测试时间显著缩短；构建用于实车测试的场景，可满足对自动驾驶汽车进行实地测试评价的需求。因此构建中国智能网联汽车场景数据标准规范体系能够促进中国智能网联汽车的发展。

驾驶场景相关规范体系涉及通用类规范、基础类规范、技术类规范和应用类规范四个大类。整个规范体系见图 4 – 23。整个驾驶场景规范体系针对从驾驶场景的基本定义、分类方法、采集、存储、数据传输和处理到场景库建设和应用整个流程分别做出详细的要求和方法指导。

本书只对驾驶场景通用类规范、基础类规范和技术类规范（部分内容）做介绍，后续版本将持续补充其他类规范。

二　驾驶场景规范

1. 通用信息规范

智能网联汽车驾驶场景规范体系包含《智能网联汽车驾驶场景规范体系概述》《智能网联汽车驾驶场景通用信息规范》《智能网联汽车驾驶场景定义规范》《智能网联汽车驾驶场景术语和缩写规范》《智能网联汽车驾驶场景分类规范》《智能网联汽车驾驶场景数据采集规范》《智能网联汽车驾驶场景数据采集平台规范》《智能网联汽车驾驶场景数据采集参数及精度要求规范》《智能网联汽车驾驶场景数据同步要求规范》《智能网联汽车驾驶场景数据存储规范》《智能网联汽车驾驶场景数据传输规范》《智能网联汽车驾驶场景数据清洗规范》《智能网联汽车驾驶场景数据处理规范》《智能网联汽车驾驶场景测试用例提取规范》《智能网联汽车驾驶场景测试用例存储规范》《智能网联汽车虚拟场景搭建规范》《智能网联汽车驾驶场景数据标注规范》《智能网联汽车驾驶场景数据标注工具链规范》《智能网联汽车辅助驾驶系统仿真测试规范》《智能网联汽车自动驾驶系统仿真测试规范》《智能网联汽车辅助驾驶场地测试规范》《智能网联汽车辅助驾驶评价规范》《智能网联汽车驾驶场景数据库规范》等 25 项标准规范。这些规范具体指导中国驾驶场景采集、数据存储、同步、处理、应用和数据库建设等工作。

所有的规范总共分为四大类，分别是通用类规范、基础类规范、技术类规范和应用类规范。其中《智能网联汽车驾驶场景规范体系概述》概述整个中国智能网联汽车驾驶场景数据规范体系：以场景规范为主线，逐步开展中国智能网联汽车数据开放共享工作组的工作。本规范旨在描述整个测试评价体系的架构、意义、特性及重要性。

《智能网联汽车驾驶场景通用信息规范》指导整个驾驶场景规范体系的建立，形成驾驶场景采集平台、数据采集、数据同步、数据存储和传输、

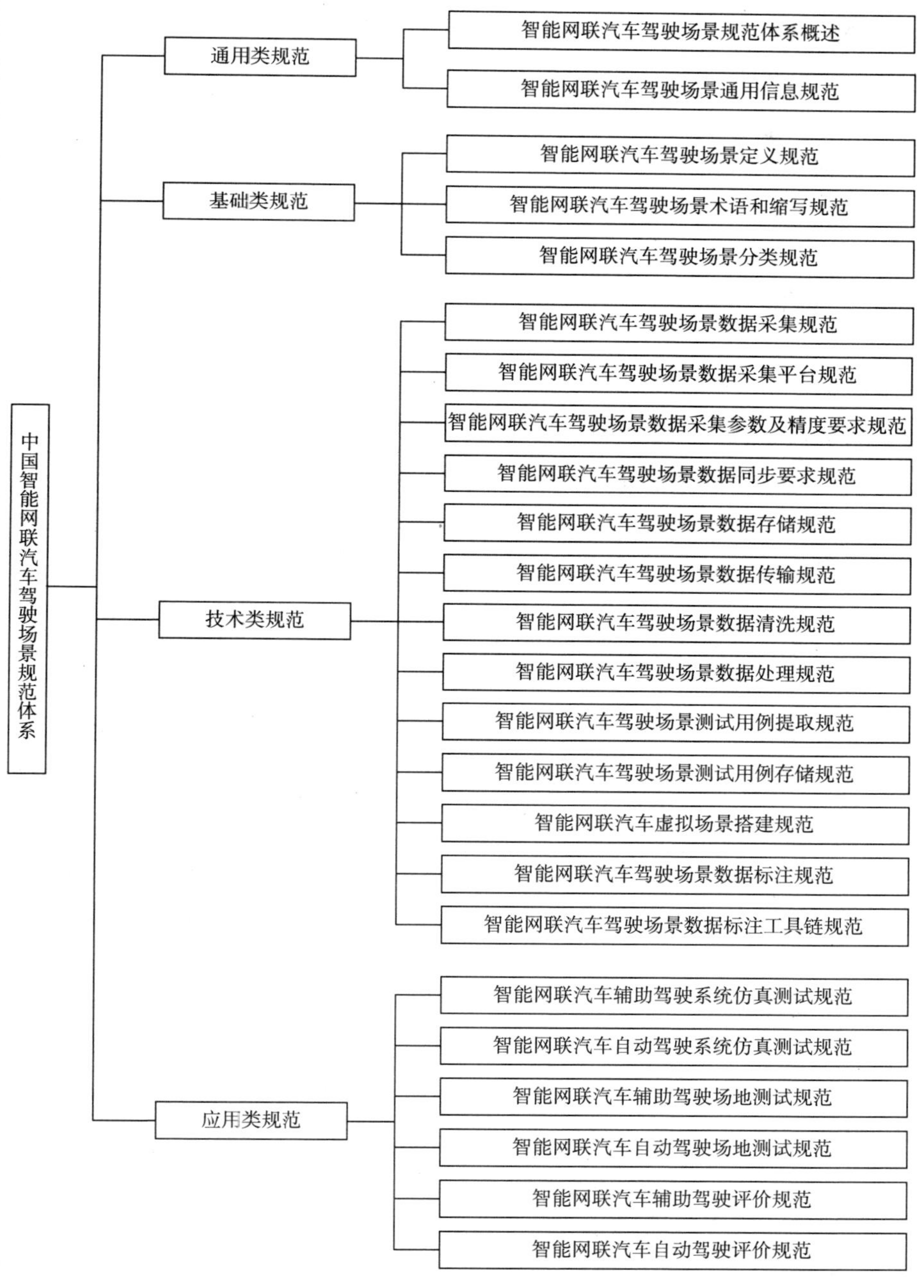

图 4－23　驾驶场景规范体系

数据清洗、数据处理分析、测试用例提取和存储、虚拟场景搭建和场景应用等规范和各规范之间的关系。

《智能网联汽车驾驶场景定义规范》确定功能场景、逻辑场景和测试用例的概念，并确定驾驶场景描述的本车状态、交通状态、目标车状态和环境状态 4 层要素信息。该规范是驾驶场景理论体系的基础，是驾驶场景分类、数据存储和数据处理等规范的基础。

《智能网联汽车驾驶场景术语和缩写规范》详细定义驾驶场景规范体系中涉及的术语、定义和缩写，如功能场景、逻辑场景、测试用例、动态要素、静态要素和驾驶员行为要素等。明确统一了驾驶场景相关术语的命名和定义。

《智能网联汽车驾驶场景分类规范》对基于本车状态、交通状态、目标车状态和环境状态 4 层要素信息的驾驶场景分类方法进行研究，指导驾驶场景信息的采集、数据处理和应用等工作的进行。

《智能网联汽车驾驶场景数据采集规范》详细规定了场景采集路线里程选择原则，路线的选择、驾驶员选择、环境条件覆盖，白天、夜晚采集等要求。

《智能网联汽车驾驶场景数据采集平台规范》详细定义驾驶场景数据采集平台应用的视觉、毫米波雷达、激光雷达、高精度定位系统等传感器的选择、标定以及联合标定方法等；规定驾驶场景采集系统硬件和软件要求，指导工作组采用统一的场景采集平台进行驾驶场景数据采集。

《智能网联汽车驾驶场景数据采集参数及精度要求规范》，确定了根据驾驶场景定义和分类的要求，按照本车信息、道路交通信息、交通参与者信息和环境信息四层要素分别确定采集参数的类型和精度要求。

《智能网联汽车驾驶场景数据同步要求规范》明确了驾驶场景数据采集平台采集视觉感知数据、毫米波雷达数据、视频数据、GPS 数据和车辆 CAN 数据的同步方法及同步精度要求，同时指导驾驶场景数据的存储方法及要求。

《智能网联汽车驾驶场景数据存储规范》，规定了驾驶场景原始数据的车内存储方式和数据存储格式，数据后台存储格式等内容。

《智能网联汽车驾驶场景数据传输规范》主要规定了根据驾驶场景原始数据的存储方式从线下到线上或数据库的数据传输方法。同时也可以限定数据库的输入输出接口和输出存储格式等。

《智能网联汽车驾驶场景数据清洗规范》明确规定了针对驾驶场景采集

的原始数据须进行数据有效性验证及清洗方法和要求、数据精准性验证及清洗方法和要求、数据完善性验证及清洗方法和要求、数据一致性验证及清洗方法和要求。

《智能网联汽车驾驶场景数据处理规范》规定根据驾驶场景分类和定义规范对驾驶场景数据进行数据处理，形成功能场景和逻辑场景，并进一步指导测试用例的提取方法。

《智能网联汽车驾驶场景测试用例提取规范》结合驾驶场景定义和分类规范，对数据处理后得到的逻辑场景进行危险性、边角场景等数据提取得到测试用例，为智能网联汽车场景库的建设和仿真测试场景的选择提供支撑。

《智能网联汽车驾驶场景测试用例存储规范》规定，测试用例提取后应规定测试用例的存储格式，尤其是应该使用简洁便利的工具及语言对测试用例进行描述和存储，更便于针对此种格式进行虚拟场景的自动搭建。

《智能网联汽车虚拟场景搭建规范》，根据测试用例的存储格式，规定虚拟场景搭建平台或软件的接口格式，实现虚拟场景的自动搭建。

《智能网联汽车驾驶场景数据标注规范》、《智能网联汽车驾驶场景数据标注工具链规范》，采集到的自然驾驶数据，包含图片数据、视频数据、毫米波雷达数据、激光雷达数据等需要进行标注，规范明确规定了用于智能网联汽车开发的数据标注规范和标注工具链开发要求等。

智能网联汽车应用类规范包含各个级别的自动驾驶测试评价规范、虚拟仿真测试流程规范、虚拟场景库建设规范等，指导企业进行自动驾驶测试和评价工作。

2. 基础类规范

（1）定义规范

①驾驶场景概述

驾驶场景作为智能网联汽车开发、测试过程中重要的要素之一，在智能网联汽车开发、测试 V 模型中起着非常重要的作用。驾驶场景是能够反映真实驾驶环境中自然驾驶、交通事故等场景的统一定义。在 V 模型开发流程中，系统设计、实现、测试等环节都需要有明确的驾驶场景定义，且在开发的不同阶段，驾驶场景定义会根据需求不同有不同的表现形式，本规范将就智能网联汽车开发、测试过程中的驾驶场景定义进行解释说明。

②驾驶场景定义

驾驶场景按照目的、应用方向不同，可以划分为功能场景、逻辑场景、测试用例三种特定的场景，分别应用在场景概念界定，技术研发、测试用例界定，测试场景生成等阶段。本面将对这三个阶段的场景给出明确的规范。

③场景描述模型

场景描述模型是场景定义的基础，描述模型需要包含驾驶场景应用过程中开发、测试所需要的所有必需要素，本规范中定义四层场景描述模型（见图4－24），包括道路交通信息、环境信息、交通参与者信息、本车状态四层模型。其中道路交通信息层涵盖场景道路的几何拓扑结构、道路条件、交通引导标志、信号灯等道路交通信息；环境信息层描述场景的天气情况、时长等影响因素；交通参与者信息层涵盖场景中除本车外，其他交通参与者的绝对位置、相对位置、与本车关系等要素信息；本车状态层描述本车运动状态、位置、驾驶员状态等信息。

图4－24　场景描述模型

1）功能场景

功能场景是在前期阶段，依据专家经验、法律法规、理论方法，按照场景描述模型用统一的自然语言所描述的场景。功能场景有很强的可读性，能够方便专家、场景应用人员理解场景概念，同时统一的语言规范，方便不同领域场景之间的兼容。

表 4-13　功能场景

功能场景	
本车状态	本车在中间车道加速向目标车接近
道路交通信息	三车道高速路段，限速为 120km/h
交通参与者信息	目标车在本车前方缓慢前行
环境信息	晴天

2）逻辑场景

逻辑场景是现实驾驶场景在参数空间的复现，在逻辑场景中，场景以统一参数范围进行表述、组织。为了满足技术开发、测试用例生成的需求，以下列方式定义逻辑场景。

表 4-14　逻辑场景

逻辑场景		
本车状态	车速	[0，130] km/h
	加速度	[-4，2.5] m/s^2
	转向灯信号	[-1，1]
	行驶车道	[-3，3]
道路交通信息	道路类型	[次干道，快速路，高速]
	车道线类型	[白色虚线，双黄线]
	限速标志	[30，120]
交通参与者信息	类型	[行人，卡车]
	速度	[0，135] km/h
	加速度	[-3，3] m/s^2
	相对纵向距离	[0，120] m
环境信息	天气情况	[下雨，晴朗，大雾……]
	温度	[-23～40]℃
	光照	[0，600] LX
	……	

3）测试用例

测试用例用于描述实际测试场景，包含指导虚拟、实际场地测试的所有必需的场景信息，能够清晰地表达测试场景，且不存在理解的不确定性。

表 4-15 测试用例

测试用例		
本车状态	车速	110km/h
	加速度	0.5m/s^2
	转向灯信号	左
	行驶车道	0（中间车道）
道路交通信息	道路类型	高速公路
	车道线类型	白色虚线
	限速标志	120
交通参与者信息	类型	Car
	速度	120km/h
	加速度	[-3，3] m/s^2
	相对纵向距离	60m
环境信息	天气情况	晴朗
	温度	26℃
	光照	400LX
	……	

（2）分类规范

①场景要素维度定义

满足定义的场景数据需具备四个场景要素维度，环境信息、道路信息、交通参与者位置关系信息及交通参与者要素信息。其中，环境信息是指描述光照条件，日期与采集时间，环境温度与湿度，天气情况，道路类别，方向与城市信息以及地理等采集区域信息；道路信息是描述道路标示，道路车道线，车道以及相互关系信息；交通参与者位置关系信息是描述道路法规中可行驶区域，存在的交通参与者的物理参数，相对位置关系信息；交通参与者要素信息是指探测车辆或主车，在各个维度上，距离探测车辆或主车较近的静态与动态交通参与者的位置关系，位置变换关系的关系描述。

②场景要素规范内容

1）光照条件

因为光照条件对相机成像、曝光时间有一定的影响，对数据质量有较为显著的影响，所以要对光照条件进行记录。光照条件由于不具备较为剧烈的跳动情况，大多数情况较为稳定，所以分为“逆光”、“顺光”、“侧光”以及“光线条件较差”四类，其中“光线条件较差”以主车近光灯的开启为触发条件。

2）采集日期及位置信息

采集日期信息可以有效地区分采集的数据包，使数据满足一定的有效性。日期数据以标准的公历国际标准日期格式书写，在一位数的月份与日期前，增加0保证数据位数的一致性，如20180705等。采集位置是用文字描述具体的高速、道路、方向信息，如高速国家级编号，省道乡道等编号与方向等。

3）采集当时室外温度和湿度

温度与湿度会对某些传感器采集精度产生影响，需要对室外温度进行记录。温度应当以摄氏温标范围为判定标准，温度以车辆及车辆电气有效工作温度为划分标准，分为“极冷”（－20摄氏度以下），“较冷”（－20摄氏度〔含〕至－10摄氏度），“冷”（－10摄氏度〔含〕至4摄氏度），“正常”（4摄氏度〔含〕至25摄氏度），“热”（25摄氏度〔含〕至35摄氏度），“较热”（35摄氏度〔含〕至50摄氏度）以及“极热”（50摄氏度〔含〕以上）。湿度按照电器有效工作条件划分，分为“干燥”（相对湿度在30%以下），“正常”（相对湿度在30%〔含〕与70%之间）以及“潮湿”（相对湿度在70%以上〔含〕）。

4）采集当时天气状况

目前以对驾驶有较大影响的气象要素为区分条件。主要分为“晴天”、“雨”、“雪”、“霜”、“雹”、“雾霾”以及“其他极端天气”（如强对流、浓雾、暴雨等）。区分其他极端天气的信号以采集车辆开启危险报警闪光灯为判定条件。其他天气状况在同一次采集过程中的变化以当时温度以及雨刮器开启状况（为避免触发，以有效连续五次刮雨动作）作为判定条件。

5）道路，城市及方向信息。由于高速等有较为固定的出口信息，为了区分数据，加入高速国道名称，行驶方向，所在省（自治区、直辖市）的所属地级市区县级别。

6）地理与海拔信息。地理信息按照中国地理区划标准进行划分。具体划分要求按照表4－16内容定义。

表 4-16　中国地理地区划分标准

地理地区划分	所属省（自治区、直辖市）
东北	黑龙江省、吉林省、辽宁省
华东	上海市、江苏省、浙江省、安徽省、福建省、江西省、山东省、台湾省
华北	北京市、天津市、山西省、河北省、内蒙古自治区
华中	河南省、湖北省、湖南省
华南	广东省、广西壮族自治区、海南省、香港特别行政区、澳门特别行政区
西南	四川省、贵州省、云南省、重庆市、西藏自治区
西北	陕西省、甘肃省、青海省、宁夏回族自治区、新疆维吾尔自治区

海拔信息以国际海拔通用标准划分，其中，低于 200 米为“地平面”地貌，200 米（含）至 1500 米为“正常海拔”地貌，1500 米（含）至 3500 米为“高海拔”地貌，3500 米（含）至 5500 米为“超高海拔”地貌，5500 米及以上为“极高海拔”地貌。

第一，道路信息需覆盖以下几个维度。

一是基于道路信息，主要分为“道路”、“路口”以及“停车场”。具体场景如图 4-25 所示。

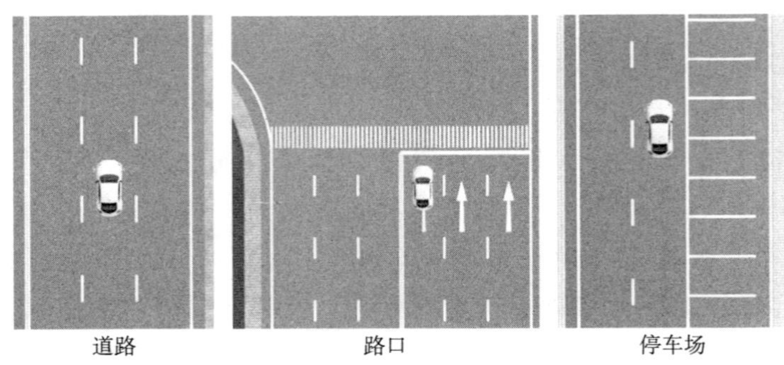

图 4-25　道路要素种类

在“道路”要素种类下，需描述当前路段车道数量以及相互关系。按照车道命名标准命名车道，并且表明车道之间相应的逻辑关系，以当前车辆行驶道路最左侧车道线为基准，依次累计车道数量，以图 4-26 双向六车道命名示意为例。

在“道路”要素种类下，需定义“匝道”。当当前行驶同向道路有车道数增加，且增加车道与当前行驶方向车道经过有效长度后时，以实线或其

图 4－26　车道命名示意

他隔离方式分离，则被定义为“匝道”。根据“匝道”与当前车辆行驶方向的关系可分为“右匝道”与“左匝道”。若有多条“匝道”，则按照车道命名顺序命名。以图 4－27“右匝道”示意为例。

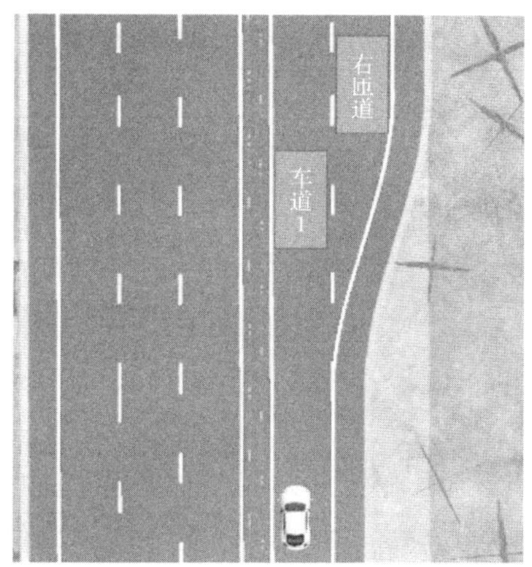

图 4－27　“右匝道”示意

在“路口”要素种类下，以当前行驶方向正前方的道路为起点，按照顺时针的顺序，依次对行驶区域依照行驶法规，按照可行驶选择命名车道线，依次命名“直行车道”、“右转车道”、“掉头车道”以及“左转车道”。其中以一个丁字路口为例，其命名规则如图 4－28 所示。

在“停车场”道路种类下，需描述停车位和车辆的空间位置关系。按

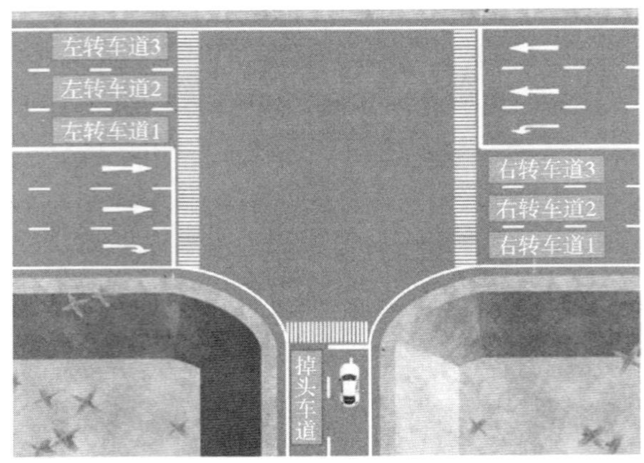

图 4－28　路口车道命名规则示意

照空间位置关系的不同，可将停车位分为三大类：“平面停车位”“坡道停车位”“立体停车位”，并可将这三大类停车位细分为若干小类，其命名规则如表 4－17 所示。

表 4－17　停车场命名子类

停车位类别	子类内容
平面停车位	垂直式停车位、平行式停车位、斜列式停车位
坡道停车位	地下坡道停车位、楼宇坡道停车位
立体停车位	升降式停车位、横移式停车位、循环式停车位

二是当前路段车道线以及相互关系。描述车道线（单虚线、单实线、左实右虚线、右实左虚线、双虚线、双实线等）、车道颜色（白色与黄色）等信息。

三是交通标识、交通设施信息，包含但不限于防撞护栏、隔离带、交通标识、交通信号灯等信息。其中，交通标识需识别但不限于警告标识及标识内容、禁令标识及标识内容。交通信号灯需包含当前交通信号灯颜色信息。

四是车道曲率信息。车道曲率信息需包含车道偏离方向（左前方或右前方）及曲率半径值。其中，曲率信息是以道路弧度直径的倒数为评判标准，可以分为“向左大曲率道路”（向左曲率大于 0.1/米），“向左曲率道路”（向左曲率在 0.01/米至 0.1/米〔含〕），“直线道路”（道路曲率在向左 0.01/米与向右 0.01/米范围），“向右曲率道路”（向右曲率在 0.01/米至

0. 1/米〔含〕)，“向右大曲率道路”（向右曲率大于 0. 1/米）五个子类。

第二，交通参与者相对位置关系信息需要覆盖以下几个维度。

一是“交通参与者”信息。将众多传感器加装于一辆车上，并将此包含众多传感器的采集车辆定义为“本车”。其他交通参与者依据表 4－18 内容进行分类。

表 4－18　交通参与者类别

交通参与者类型	类型子类
机动车辆	货车、大型客车、轿车、摩托车
非机动车辆及其他	三轮车、自行车、行人、动物及其他

二是“交通参与者”与“本车基准道路”信息。需描述清楚至少在传感器有效探测范围内，距离本车在没有遮挡条件下，识别可以追踪的交通参与者的相对位置、速度、方向及加速度信息。描述与本车关系以顺时针顺序描述，以正前方为方向起点，以“正前方”、“右前方”、“正右方”、“右后方”、“正后方”、“左后方”、“正左方”以及“左前方”对车辆位置关系进行描述。位置关系信息需与目标车辆的速度、加速度以及身份信息形成全局映射，完成匹配。具体命名范围如图 4－29 所示。

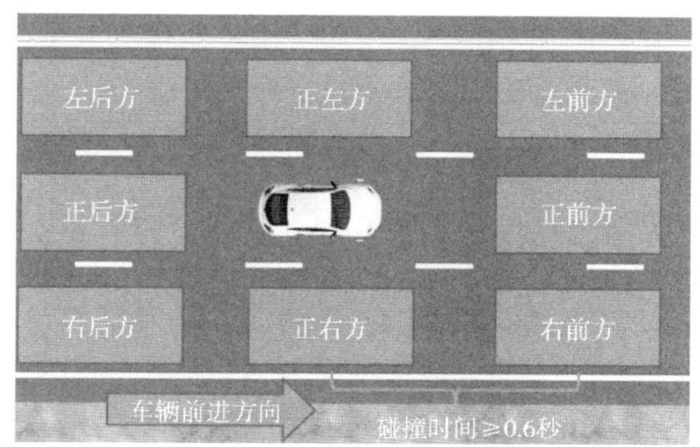

图 4－29　相对位置关系示意

其中相对位置关系适用于描述符合交通法规行驶的交通参与者与本车的位置关系信息，其中交通参与者信息需要与车道信息相互匹配，形成完整的关系连接，其中正侧方与侧前方的划分边界为 0. 6 秒碰撞时间的行驶距离，正侧方与侧后方的边界同样以 0. 6 秒碰撞时间的行驶距离划分。例如定义车辆 A 在本车右前方需满足以下两个条件。

- 车辆 A 在本车右侧相邻车道上；
- 车辆 A 位置需满足与本车行驶方向前方至少有 0.6 秒碰撞时间的行驶距离。

路口基于路口车道命名规则进行命名。依次对在法规与当时场景内存在的所有可行驶区域道路进行命名。例如，已在右转专用车道的条件下，只需命名右转后的车道范围。而在右转与直行道上，则需命名直行与右转的所有车道范围。

由于“停车场”场景较为简单，对相对位置关系暂无定义。

第三，交通参与者要素信息需要覆盖以下几个维度。

一是交通参与者移动信息。交通参与者移动信息需至少覆盖以下几个维度的动作信息。

在“道路”情况下，若交通参与者的移动方向符合向“正前方”相对位置移动，即向当前车道正前方移动，则定义为“前行”驾驶行为；若交通参与者的移动方向符合向“右前方”相对位置移动，即向当前车道右前方变更车道，定义为“向右前方变更车道”；若交通参与者的移动方向符合向“左前方”相对位置移动，即向当前车道左前方变更车道，定义为“向左前方变更车道”。图 4－30 以向右前方移动为例进行呈现。

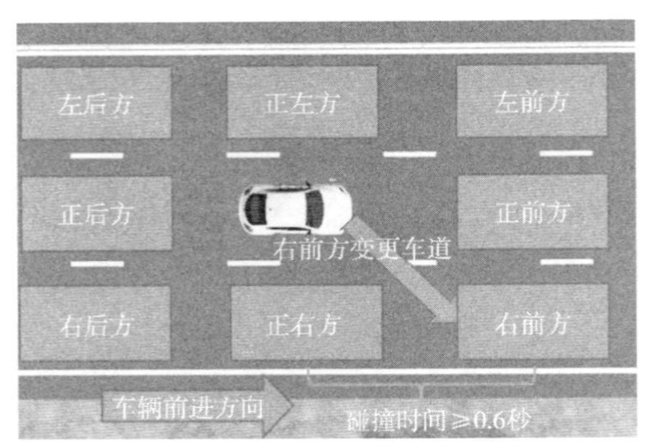

图 4－30　向右前方变更车道描述

在“路口”情况下，若交通参与者进入任意合规的“直行车道”，则定义为“直行”；若交通参与者进入任意合规的“右转车道”，则定义为“右转”；若交通参与者进入任意合规的“掉头车道”，则定义为“掉头”；若交通参与者进入任意合规的“左转车道”，则定义为“左转”。图 4－31 以“掉头”至“掉头车道 1”为例进行描述。

在“停车场”条件下，定义“倒入”车位，案例如图 4－32 所示。

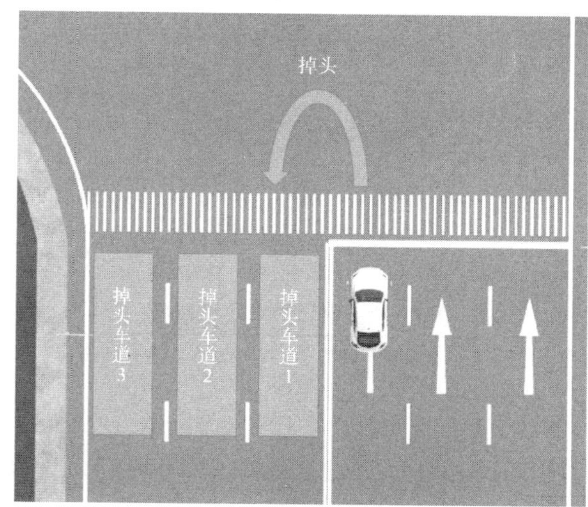

图 4-31　掉头移动信息定义案例

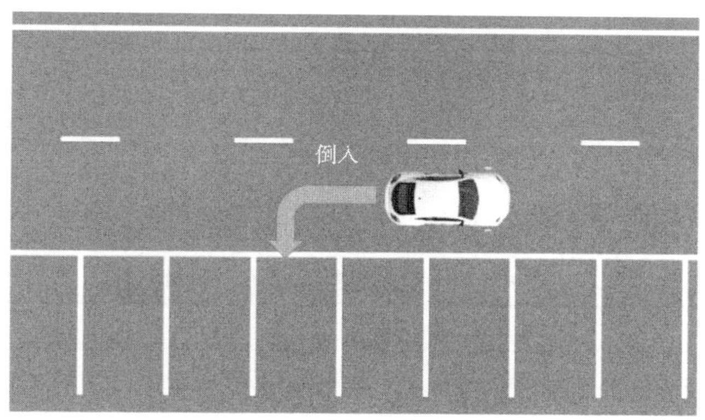

图 4-32　倒入平面垂直式停车位案例

在任意场景下，若有任意“非机动车辆或其他交通参与者”在“本车”行驶前方以垂直于车辆前进方向方式通过“本车”当前所在车道，则被定义为“横穿”；若有任意“非机动车辆或其他”以任意非 90 度角度交汇于车辆行驶方向“正前方”范围内，则被定义为“斜插”。此外，在应当与“本车”行驶方向相同“车道”上而以相反方向运动的任何行为，则被定义为“逆向运动”。

二是交通参与者加速度信息。若交通参与者绝对加速度在 -0.1 米/秒^2 以下，则定义为“减速”；若交通参与者绝对加速度在 -0.1 米/秒^2 与 0.1 米/秒^2 之间，则定义为“匀速”；若交通参与者绝对加速度在 0.1 米/秒^2 以上，则定义为“加速”。

三是交通参与者速度信息。由于车辆方位以及加速度等信息与速度具备较强关系，需记录所有在探测范围内有效车辆的绝对速度信息。若交通参与者的绝对速度信息为0米/秒，则被称为“静止”。

③场景定义规范内容

通过以上场景要素的排列组合，可以形成上百种的具体场景。具体生成规则如表4－19所示。

表4－19　交通场景定义组成

<table>
<tr><th>环境信息</th><th>道路信息</th><th>交通参与者信息</th><th>交通参与者移动信息</th><th>场景案例</th></tr>
<tr><td>光照</td><td rowspan="2">道路及车道线</td><td rowspan="3">交通参与者信息</td><td rowspan="2">移动信息</td><td rowspan="6">基于以上四个维度数据信息，在合理的逻辑关系内，形成排列组合的所有合理的场景</td></tr>
<tr><td>日期、方位</td></tr>
<tr><td>温度、湿度</td><td rowspan="2">交通标识</td><td rowspan="2">加速信息</td></tr>
<tr><td>天气</td><td rowspan="3">与本车基准道路信息</td></tr>
<tr><td>城市道路</td><td rowspan="2">车道曲率</td><td rowspan="2">速度信息</td></tr>
<tr><td>地理海拔</td></tr>
</table>

其中，一定的场景需通过多个维度要素数据的组合才能完成定义。其中，交通参与者信息与交通参与者移动信息组合可以排列出以下几种常见场景，如表4－20所示。

表4－20　交通要素组合定义场景

场景类别	场景判定条件	案例
变道超车	目标车辆在主车或主车在目标车辆“正后方”，完成“向左变道”或“向右变道”，且“速度”快于主车，则称为“左变道超车”或“右变道超车”	高速场景下，本车减速的目标车辆左变道超车场景
前车插入	目标车辆在主车“左方”、“右方”、“左前方”或“右前方”，完成“向左变道”或“向右变道”到达本车“正前方”，称为“前车左插入”或“前车右插入”	路口场景下，本车加速的目标车辆右插入场景
跟车	目标车辆在主车“正后方”或“正前方”，且“速度”一致	高速场景下，以80公里每小时速度行驶的主车在后跟车行驶场景
泊车入位	本车“倒入”车位，且最终保持“静止”	停车场场景下，平面停车场垂直停车位的泊车入位场景

（3）技术类规范

①数据采集规范

1）采集里程确定原则

场景采集应优先选定采集区域和每个区域的采集里程，本规范规定场景采集以中国重点城市为中心进行城市及其周边场景采集。每个城市及其周边的采集里程以每个城市的人口与面积比例即人口密度来确定。

$$人口密度 = \frac{人口数量}{区域面积}$$

假设工作组 2018 年选定中国 10 个重点城市及其周边进行场景采集，总共采集 500 万公里的驾驶场景数据。10 个重点城市包含北京、天津、上海、长春、济南、武汉、广州、重庆、长沙、西安。根据 10 个重点城市的人口密度按比例分配每个城市及其周边需要采集的里程数（见表 4－21）。

表 4－21　中国重点城市及其周边驾驶场景采集里程计算示例

城市	行政区面积	人口（万）	人口密度（人/平方公里）	采集里程（公里）
北京	1.64 万平方公里	2170	1322.8	412000
天津	1.20 万平方公里	1556	1303.2	406000
上海	6340 平方公里	2418	3814.4	1180000
长春	20565 平方公里	753	366.2	304000
济南	8000.8 平方公里	681	1549.7	480000
武汉	8494 平方公里	1091	1284.4	404000
广州	7434 平方公里	1450	1950.5	714000
重庆	8.24 万平方公里	3048	370	300000
长沙	11819 平方公里	792	670	350000
西安	10108 平方公里	883	873.5	400000

2）实车场景采集要求

第一，场景采集道路类型要求。

驾驶场景采集的道路应至少覆盖高速公路、城市道路、城乡公路、山区道路、停车场等类型。其中高速公路应包含城市间高速公路和城市周边高速公路；城市道路应至少覆盖城市快速路、城市主干道、城市次干道、城市普通道路等类型，覆盖十字路口、交叉路口、环岛、断头路等特殊道路；城乡公路应至少覆盖城乡间一级路、县际道路、乡间公路等类型，覆盖高原、丘陵、山区等地形复杂的道路类型；停车场应至少包含地上露天停车场、地上停车楼、地下停车场等停车场类型，覆盖矩形停车位、菱形停车位、斜向停车位、机械举升停车位等停车位类型。

表 4 – 22　场景采集道路类型要求

序号	道路类型	细分类别	特殊类别
1	高速公路	城市间高速公路	—
2		城市周边高速公路	—
3	城市道路	城市快速路	十字路口
4		城市主干道	交叉路口
5		城市次干道	环岛
6		城市普通道路	断头路等
7	城乡公路	城乡一级路	高原
8		县际道路	丘陵
9		乡间公路	山区
10	停车场	地上露天停车场	矩形停车位
11		地上停车楼	斜向停车位 菱形停车位
12		地下停车场	机械举升停车位 自由停车位

第二，场景采集天气情况要求。

驾驶场景采集的天气条件至少应该覆盖晴天、雨天、雪天、雾霾、白天、夜晚等，以充分验证智能网联汽车在不同天气条件和不同时间段的表现。在实车采集过程中应提前设计采集过程中各种天气情况和不同时间段的采集里程占比。其中大部分场景采集里程应集中在晴朗的白天，至少应占总采集里程的70%；晴朗的夜晚采集总里程占比至少为10%；雨天占比13%，雪天占比2%，雾霾天气占比3%，其他特殊天气占比2%。具体占比如表 4 – 23 所示。

表 4 – 23　场景采集天气情况要求

单位：%

序号	采集时间段	天气情况	采集里程占比
1	白天	晴朗	70
2		雨天	10
3		雪天	1
4		雾霾	2
5		其他特殊天气	1

续表

序号	采集时间段	天气情况	采集里程占比
6	夜晚	晴朗	10
7		雨天	3
8		雪天	1
9		雾霾	1
10		其他特殊天气	1

第三，场景采集驾驶员选择要求。

在实车场景采集驾驶员选择时，应考虑选择不同性别、不同年龄段、不同职业、不同驾驶行为习惯的驾驶员。其中针对驾驶员性别的选择，考虑选择70%的男性驾驶员，30%的女性驾驶员；针对不同年龄段驾驶员的选择，考虑20～35岁、36～50岁、50岁以上3个年龄段，分别占比45%、40%和15%；针对不同职业的选择，至少应包含3种不同的职业背景，具体占比不做要求；针对不同驾驶行为习惯的驾驶员选择应根据前文选择驾驶员的原则进行选择，调查记录每位驾驶员的驾驶行为习惯并做记录。

此外，所有的驾驶员应满足以下四项基本要求。

- 招募的驾驶员需提供国家法律认可的驾照证明材料；
- 招募的驾驶员的驾龄不得少于3年；
- 选择的驾驶员不能有严重的违章或交通事故记录；
- 在正式采集开始之前需对驾驶员进行相应培训。

第四，场景实车采集要求。

在实车场景采集过程中，应覆盖车道标识、交通信号灯、交通手势等典型场景要素，覆盖跟车、换道、走停、路口、边角场景等重点场景。

②数据采集平台规范

1）采集平台设计流程工具链

从传感器的安装标定，到传感器数据的储存，数据采集系统的工具链主要包括以下五个步骤，如表4－24所示。

表4－24 采集平台工具链流程步骤

1. 传感器的安装与单传感器的内标定
2. 传感器系统的联合标定

续表

3. 传感器底层驱动
4. 不同接口类型传感器数据转化为同一种接口标准的数据类型
5. 传感器的数据存储以及数据可视化

2）传感器类型。

一是毫米波雷达。

表 4-25 毫米波雷达参数要求

模式	长距离	中距离
探测距离	大于 150 米	大于 50 米
水平视角	大于 20°	大于 90°
距离精度	分米级别	分米级别
角度精度	小于 1°	小于 1°
可检测目标数目	大于 64 个物体	
刷新频率	20HZ	
输出数据类型	原始点云数据，目标级别数据	

二是高线程激光雷达（LIDAR）。

表 4-26 高线程激光雷达参数要求

模式	参数
探测距离	大于 120 米
水平视角	360°
距离精度	厘米级别
角度精度	小于 1°
刷新频率	5～20HZ
输出数据类型	原始点云数据

三是低线程激光雷达（LIDAR）。

表 4-27 低线程激光雷达参数要求

模式	参数
探测距离	大于 150 米
水平视角	大于 90°
距离精度	厘米级别

续表

模式	参数
角度精度	小于 1°
刷新频率	15～50HZ
输出数据类型	原始数据　目标级别数据

四是高清摄像头。

表 4－28　高清摄像头参数要求

模式	参数
水平视角	大于 90°
变焦	不支持自动变焦
清晰度	支持多种模式的清晰度
输出数据类型	至少支持一种格式的图像数据
帧率	大于 30fps

五是惯性导航组合。

表 4－29　惯性导航组合参数要求

模式	参数
陀螺零偏	小于 0.3°/h
加速度计零偏	小于 100ug
俯仰角翻滚角静态精度	0.2°
偏航角精度	1°
刷新频率	大于 100HZ
输出信息	原始数据：比力，角速度 解算数据：位置　位姿　速度

六是车载工控机。

表 4－30　工控机参数要求

模式	参数
可适应的工作环境条件	温度范围（－40°，85°） 湿度范围（10%，90%）
电压输入	宽幅直流电压输入 8～35V
内存	DDR4 内存插槽，支持 32GB 内存

续表

模式	参数
硬盘	至少 2 个 SATA 固态硬盘的接口
外设接口	至少 4 个 USB3.0（可扩展），4 个以太网口（可扩展），3 个 COM 口（可扩展）
视频/音频	支持视频输出，声音输出

3）传感器标定。传感器的标定分为传感器的标定和联合标定两部分内容。

一是毫米波雷达的标定。

表 4－31　毫米波雷达的标定

模式	参数
安装毫米波雷达的基本要求	安装位置前方不能有任何遮挡物
偏航角的最大误差容许值	2°
俯仰角，横滚角的最大误差容许值	2°
安装竖直位置范围	轴上 ±30
安装水平位置范围	垂直于车辆前进方向的平面

二是激光雷达的标定。

表 4－32　激光雷达的标定

模式	参数
安装激光雷达的基本要求	安装位置距离车顶至少 20cm
偏航角的最大误差容许值	小于 1°
俯仰角、横滚角的最大误差容许值	小于 1°
安装竖直位置范围	车顶中央处
安装水平位置范围	平行于车辆前进方向的平面

三是摄像头的标定。利用标定板对摄像头参数标定，得到焦点、焦距等内部参数，进行径向切向畸变校正。其中标定 3×3 矩阵中，内部参数个数和畸变参数分别为 4 个和 5 个。

四是传感器的联合标定。完成每个传感器的标定之后，要求对所有安

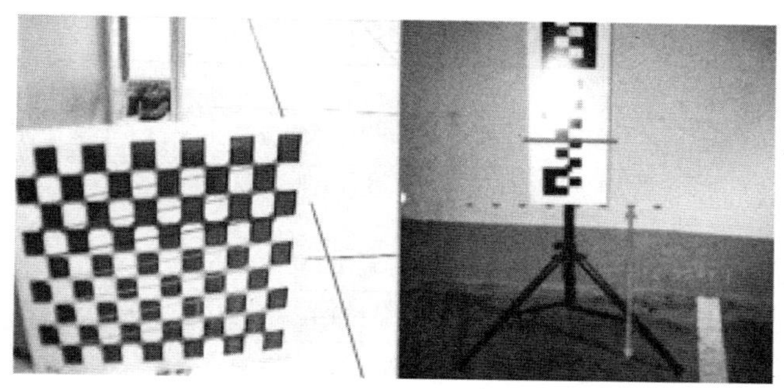

图 4－33　摄像头的标定

装的传感器进行联合标定，选取车辆后轴中心点地面投影作为全车基准坐标，将每种传感器的局部坐标系通过平移旋转统一到基准坐标点上。特别是对于视觉传感器，在采集数据过程中容易发生硬件位置偏移，因此，每次采集数据之前要重新进行视觉传感器的系统标定，毫米波雷达的标定精度要求在厘米级别，其他传感器的精度在毫米级别。

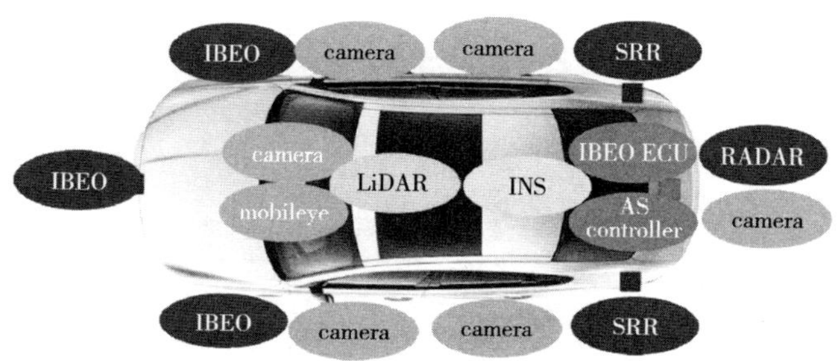

图 4－34　传感器安装布局

完成传感器联合标定，传感器整体的安装布局以及选型如图 4－34 及表 4－33 所示。

表 4－33　传感器的选择

Camera（6）	环视视频数据采集与监控
Mobileye	障碍物数据、车道线数据、限速牌数据采集
IBEO（3）	前向侧向车辆行人数据采集与追踪
SRR2（2）＋ESR2.5	盲区后向车辆数据采集追踪
IBEO ECU	3IBEO 数据融合系统
INS	车辆绝对位置、航向、速度
控制器	数据采集、数据标识、数据存储

表 4－34　传感器的主要功能

系统	功能
前向系统	IBEO 探测距离长 200 米，可以对 150 米以上的物体进行分类追踪
	Mobileye 可以精确地输出车道线信息（左右距离、车道线种类、曲率信息）
	Camera 视频监测，检验 IBEO 和 Mobileye 的输出信息
后向系统	RADAR 输出车辆障碍物的距离、速度、角度信息
	Camera 视频监测，检验 Radar 的输出信息
侧向系统	IBEO 负责侧向障碍物的距离、速度、分类信息输出，同时三个 IBEO 可以信息融合
	Camera 视频监测，检验侧向 IBEO 输出信息
盲区监测	SRR2 负责盲区预警监测，同时输出障碍物的距离、速度、角度信息
	Camera 视频监测，检验 SRR2 的输出信息
其他系统	40 线激光雷达输出 360°原始数据
	INS 高精度位姿速度信息，低精度位置信息

4）数据采集系统。

一是数据采集系统的逻辑层主要包括硬件层、驱动层、采集层、可视化层四个方面。

表 4－35　数据采集系统的逻辑层

逻辑层	内容
硬件层	包括传感器硬件设备、工控机、交换机、电源管理系统
驱动层	每种硬件的底层驱动，每种传输介质的硬件驱动
采集层	不同传感器接口的数据以相同的格式进行数据储存
可视化层	同一个 GUI 下，实时同步可视化所有传感器的原始数据，以及支持原始数据回放

二是数据同步：选取惯性导航系统作为基准的时间戳，惯性导航系统的刷新频率较快，为几百赫兹，我们用高频的传感器通过差值的方式，给低频的传感器打时间戳。通过滤波算法，各个传感器的对齐误差小于一个基准帧，解决传感器时间戳的延迟和乱序的问题。

三是采集数据监控：采集数据过程中对多路摄像头、多路毫米波雷达、激光雷达、惯性导航系统等硬件原始数据以及可在线实时处理的目标级数据实现同步可视化功能，并支持数据任意时刻的回放功能。

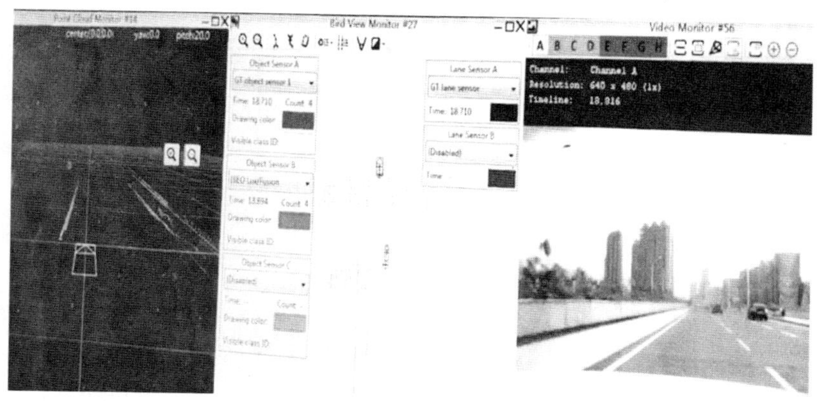

图 4-35　数据同步可视化

③数据采集及要求规范

1）驾驶场景采集参数信息要求

本规范规定每个功能场景类型的特征分析应至少包含本车状态、道路交通状态、交通参与者状态和环境信息四个部分。每个部分包含不同的要素种类，每种要素下包含场景采集过程中需要采集的详细要素参数的精度和采集频率要求。

表 4-36　场景要素分类

类别	场景分类	要素种类
本车状态	循线行驶	动态要素
		驾驶员行为要素
	跟车	动态要素
		驾驶员行为要素
	换道（换一次道）	动态要素
		驾驶员行为要素
	超车换道（标准超车过程）	动态要素
		驾驶员行为要素
	连续换道	动态要素
		驾驶员行为要素
	汇入	动态要素
		驾驶员行为要素
	汇出	动态要素
		驾驶员行为要素
	走停	动态要素
		驾驶员行为要素

续表

类别	场景分类		要素种类
本车状态	左转弯		动态要素
			驾驶员行为要素
	右转弯		动态要素
			驾驶员行为要素
	掉头		动态要素
			驾驶员行为要素
	倒车		动态要素
			驾驶员行为要素
	泊车入位		动态要素
			驾驶员行为要素
道路交通状态	直道		静态要素
	弯道		静态要素
	隧道		静态要素
	十字路口		静态要素
	交叉路口		静态要素
	桥梁		静态要素
	环岛		静态要素
	停车场（采集表的停车场类型）		静态要素
交通参与者状态	车辆	邻车切入	动态要素
		前车切出	动态要素
		掉头	动态要素
		逆向行驶	动态要素
	骑行者/行人	同向运动	动态要素
		逆向运动	动态要素
		横穿	动态要素
		斜向运动	动态要素
		有遮挡横穿	动态要素
	其他干扰物（动静态）	静态障碍物	静态要素
		动态干扰物（动态垃圾、动物等）	静态要素
			动态要素

续表

类别	场景分类	要素种类
环境信息	白天/夜晚	静态要素
	天气条件	静态要素
	光照条件	静态要素
	温度条件	静态要素
	地理条件	静态要素

根据功能场景定义和分类要求，详细描述每种分类下的要素类型，并规定每个参数的信号精度要求，场景采集的要素参数信息及精度要求见表 4－37。

表 4－37　场景采集要素参数信息及精度要求

类别	场景分类	要素种类	参数信息	精度要求
本车状态	循线行驶	动态要素	行驶车道	1
			车速	±1km/h
			方向盘转角	±1rad/s
			航向角	±1°/s
			横摆角速度	±1rad/s
			纵向加速度	±0.1m/s^2
		驾驶员行为要素	刹车踏板位置	±5%
			油门踏板位置	±5%
			与车道线横向距离	±10cm
			大灯信号	NA
			雨刮器信号	NA
			档位	NA
	跟车	动态要素	行驶车道	1
			车速	±1km/h
			方向盘转角	±1rad/s
			航向角	±1°/s
			横摆角速度	±1rad/s
			纵向加速度	±0.1m/s^2
		驾驶员行为要素	刹车踏板位置	±5%
			油门踏板位置	±5%
			转向灯	NA

续表

类别	场景分类	要素种类	参数信息	精度要求
本车状态	跟车	驾驶员行为要素	跟车距离	±10cm
			与目标车相对横向距离	±10cm
			与车道线横向距离	±10cm
			大灯信号	NA
			雨刮器信号	NA
			档位	NA
	换道（换一次道）	动态要素	行驶车道	1
			车速	±1km/h
			方向盘转角	±1rad/s
			航向角	±1°/s
			横摆角速度	±1rad/s
			纵向加速度	$\pm 0.1 m/s^2$
			横向加速度	$\pm 0.1 m/s^2$
		驾驶员行为要素	刹车踏板位置	±5%
			油门踏板位置	±5%
			跟车距离	±10cm
			与车道线横向距离	±10cm
			大灯信号	NA
			雨刮器信号	NA
			档位	NA
	超车换道（标准超车过程）	动态要素	行驶车道	1
			车速	±1km/h
			方向盘转角	±1rad/s
			航向角	±1°/s
			横摆角速度	±1rad/s
			纵向加速度	$\pm 0.1 m/s^2$
			横向加速度	$\pm 0.1 m/s^2$
		驾驶员行为要素	刹车踏板位置	±5%
			油门踏板位置	±5%
			转向灯	NA
			与车道线横向距离	±10cm
			大灯信号	NA

续表

类别	场景分类	要素种类	参数信息	精度要求
本车状态	超车换道（标准超车过程）	驾驶员行为要素	雨刮器信号	NA
			档位	NA
	连续换道	动态要素	行驶车道	1
			车速	±1km/h
			方向盘转角	±1rad/s
			航向角	±1°/s
			横摆角速度	±1rad/s
			纵向加速度	±0.1m/s^2
			横向加速度	±0.1m/s^2
		驾驶员行为要素	刹车踏板位置	±5%
			油门踏板位置	±5%
			转向灯	NA
			与车道线横向距离	±10cm
			大灯信号	NA
			雨刮器信号	NA
			档位	NA
	汇入	动态要素	行驶车道	1
			车速	±1km/h
			方向盘转角	±1rad/s
			航向角	±1°/s
			横摆角速度	±1rad/s
			纵向加速度	±0.1m/s^2
			横向加速度	±0.1m/s^2
		驾驶员行为要素	刹车踏板位置	±5%
			油门踏板位置	±5%
			转向灯	NA
			与车道线横向距离	±10cm
			大灯信号	NA
			雨刮器信号	NA
			档位	NA

续表

类别	场景分类	要素种类	参数信息	精度要求
本车状态	汇出	动态要素	行驶车道	1
			车速	±1km/h
			方向盘转角	±1rad/s
			航向角	±1°/s
			横摆角速度	±1rad/s
			纵向加速度	±0.1m/s^2
			横向加速度	±0.1m/s^2
		驾驶员行为要素	刹车踏板位置	±5%
			油门踏板位置	±5%
			转向灯	NA
			与车道线横向距离	±10cm
			大灯信号	NA
			雨刮器信号	NA
			档位	NA
	走停	动态要素	行驶车道	1
			车速	±1km/h
			方向盘转角	±1rad/s
			航向角	±1°/s
			横摆角速度	±1rad/s
			纵向加速度	±0.1m/s^2
		驾驶员行为要素	刹车踏板位置	±5%
			油门踏板位置	±5%
			转向灯	NA
			跟车距离	±10cm
			与目标车相对横向距离	±10cm
			与车道线横向距离	±10cm
			大灯信号	NA
			雨刮器信号	NA
			档位	NA

续表

类别	场景分类	要素种类	参数信息	精度要求
本车状态	左转弯	动态要素	行驶车道	1
			车速	±1km/h
			方向盘转角	±1rad/s
			航向角	±1°/s
			横摆角速度	±1rad/s
			纵向加速度	±0.1m/s^2
			横向加速度	±0.1m/s^2
		驾驶员行为要素	刹车踏板位置	±5%
			油门踏板位置	±5%
			转向灯	NA
			与车道线横向距离	±10cm
			大灯信号	NA
			雨刮器信号	NA
			档位	NA
	右转弯	动态要素	行驶车道	1
			车速	±1km/h
			方向盘转角	±1rad/s
			航向角	±1°/s
			横摆角速度	±1rad/s
			纵向加速度	±0.1m/s^2
			横向加速度	±0.1m/s^2
		驾驶员行为要素	刹车踏板位置	±5%
			油门踏板位置	±5%
			转向灯	NA
			与车道线横向距离	±10cm
			大灯信号	NA
			雨刮器信号	NA
			档位	NA
	掉头	动态要素	行驶车道	1
			车速	±1km/h
			方向盘转角	±1rad/s
			航向角	±1°/s

续表

类别	场景分类	要素种类	参数信息	精度要求
本车状态	掉头	动态要素	横摆角速度	±1rad/s
			纵向加速度	±0.1m/s^2
			横向加速度	±0.1m/s^2
		驾驶员行为要素	刹车踏板位置	±5%
			油门踏板位置	±5%
			转向灯	NA
			与车道线横向距离	±10cm
			大灯信号	NA
			雨刮器信号	NA
			档位	NA
	倒车	动态要素	行驶车道	1
			车速	±1km/h
			方向盘转角	±1rad/s
			航向角	±1°/s
			横摆角速度	±1rad/s
			纵向加速度	±0.1m/s^2
			横向加速度	±0.1m/s^2
		驾驶员行为要素	刹车踏板位置	±5%
			油门踏板位置	±5%
			转向灯	NA
			与车道线横向距离	±10cm
			大灯信号	NA
			雨刮器信号	NA
			档位	NA
	泊车入位	动态要素	行驶轨迹	1
			车速	±1km/h
			方向盘转角	±1rad/s
			航向角	±1°/s
			横摆角速度	±1rad/s
			纵向加速度	±0.1m/s^2
			横向加速度	±0.1m/s^2

续表

类别	场景分类		要素种类	参数信息	精度要求
本车状态	泊车入位		驾驶员行为要素	刹车踏板位置	±5%
				油门踏板位置	±5%
				与车道线横向距离	±10cm
				大灯信号	NA
				雨刮器信号	NA
				档位	NA
				泊车入库姿态	±10cm
交通参与者状态	车辆	邻车切入	动态要素	速度	±1km/h
				相对速度	±1km/h
				与本车相对纵向距离	±10cm
				与本车相对横向距离	±10cm
				横摆角速度	±1rad/s
				纵向加速度	$\pm 0.1 m/s^2$
				横向速度	±1km/h
				横向加速度	$\pm 0.1 m/s^2$
				目标车尺寸（商用车）	±10cm
		前车切出	动态要素	速度	±1km/h
				相对速度	±1km/h
				与本车相对纵向距离	±10cm
				与本车相对横向距离	±10cm
				横摆角速度	±1rad/s
				纵向加速度	$\pm 0.1 m/s^2$
				横向速度	±1km/h
				横向加速度	$\pm 0.1 m/s^2$
				目标车尺寸（商用车）	±10cm
		掉头	动态要素	速度	±1km/h
				相对速度	±1km/h
				与本车相对纵向距离	±10cm
				与本车相对横向距离	±10cm
				横摆角速度	±1rad/s
				纵向加速度	$\pm 0.1 m/s^2$

续表

类别	场景分类		要素种类	参数信息	精度要求
交通参与者状态	车辆		动态要素	横向速度	±1km/h
				横向加速度	$\pm 0.1\mathrm{m/s^2}$
				目标车尺寸（商用车）	±10cm
		逆向行驶	动态要素	速度	±1km/h
				相对速度	±1km/h
				与本车相对纵向距离	±10cm
				与本车相对横向距离	±10cm
				横摆角速度	±1rad/s
				纵向加速度	$\pm 0.1\mathrm{m/s^2}$
				横向速度	±1km/h
				横向加速度	$\pm 0.1\mathrm{m/s^2}$
				目标车尺寸（商用车）	±10cm
	骑行者/行人	同向运动	动态要素	速度	±1km/h
				相对速度	±1km/h
				与本车相对纵向距离	±10cm
				与本车相对横向距离	±10cm
				纵向加速度	$\pm 0.1\mathrm{m/s^2}$
		逆向运动	动态要素	速度	±1km/h
				相对速度	±1km/h
				与本车相对纵向距离	±10cm
				与本车相对横向距离	±10cm
				纵向加速度	$\pm 0.1\mathrm{m/s^2}$
		横穿	动态要素	速度	±1km/h
				相对速度	±1km/h
				与本车相对纵向距离	±10cm
				与本车相对横向距离	±10cm
				纵向加速度	$\pm 0.1\mathrm{m/s^2}$
		斜向运动	动态要素	速度	±1km/h
				相对速度	±1km/h
				与本车相对纵向距离	±10cm
				与本车相对横向距离	±10cm
				纵向加速度	$\pm 0.1\mathrm{m/s^2}$

续表

<table>
<tr><th>类别</th><th colspan="2">场景分类</th><th>要素种类</th><th>参数信息</th><th>精度要求</th></tr>
<tr><td rowspan="5">交通参与者状态</td><td>骑行者/行人</td><td>有遮挡横穿</td><td>动态要素</td><td>速度
相对速度
与本车相对纵向距离
与本车相对横向距离
纵向加速度</td><td>±1km/h
±1km/h
±10cm
±10cm
±0.1m/s²</td></tr>
<tr><td rowspan="3">其他干扰物（动静态）</td><td>静态障碍物</td><td>静态要素</td><td>障碍物类型
与本车相对纵向距离
与本车相对横向距离</td><td>1
±10cm
±10cm</td></tr>
<tr><td rowspan="2">动态干扰物（动态垃圾、动物等）</td><td>静态要素</td><td>障碍物类型</td><td>NA</td></tr>
<tr><td>动态要素</td><td>速度
相对速度
与本车相对纵向距离
与本车相对横向距离
纵向加速度</td><td>±1km/h
±1km/h
±10cm
±10cm
±0.1m/s²</td></tr>
<tr></tr>
<tr><td rowspan="5">环境信息</td><td colspan="2">白天/夜晚</td><td>静态要素</td><td>白天
夜晚</td><td>NA
NA</td></tr>
<tr><td colspan="2">天气条件</td><td>静态要素</td><td>季节
晴
雨
雪
雾
霾</td><td>NA
NA
NA
NA
NA
NA</td></tr>
<tr><td colspan="2">光照条件</td><td>静态要素</td><td>—</td><td>NA</td></tr>
<tr><td colspan="2">温度条件</td><td>静态要素</td><td>—</td><td>NA</td></tr>
<tr><td colspan="2">地理条件</td><td>静态要素</td><td>平原
丘陵</td><td>NA
NA</td></tr>
</table>

（4）数据同步规范

位姿：是指一个物体的位置和方向，一个位姿有 6 个自由度，其中位置可以用（x，y，z）来表示，方向可以用 α，β，γ 来表示围绕三个轴旋转的角度。

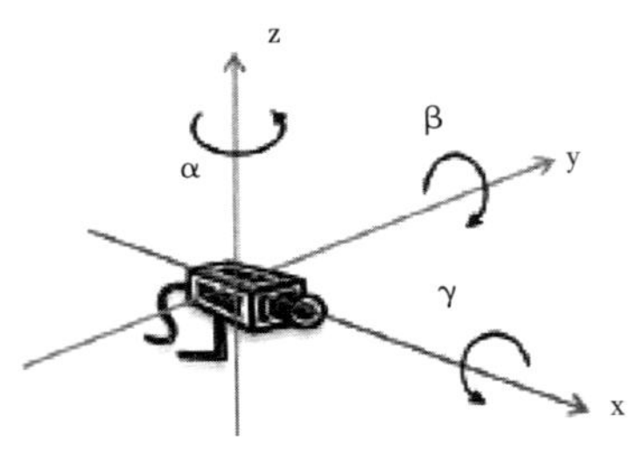

Rotation（α，β，γ）

图 4－36　位姿

①采集平台的空间同步规范

空间同步指的是，将车辆所有传感器测量得到的数据统一到车辆同一个坐标系下。不同传感器对同一个物体测量得到的独立结果，经过坐标系转换后，形成一致的结果。这涉及各个坐标系之间的平移变换和旋转变换的问题。通常把传感器分为两大类。一类是局部坐标系，包括图像坐标系、雷达坐标系、里程计坐标系、本车坐标系等；另一类是全局坐标系，比如世界坐标系、WGS－84 经纬坐标系、UTM 坐标系，用来描述车辆在世界坐标的绝对位置（GPS），或者表征车辆在高精度地图上的位置与姿态。

②采集平台涉及的空间坐标系

1）像素坐标系

像素坐标系为二维坐标系，图像传感器存储下来的图像数据，以左上角为原点，规定向右为 x 正方向，向下为 y 轴正方向，单位为 pixel，标记为（u，v）：

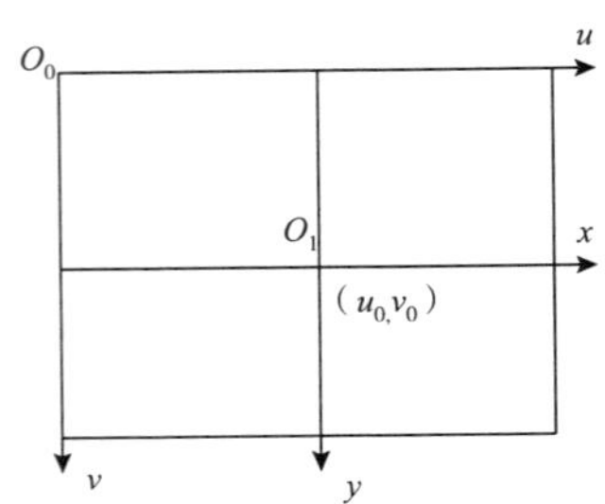

图 4－37　像素坐标系

2）像平面坐标系

像平面坐标系为二维坐标系，目的是描述三维的摄像机坐标系和二维图像之间的映射关系。像平面坐标系的原点在光主轴上，平面方向垂直于光主轴，且与光轴中心的距离等于摄像机的焦距。

像素坐标系与像平面坐标系之间的转换矩阵为：

$$\begin{bmatrix} \frac{1}{dx} & 0 & u_0 \\ 0 & \frac{1}{dy} & v_0 \\ 0 & 0 & 1 \end{bmatrix}$$

3）相机坐标系

相机坐标系的原点为镜头光主轴中心，向右为 x 轴正方向，向下为 y 轴正方向，向前为 z 方向景深。

相机坐标系的坐标点表示为（X_c、Y_c、Z_c），与平面坐标系的位置关系如图 4－38 所示。

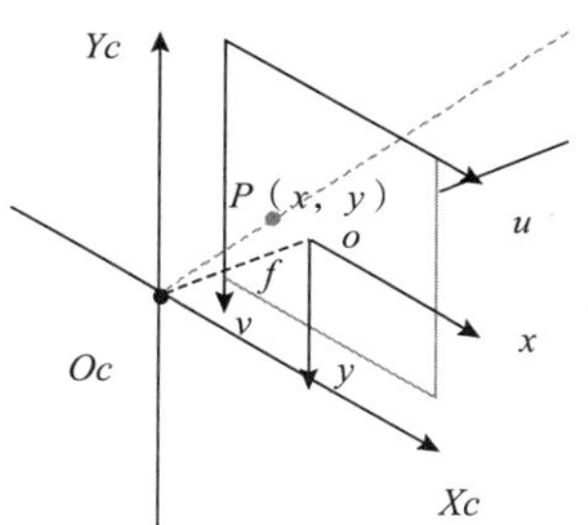

图 4－38　相机坐标系与平面坐标系的位置关系

4）本车坐标系

本车坐标系，用来描述本车与本车周围物体之间，本车与本车上传感器之间的相对位置关系。

目前工业界常用的本车坐标系的定义方式（ISO）如表 4－38 所示。

表 4－38　本车坐标系的定义方式（ISO）

X 正方向	Y 正方向	Z 正方向	Roll 正方向	Pitch 正方向	Yaw 正方向	中心
前	左	上	向右	向下	逆时针	车辆重心

但是每辆车的重心不一致，为了方便进行各种传感器到车身的坐标转换，我们统一规定车辆后轴中心点到地面的投影点为本车坐标系（base link）。

5）IBEO 坐标系（以及其他非图像传感器坐标系）

IBEO 坐标系要测量和标定以下几个变量。

- 测量 IBEO 中心点到地面的距离；
- 测量 IBEO 安装位置到后轴中心点的横向距离和侧向距离；
- 测量 IBEO 的 yaw 角度；
- 标定 IBEO 的俯仰角和翻滚角。

$$Z_C\begin{bmatrix}u\\v\\1\end{bmatrix}=\begin{bmatrix}\frac{1}{dx} & 0 & u_0\\0 & \frac{1}{dy} & v_0\\0 & 0 & 1\end{bmatrix}\begin{bmatrix}f & 0 & 0 & 0\\0 & f & 0 & 0\\0 & 0 & 1 & 0\end{bmatrix}\begin{bmatrix}R & t\\0^T & 1\end{bmatrix}\begin{bmatrix}X\\Y\\Z\\1\end{bmatrix}$$

非图像传感器的坐标系到本车坐标系的坐标转换关系如下：

$$\begin{bmatrix}X_C\\Y_C\\Z_C\\1\end{bmatrix}=\begin{bmatrix}R & t\\0^T & 1\end{bmatrix}\begin{bmatrix}X\\Y\\Z\\1\end{bmatrix}$$

全局坐标系反映了车辆世界坐标系在高精度地图上的位置和位姿信息，原点一般为地图原点（map frame）或者固定原点（fixed frame）。

正确标定了各种传感器的空间位置关系，测量其中一种传感器相对于目标物的位置信息，能够得到本车相对于当前目标物的位置关系，图 4-39 为一个计算 demo，目标物相对于 IBEO 的位置为（1.0，2.0，0.0），平移旋转变换计算得到目标物相对于本车的位置关系为（1.1，2.0，0.2）。

```
[ INFO] [1531207547.621173031]: IBEO:(1.00, 2.00, 0.00) -----> Vehicle:(1.10, 2.00, 0.20) at time 1531207547.61
[ INFO] [1531207548.620965772]: IBEO:(1.00, 2.00, 0.00) -----> Vehicle:(1.10, 2.00, 0.20) at time 1531207548.61
[ INFO] [1531207549.621053585]: IBEO:(1.00, 2.00, 0.00) -----> Vehicle:(1.10, 2.00, 0.20) at time 1531207549.61
[ INFO] [1531207550.620646007]: IBEO:(1.00, 2.00, 0.00) -----> Vehicle:(1.10, 2.00, 0.20) at time 1531207550.61
[ INFO] [1531207551.620429553]: IBEO:(1.00, 2.00, 0.00) -----> Vehicle:(1.10, 2.00, 0.20) at time 1531207551.61
[ INFO] [1531207552.620222303]: IBEO:(1.00, 2.00, 0.00) -----> Vehicle:(1.10, 2.00, 0.20) at time 1531207552.61
[ INFO] [1531207553.621156234]: IBEO:(1.00, 2.00, 0.00) -----> Vehicle:(1.10, 2.00, 0.20) at time 1531207553.61
[ INFO] [1531207554.620996906]: IBEO:(1.00, 2.00, 0.00) -----> Vehicle:(1.10, 2.00, 0.20) at time 1531207554.61
```

图 4-39 计算 demo 示例

（5）数据存储规范

对于智能网联汽车驾驶场景数据的存储管理，不论是选用传统关系型数据库，还是选用分布式关系型数据库，都需要设计数据存储的三项最基本内容，即表结构、索引和分区。

①表结构用于定义数据的组成和要素存储类型，索引和分区用于优化数据检索和管理性能。表结构定义数据包含各要素字段、要素名称、字段编码、数据类型以及字段的赋值说明等。要素字段包括用于辅助存储管理的管理型字段（如资料标识、入库时间、更新时间等）和气象要素数据字段（如图像数据、雷达数据、CAN线数据等）。

②索引分为两种，即唯一索引和一般索引。

1）唯一索引，是为了避免数据表中存在重复的键值，一般设计为一个；唯一索引也具备与一般索引一样的加速检索能力。

2）一般索引，是为了提高应用检索效率，将常用的检索字段设计为索引，可设计为一个或多个。

智能网联汽车驾驶场景数据的唯一索引，一般由采集时间、采集传感器等时空字段组成。一般索引，则由各种采集场景的检索字段组成。

③分区

场景采集数据具有时空密度极高的特点，因此数据规模大。为提高存储管理性能，大部分数据表需要进行分区。一般按时间轴进行分区，依据数据的规模大小，分区粒度可选择为月、日和小时，甚至是分钟。

传感器跟我们的PC或者嵌入式模块通信时，会有不同的传输方式。比如我们采集来自摄像机的图像信息，有的是通过千兆网卡实现的通信，也有的是直接通过视频线进行通信的。再比如某些毫米波雷达是通过CAN总线给下游发送信息的，因此我们必须编写解析CAN信息的代码。

不同的传输介质，需要使用不同的协议去解析这些信息，这就是所说的“驱动层”。通俗地讲就是把传感器采集到的信息全部拿到，并且编码成团队可以使用的数据。

不同的传输介质、不同的采集数据格式，必须有一项数据内容来标定不同的数据信息，而最好的标尺就是时间，因此要保证接收各传感器信号的控制器必须统一到精确的时间信息或者相对时间信息，这也为不同传输介质的信号融合提供了标定依据。

在实际存储介质（硬盘或固态硬盘）中存储时，采用分项存储的方式，即硬盘为不同的传感器分配单独的存储空间，每种存储信号的每一帧都带有时间戳。常用传感器的采集信号的存储格式如表4-39所示。

表 4-39　常用传感器采集信号的存储格式

传感器	Camera	40 线 LiDAR	4 线 IBEO	RADAR	Mobileye	INS
数据存储格式	PNG	pcd	IDC	ASC	ASC	CSV

④存储介质存放规范

1）使用与维护

数据的产生、传输、使用、保存及销毁需采取严格的控制措施，并改造审批手续。

2）备份与恢复

按照安全保护措施中的备份策略对所有数据以不同的方式和执行效率进行有效的备份，制订恢复计划并履行相关的审批手续，按需求进行恢复。

3）备份介质保存

备份存储介质实行专人管理、异地保存，确保其不被修改、丢失及损毁。

（6）数据清洗规范

①数据分析

根据数据分析结果，制定相应的数据清洗规则，包括但不限于数据有效性的检查和处理、数据精确性的检查和处理、数据完善性的检查和处理、数据一致性的检查和处理。根据采集的原始场景数据（目标级）的实际情况，用统计学、数据挖掘等方法，分析原始场景数据中不满足场景数据清洗标准的场景数据。通过手工测量或者专业数据分析程序分析数据问题。

②数据清洗

受外界自然环境、采集平台等客观因素的影响，原始驾驶场景数据存在数据不完整、数据错误、数据重复记录、数据不一致等问题。科学的数据清洗方法，在保证采集数据满足应用需求的同时，也能有效降低驾驶场景数据的复杂度。数据清洗模型是以原始驾驶场景数据为输入，通过一系列步骤“清洗”无效数据，最终以期望的格式输出有效场景数据。本规范旨在明确驾驶场景数据清洗标准，规范场景数据清洗流程，以期能以统一的输出结果，为后期的场景数据处理提供保障。

对定义的清洗转换规则的正确性和效率进行验证和评估，当不满足清洗要求时要对清洗规则或系统参数进行调整和改进。数据清洗过程中需要多次迭代地进行分析、设计和验证，直至清洗结果满足要求。

③场景数据清洗标准

数据清洗首先需要定义清洗数据的标准，以确定数据清洗的要求及流程，本规范所参考的数据清洗标准如表 4－40 所示。原始场景数据需要在目标级数据基础上满足数据有效性、精准性、完善性及一致性要求。

表 4－40　数据清洗标准

数据清洗准则	数据清洗具体要求
数据有效性验证	传感器输出的目标级数据在目标类型、位置、速度等信息上要保证数据有效性，对于不满足数据要求的需要用修正算法修正、删除
数据精准性验证	传感器输出的目标级数据在目标类型、位置、速度等场景信息上需要满足数据精准性要求
数据完善性验证	原始场景数据需要能够完整地描述驾驶场景的信息，不能够完整描述驾驶场景的数据需要用人工的方法补充或舍弃
数据一致性验证	源于各种传感器的原始场景数据需要保证相对坐标等统一标准数据的一致性

根据本规范参考的数据清洗标准及本规范制定的驾驶场景描述模型，传感器在目标级数据清洗过程中需要满足如下范围的标准，如表 4－41 所示。

表 4－41　范围限定

驾驶场景描述模型	场景参数	参考范围
本车状态	车速	[0，130] km/h
	加速度	[－4，2.5] m/s^2
	转向灯信号	[－1，1]
	行驶车道	[－3，3]
	……	……
道路交通状态	道路类型	[次干道、快速路、高速]
	车道线类型	[白色虚线、双黄线]
	限速标志	[30，120]
	……	……
交通参与者状态	类型	[行人、卡车]
	速度	[0，135] km/h
	加速度	[－3，3] m/s^2
	相对纵向距离	[0，120] m
	……	……

续表

驾驶场景描述模型	场景参数	参考范围
环境信息	天气情况	[下雨、晴朗、大雾……]
	温度	[-23 ~40]℃
	光照	[0，600] LX
	……	……

④场景数据清洗流程

本规范所参考的场景数据处理流程如图 4-40 所示，包含数据分析、清洗规则定义、数据清洗、清洗结果验证四步。

图 4-40 场景数据清洗流程

1）数据分析

根据采集的原始场景数据（目标级）的实际情况，用统计学、数据挖掘等方法，分析原始场景数据中不满足场景数据清洗标准的场景数据。通过手工测量或者专业数据分析程序分析数据问题。

2）清洗规则定义

根据数据分析结果，制定相应的数据清洗规则，包括但不限于数据有效性的检查和处理、数据精确性的检查和处理、数据完善性的检查和处理、数据一致性的检查和处理。

3）数据清洗

根据数据清洗规则，执行数据清洗流程。

4）清洗结果验证

对定义的清洗转换规则的正确性和效率进行验证和评估，当不满足清洗要求时要对清洗规则或系统参数进行调整和改进。数据清洗过程中需要多次迭代地进行分析、设计和验证，直至清洗结果满足要求。

（7）数据处理规范

①数据处理要求

针对数据库中场景数据，根据数据清理标准，需要完成几个数据维度的统一处理。

表 4-42 数据处理要求

数据验证内容	数据处理要求
数据有效性验证	对数据类型（布尔类别，整数类别等）进行确认；同一采集条件下时间序列唯一性确认
数据精准性验证	确保不同采集来源的数据的相互精准性，不同传感器数据没有明显冲突与矛盾的结果数据
数据完善性验证	确保所有的需要字段的完整性，可用其他传感器补全的完成补全步骤，不能完成补全的用缺失或未知描述代替
数据一致性验证	数据单位、测量标准保持一致性

②数据处理要素信息要求

入库前数据需保证具备一致的数据单位、数据类型及数据范围，针对不同数据维度，需满足多个条件。

1）环境要素内容。大多数环境要素以文本信息存储入库，但需以数据进行判断，则需要存储多个数据值，如表 4-43 所示。

表 4-43 环境要素数据信息

要素种类	要素内容	要素单位	数据类型	要素数据范围
环境信息	相机曝光度	秒	无符号数值	(0，2)
	光照条件（文本）	无	分类数据	“逆光”“顺光”“侧光”“光线条件较差”
	采集日期	无	时间格式数值数据	2018 年以后
	采集位置	无	文本	无限制
	采集室外温度（数值）	摄氏度	有符号数值	(-100，100)
	采集室外温度（文本）	无	分类数据	“极冷” “较冷” “冷” “正常”“热”“较热”“极热”
	采集湿度（数值）	百分比	无符号数值	(0，100)
	采集湿度（文本）	无	文本	“干燥”“正常”“潮湿”
	天气状况（文本）	无	文本	“晴天” “雨” “雪” “霜” “雹”“雾霾”“其他极端天气”
	雨刮器开启信息	无	布尔数值	0 或 1
	城市道路及方向	无	文本	无限制

续表

要素种类	要素内容	要素单位	数据类型	要素数据范围
环境信息	地理信息	无	文本	“东北”“华东”“华北”“华中”“华南”“西南”“西北”
	海拔信息（数值）	米	有符合数值	(－1000，9000)
	海拔信息（文本）	无	文本	“地平面”“正常海拔”“高海拔”“超高海拔”

2）道路信息内容。道路信息以文本与数值信息为主，具体内容如表4－44所示。

表4－44　道路要素数据信息

要素种类	要素内容	要素单位	数据类型	要素数据范围
车道信息	道路信息	无	文本	“道路”“路口”“停车场”“左匝道出口”“右匝道出口”“左匝道入口”“右匝道入口”“直行车道”“右转车道”“左转车道”“掉头车道”“垂直式停车位”“平行式停车位”“斜列式停车位”“地下坡道停车位”“楼宇坡道停车位”“升降式停车位”“横移式停车位”“循环式停车位”
	交通标识	无	文本	所有法规规定子类
	车道曲率信息	每米	有符号数值	(－1，1)
	与车道中心偏离值	米	有符号数值	(－3，3)
	车道线类别	无	文本	“单虚线”“单实线”“左实右虚线”“右实左虚线”“双虚线”“双实线”
	车道线编号	无	无符号整数值	大于0
	车道线颜色	无	文本	“白色”“黄色”

3）交通参与者信息，记录包含交通参与者类别、方位信息。具体内容如表4－45所示。

表 4－45　交通参与者要素数据信息

要素种类	要素内容	要素单位	数据类型	要素数据范围
交通参与者信息	交通参与者	无	文本	“货车”“大型客车”“轿车”“摩托车”“三轮车”“自行车”“行人”“动物”“其他”
	与本车基准道路位置关系信息	无	文本	“正前方”“右前方”“正右方”“右后方”“正后方”“左后方”“正左方”“左前方”

4）交通参与者移动信息，包含移动、加速以及速度信息，如表 4－46 所示。

表 4－46　交通参与者移动数据信息

要素种类	要素内容	要素单位	数据类型	要素数据范围
交通参与者移动信息	移动信息	无	文本	“向右前方”“向左前方”“直行”“右转”“左转”“掉头”“横穿”“斜插”“逆行运动”
	加速度信息（文本）	无	文本	“加速”“减速”“匀速”
	目标距离值（横向）	m	有符号数值	（－300，300）
	目标距离值（横向）	m	有符号数值	（－100，100）
	目标距离值（垂直向）	m	有符号数值	（－5，5）
	碰撞时间	s	无符号数值	（0，10）
	目标物绝对速度	m/s	无符号数值	（0，150）
	目标物绝对加速度	米/s^2	有符号数值	（－15，15）

（8）数据库规范

驾驶场景数据包含结构化数据与非结构化数据两种，整体数据库结构如图 4－41 所示。

本规范包含四部分定义：结构化数据规范；非结构化数据规范；数据库接口规范；数据文件及文件夹命名规范。

①结构化数据规范

结构化数据也称作行数据，是由二维表结构来逻辑表达和实现的数据，严格地遵循数据格式与长度规范，主要通过关系型数据库进行存储和管理。其中，结构化数据规范如表 4－47 所示。

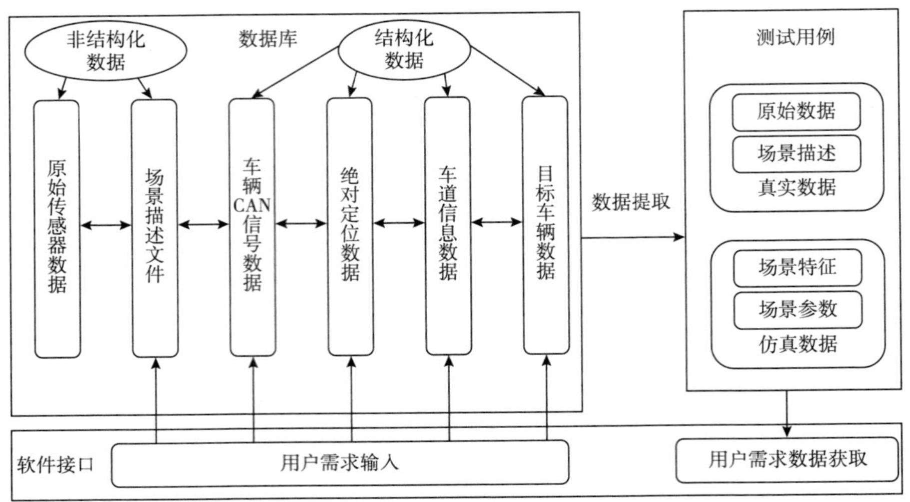

图 4－41　场景数据库结构

表 4－47　结构化数据规范内容

数据类型	数据种类	数据格式	数据要求
结构化数据	本车信息数据	车辆 CAN 线报文数据	数据频率不低于 20Hz，每一帧含上位机或本机时间精确到 10 毫秒
		本车绝对坐标数据信息	数据频率不低于 20Hz，每一帧含上位机或本机时间精确到 10 毫秒
	周边目标信息数据	目标级单一传感器解算数据	数据频率不低于 10Hz，每一帧含上位机或本机时间精确到 10 毫秒
		目标车辆绝对坐标（或相对坐标）及车辆方向信息	数据频率不低于 20Hz，每一帧含上位机或本机时间精确到 10 毫秒
	当前车道参数信息数据	车道宽度、弧度、车道颜色类别信息	数据频率不低于 20Hz，每一帧含上位机或本机时间精确到 10 毫秒

②非结构化数据规范

非结构化数据是数据结构不规则或不完整，没有预定义的数据模型，不方便用数据库二维逻辑表来表现的数据。非结构化数据库包含但不局限于以下数据内容，如表 4－48 所示。

表 4－48　非结构化数据规范内容

数据类型	数据种类	数据内容	数据要求
非结构化数据	传感器图像数据	RGB 三通道像素数据（单目）	720P 及以上，数据频率不低于 20Hz，每一帧含上位机或本机时间精确到 10 毫秒的 JPEG 格式数据
		黑白灰度像素数据（单目）	720P 及以上，数据频率不低于 20Hz，每一帧含上位机或本机时间精确到 10 毫秒的 JPEG 格式数据
		RGB 三通道像素数据（双目）	两个 720P 及以上，数据频率不低于 20Hz，每一帧含上位机或本机时间精确到 10 毫秒的 JPEG 格式数据
		黑白灰度像素数据（双目）	两个 720P 及以上，数据频率不低于 20Hz，每一帧含上位机或本机时间精确到 10 毫秒的 JPEG 格式数据
	传感器点云数据	毫米波雷达数据	数据频率不低于 20Hz，每一帧含上位机或本机时间精确到 10 毫秒
		激光雷达数据	数据频率不低于 10Hz，每一帧含上位机或本机时间精确到 10 毫秒
	场景描述文件	场景采集环境、路况、车辆、车辆参数等 XML 描述信息	每一帧都有对应描述文件、环境、路况、车辆参数等信息，均按照更新频率排序，依次更新，格式应符合 XML 数据标准

③数据库接口规范

数据库检索是对数据库中一列或多列的值进行排序的一种结构，使用索引可快速访问数据库中的特定信息。通过场景数据库软件，可以完成相应的数据读取，具体信息如表 4－49 所示。

表 4－49　数据库接口规范

数据类型	检索方式	检索排序
结构化数据	通过对关键参数数据范围、参数类别判断等内容对数据完成检索	按照数据检索重要度排序
非结构化数据	通过对 XML 数据关键词、时间节点等方式完成非结构化数据检索	按照数据特征匹配相似度完成排序

④数据文件及文件夹命名规范

通过确定文件夹命名，对采集数据进行唯一性确认。通过对文件夹及所属文件命名方式定义，完成文件检索。命名规则如下，文件夹按照 1～20 位命名规律命名，文件夹内具体文件按照 1～23 位命名规律命名，具体案例如下。

0010	10	10	10	1804251607	M01
车企代码	省份代码	城市代码	车辆代码	时间（年/月/日/时/分）	传感器代码

各位代码索引如表 4－50、表 4－51、表 4－52 所示。

表 4－50　车企代码索引

代码	采集车所属企业
001	中国汽车技术研究中心有限公司
002	中国第一汽车集团有限公司
003	东风汽车集团有限公司
004	上海汽车集团有限公司
005	重庆长安汽车股份有限公司
……	……

表 4－51　城市代码索引

代码	省（自治区、直辖市）	市
1100	北京市	北京市
1200	天津市	天津市
1301	河北省	石家庄市
1302	河北省	唐山市
1303	河北省	秦皇岛市
1304	河北省	邯郸市
1305	河北省	邢台市
1306	……	……

上述数列中第八至十位为采集车编码，第十一至第二十位为时间代码，例如案例中代表采集时间为 2018 年 4 月 25 日下午 4 点 07 分，最后三位为文件夹中文件传感器类型索引，具体见表 4－52。

表 4－52　传感器代码索引

代码	采集数据所用传感器
M01	单目摄像头
S01	双目摄像头
L01	激光雷达
R01	毫米波雷达
U01	惯性导航单元
D01	差分定位原件
C01	车辆 CAN 线信息

第五章　驾驶场景虚拟仿真技术

第一节　驾驶场景虚拟仿真概论

各大汽车企业以及OEM厂商注重仿真测试系统，将其作为验证产品和安全的必要工具。传统汽车要走向自动驾驶，不仅需要各家技术方案公司的共同努力，包括但不限于OEM、自动驾驶公司，还需要对实验结果进行不断测验，进行对称调试优化。而仿真测试是目前提高自动驾驶技术开发速度的关键工具，也是验证产品和证明其安全的必要工具。

兰德公司研究表明，成功研发能够产品化的高级智能网联汽车，需要进行数百亿乃至千亿公里的车辆道路测试。测试自动驾驶产品的方法包括封闭场地测试、半开放/开放道路测试、虚拟仿真测试等，应用传统的封闭场地测试或开放/半开放道路测试会存在测试周期长、测试成本高、场景覆盖有限、安全风险高等问题，尤其会受政策制定、场地建设的时间和资源限制，给企业车辆投入自动驾驶测试带来一定的门槛。同时在测试过程中，被试车在未经充分调校的情况下极易出现控制失灵、决策冲突等意外状况，会带来严重的人身财产安全问题。此外复杂的场景也难以在测试场中复现，就中国城市道路而言，存在着300种以上的道路场景，且部分场景测试难度高，再加上现实场景中对极端条件下的驾驶场景复现也存在较大的困难，需要耗费大量的物力及时间，因此，难以对车辆进行全面的验证。总体来看，智能网联汽车道路测试存在着诸多限制，虽然可以建设专用的测试场来进行针对性的测试，但仍然无法从根本上进行测试方法的优化。

驾驶场景虚拟仿真则能够很好地解决此类痛点问题，由于没有真实场景的限制，对复杂场景的重建和场景参数化重组都会比实车测试更加容易实现，弥补了道路测试无法实现场景覆盖度和重复性的不足，可以实现场

图 5－1　虚拟仿真测试加速自动驾驶安全测试

景、交通流、道路信息、车辆动力学、驾驶员模型的定制化和参数化仿真，具有更好的可扩展性和可移植性，可以进行更加具有针对性的测试，支持更加细分的商业模式，对行业发展也有着长远的促进作用。同时，在 GPU 的驱动下，细节逼真的图像以及鲁棒的物理引擎，让数字仿真技术在自动驾驶汽车的训练和测试中发挥高效作用，保证虚拟世界向真实世界无限接近，为工程测试人员提供了所需的有利条件。通过结合云计算、高精度地图、虚拟现实等技术，驾驶场景虚拟仿真可以将测试扩展到更多的应用场景中，对 L2 及以上的自动驾驶功能研发有着极大的加速推进作用。

场景作为驾驶场景虚拟仿真中核心的一环，是智能网联汽车开发的基础和重点，其完备程度直接决定了智能网联汽车的发展水平。一个完备的场景数据库，能够满足行业对自动驾驶研发的多个期望目标。首先，体系建设完善的场景数据库可以减少参数化重组过程中产生的计算资源浪费，方便开发者从测试需求直接导向实际测试流程，从而可以有效提升测试的效率。其次，从行业发展的角度来看，随着算法红利的减少，数据本身的重要性愈加提高，场景库内数据质量和数量都将是决定自动驾驶产品成功的关键。而从业务发展上来看，场景数据库将成为优势战略资源，场景的设计越贴近真实研发需求，越容易形成“马太效应”，即强者越强的发展模式，依托场景数据库的发展，开发方将有机会像滚雪球一样扩展整个自动驾驶产品业务，而在此过程中，对于数据安全的维系将是决定业务成败的关键。最后，作为数据型产品的场景数据库本身与数据源有着很强的地缘关联，中国有着庞大的汽车市场，同时复杂多样的交通条件也为建设具有关键特性的数据库提供了可能，从国家发展战略及企业自身诉求的角度上看，因地制宜发展驾驶场景数据库将是自主品牌进行自动驾驶汽车研发的一个绝佳机会。

本章将从仿真测试系统组成、国内外仿真测试现状、虚拟仿真技术（虚拟仿真平台建设、驾驶场景数据库建设等）、智能网联汽车评价体系、虚拟仿真测试工具链等几个方面展开，对整个驾驶场景虚拟仿真技术进行详尽的介绍和分析，同时结合研发过程中总结的经验和方法，为智能网联汽车研发团队提供帮助。

第二节　仿真测试系统组成

仿真技术是以相似原理、系统技术、信息技术及其应用领域相关的专业技术为基础，以计算机和各种物理效应设备为工具，利用系统模型对真实的或者设想的系统进行动态试验研究的一门多学科的综合性技术。仿真系统应用数学模型、相应的实物模型和装置（如摄像头、毫米波雷达、激光雷达等）、计算机系统（包括硬件和软件）以及部分实物组成的仿真系统，可对某一系统进行数字仿真、半物理仿真（半实物仿真）、物理仿真（实物仿真）试验，以便分析、设计与研究这种系统。

从软件功能上划分，智能网联汽车包含环境感知、决策规划、运动控制三大系统，各系统相互影响，共同决定车辆的驾驶行为。从硬件上划分，又可分为感知类控制器测试（如相机 ECU、雷达 ECU、融合 ECU）和决策类控制器测试。

目前，国内外在智能网联汽车领域的仿真测试主要有模型/软件在环（MIL/SIL）测试、硬件在环（HIL）测试、驾驶员在环（DIL）测试、整车在环（VIL）测试。通过以上测试步骤，可以在车辆进行实际路测之前对控制系统进行快速开发与验证，提高测试安全性，缩短开发测试周期，降低开发成本，如图 5 -2 所示。

第三节　国内外仿真测试现状

为了验证自动驾驶汽车比传统汽车更好的性能，自动驾驶汽车所需测试里程需达到数十亿英里且无意外安全风险发生，所有世界知名的智能驾

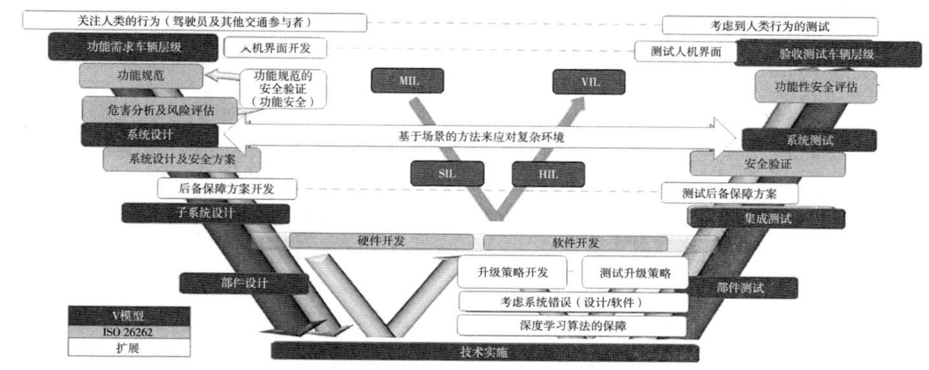

图 5－2　在环测试与开发流程

驶汽车厂商（Tesla、Audi、英伟达、百度等）在智能驾驶/无人车的开发中都大量采用了仿真测试的手段，国内整车企业也在逐渐增强仿真测试能力。

表 5－1　国内企业仿真测试现状

序号	国内企业	应用情况
1	一汽研究院	高速自动驾驶和自动泊车开发（VTD）
2	上汽集团	自动泊车开发与应用（carmaker）
3	长安集团	高速自动驾驶算法开发及自动化测试（prescan，matlab）
4	东风集团	高速自动驾驶功能开发及测试（carmker）
5	广汽研究院	高速自动驾驶和自动泊车场景开发和测试（carmker）
6	拜腾	高速自动驾驶功能开发，虚拟试验场建设
7	吉利研究院	高速自动驾驶功能开发及仿真测试（carmaker）
8	观致汽车	ADAS 算法开发及硬件在环测试（carmaker + NI）
9	华为	基于 VTD 的超算中心，虚拟试验场，自动驾驶算法测试

表 5－2　国外企业仿真测试现状

序号	国外项目名称	项目内容
1	大众自动驾驶开发	L3 自动驾驶开发与验证平台，77G 雷达 OTA2 目标模拟
2	AUDI 自动驾驶开发	L3 自动驾驶开发与验证平台，77G 雷达 OTA2 目标模拟
3	HYUNDAI 自动驾驶开发	自动驾驶 77G 雷达 OTA2 目标模拟

续表

序号	国外项目名称	项目内容
4	AUTOLIF 雷达生产测试	77G 雷达 OTA EOL 测试
5	TOYOTA 自动驾驶开发	自动驾驶 77G 雷达 OTA2 目标模拟
6	NISSAN 自动驾驶开发	自动驾驶 77G 雷达 OTA2 目标模拟
7	FCA 自动驾驶开发	自动驾驶 77G 雷达 OTA2 目标模拟

第四节 虚拟仿真技术

虚拟仿真技术应用汽车工程、交通工程、计算机科学、软件工程等多学科知识，对车辆动力学模型及自动驾驶算法模型进行不同程度的评估，将汽车驾驶场景在计算机模拟过程中进行重建和复现。通过建立不同的软硬件集成框架，虚拟仿真过程会对算法模型、车辆控制软件、车载硬件、整车、驾驶员进行多种有效的测试，从系统稳定性、驾驶安全、运行效率等多种角度进行评估。

在打造交通工具的时候，无论它是由人类驾驶还是计算机操控，安全都是首要考虑的因素。从训练到测试，虚拟环境正在让自动驾驶变得越来越完善。在自动驾驶开发过程中，需要在各种行驶条件下，对无人驾驶技术进行不断的验证测试，从而确保其安全程度高于人类驾驶员的操作。这意味着，在一些时候我们要在实际道路上对其进行测试。然而同样重要的是，在虚拟道路上的仿真测试、虚拟测试也是积累无人驾驶汽车测试里程的重要手段之一。随着高级图形处理技术的发展，虚拟道路测试，能够有效对危险或不常见的驾驶场景进行测试。虚拟的灵活性和多用性，使其在自动驾驶技术开发中发挥着重要作用。

一 仿真平台

依托仿真平台，应用多种软硬件技术进行在环测试是驾驶场景虚拟仿真的主要研发内容。根据不同的测试需求，测试厂商使用了软件在环（Software In Loop，SIL）、硬件在环（Hardware In Loop，HIL）、车辆在环（Vehicle In Loop，VIL）、驾驶员在环（Driver In Loop，DIL）等多种测试工具链，测试目的包括算法验证、控制器验证、虚拟环境下的实车验证。另外在软件在环测试的过程中也可以将算法模型抽出进行独立模拟，形成模型在环（Model In Loop，MIL）的方案。

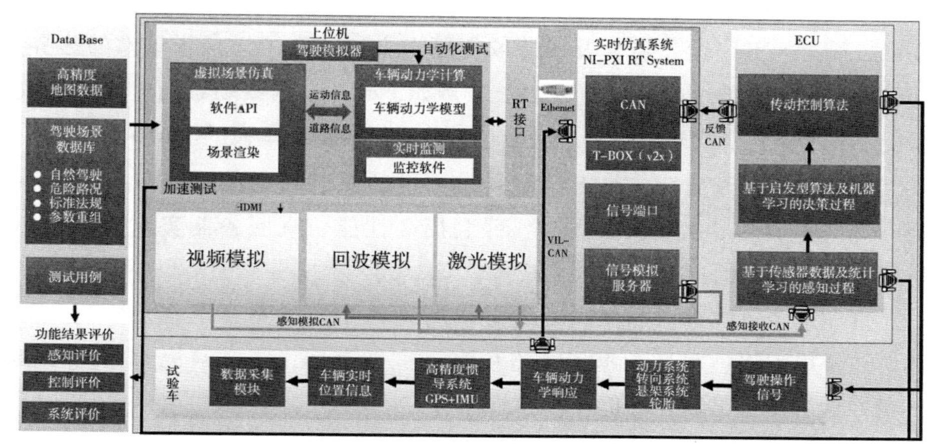

图 5－3　在环测试完整体系

在建立面向多种需求的测试工具链后，需要对整个体系整理归纳，建立起一套完整的评价体系，方便对整体的仿真测试结果进行评价。虚拟仿真测试评价整体思路包括测试用例的选择与场景设计、分配场景于不同的测试需求，然后基于场景与功能分别设计评价方法与评价指标，根据基于场景的评价指标分配权重，最终输出自动驾驶功能的评价结果。针对L1～L2 级的评价测试，依赖典型测试用例进行横纵向功能评价，具体评价体系包括场景描述、场景参数设定以及评判依据。针对 L3 级以上的评价测试，应包含序列化的场景，同时要建立序列化场景的复杂度评价。

二　仿真数据体系

驾驶场景数据是智能网联汽车研发与测试的基础数据资源，是评价智能网联汽车功能安全的重要“案例库”与“习题集”，是重新定义智能网联汽车等级的关键数据依据。驾驶场景测试用例主要通过虚拟仿真环境及工具链进行复现，因此建设虚拟场景数据库是连接场景数据与场景应用的关键桥梁。

虚拟场景数据库具有无限性、扩展性、批量化、自动化的特点。

无限性：虚拟场景数据库主要由测试用例经虚拟仿真建模得到，测试用例来源于功能场景与逻辑场景，由于场景参数分布的连续性以及场景元素排列组合的多样性，测试用例是不能穷尽的，随着场景个数的不断积累，虚拟场景数据库不断丰富，虚拟场景数据库也是无限量的。

扩展性：构成场景的关键要素包括静态要素、动态要素以及驾驶员行为要素，要素的不同排列组合及遍历取值更丰富地扩展了虚拟场景库的边界，使得虚拟场景库的个数呈比例式增长。例如，同一个测试场景通过改变天气状况、光照条件、交通参与物个数及位置能够扩展更为丰富的测试用例。

批量化：借助虚拟仿真工具链开发标准的驾驶场景数据接口，能够实现测试用例的批量化导入及建模，并利用高性能仿真服务器实现批量化的仿真测试，节约时间成本与人力成本。

自动地：可实现自动化测试是虚拟场景数据库的另一个特点。测试用例的评价规则将被写进数据库，当仿真测试结束后，结合被测对象的性能表现，自动化给出综合评价结果和指标。

1. 场景来源划分

仿真场景按照来源可划分为自然驾驶场景、危险工况场景、法律规范场景、参数重组场景四类，包括不同自然条件（天气、光线等），不同道路类型（路面状态、车道线类型等），不同交通参与者（车辆、行人位置速度等），不同环境类型（高速、小区、商场、乡村等）的多类型虚拟仿真测试用例。

2. 自然驾驶仿真场景

自然驾驶仿真场景来源于正常驾驶采集的场景数据库以及企业的道路测试场景。自然驾驶仿真场景能够很好地体现测试的随机性、复杂性及典型性区域特点。目前数据中心已采集 32 万公里的自然驾驶场景数据，经过成熟的场景划分方法生成了上千种典型测试用例，基于每日更新测试用例数据的建设机制，不断丰富和完善自然驾驶仿真场景库。

图 5－4　自然驾驶场景与仿真场景

3. 危险工况仿真场景

危险工况仿真场景主要测试被测 ECU 在极端条件及易发生事故等特殊场景下的表现。数据资源中心从大量自然驾驶场景数据库中，通过对场景进行参数化统计分析，提炼出不同影响因素下的危险工况测试用例，其中包括天气光线、地理地形、交通拥堵、路面结构、特殊障碍物等因素引起的易发性危险场景案例。危险场景主要涵盖恶劣天气环境、复杂道路交通以及典型交通事故三大类仿真场景。恶劣天气环境包括雨、雪、雾、结冰等复杂气象环境；复杂道路交通环境包括陡坡、急弯、隧道、匝道出口和入口、高速出入口、限速区、道路维修路段等；典型交通事故场景主要来自国内事故数据库 CIDAS 和德国 GIDAS（german in – depth accident study）事故数据库。数据资源中心通过对这些危险工况数据进行分析录入和仿真场景搭建，将危险工况场景参数化，以用于更多极限和边缘场景的扩展生成。

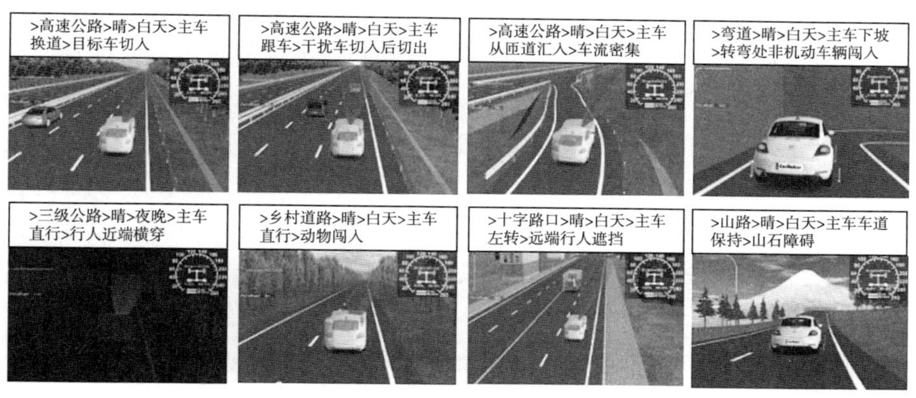

图 5 – 5　危险工况仿真场景

4. 标准法规仿真场景

标准法规仿真场景是自动驾驶功能在研发和认证阶段需要满足的基本场景，数据中心始终紧跟自动驾驶政策发展动态，已基于 ISO、NHTSA、ENCAP、CNCAP 等多项标准、评价规程构建了二十余种标准仿真测试场景，支持 AEB、ACC、LKA、APA 等多种自动驾驶功能的仿真验证，同时贯通了标准场景的自动化测试流程。

5. 参数重组仿真场景

参数重组仿真场景旨在将已有仿真场景进行参数化设置并完成仿真场

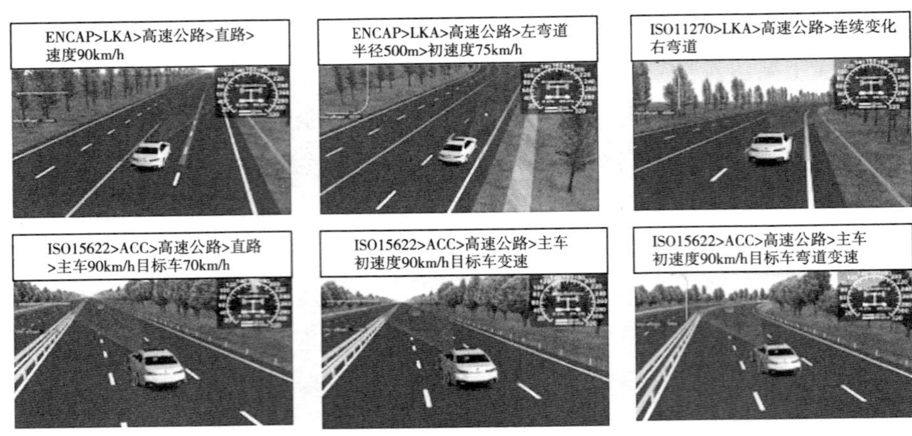

图 5－6　标准法规驾驶场景与仿真场景

景的随机生成或自动重组，进而补充大量未知工况的测试场景，有效覆盖自动驾驶功能测试盲区。参数重组的仿真场景可以是法规场景、自然场景和危险场景。通过不同交通要素的参数设置可以重组标准法规场景；使用参数随机生成算法可以重组自然场景；针对危险场景的重组，数据资源中心通过自动化测试寻找边缘场景，计算边缘场景的参数权重，扩大权重高的危险因子参数范围，可实现更多危险仿真测试场景的自动化生成。

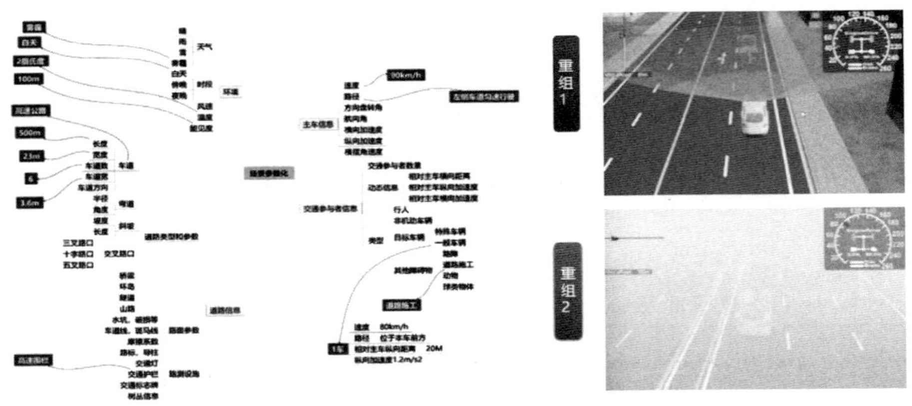

图 5－7　参数重组仿真场景

三　虚拟试验场建设

在仿真软件中进行高速公路、城市道路和停车场虚拟场景的搭建，形成智能网联汽车虚拟测试场景库。50 万公里驾驶场景拟搭建高速公路场景

150 类、城市道路场景 200 类、停车场泊车场景 150 类。客户可以针对所有的虚拟场景进行某个或某几个参数修改无限扩充虚拟仿真测试场景数量，不断完善补充仿真测试场景，更好地开发、优化和验证自动驾驶系统和整车。

基于采集的百万公里的驾驶场景数据提炼的测试场景，为企业建设满足高级别自动驾驶测试的虚拟仿真测试场提供依据，虚拟测试场景将根据不同自动驾驶功能已有的自动驾驶测试评价体系合理组合搭配场景，测试场景涵盖城市、高速、山区、停车场等区域，包含道路交通标志线、红绿灯、通信设备等道路交通设施，覆盖危险场景、一般场景和边角场景等场景类型，综合进行智能网联汽车的测试和评价工作。自动驾驶虚拟测试场景示意如图 5 - 8 所示。

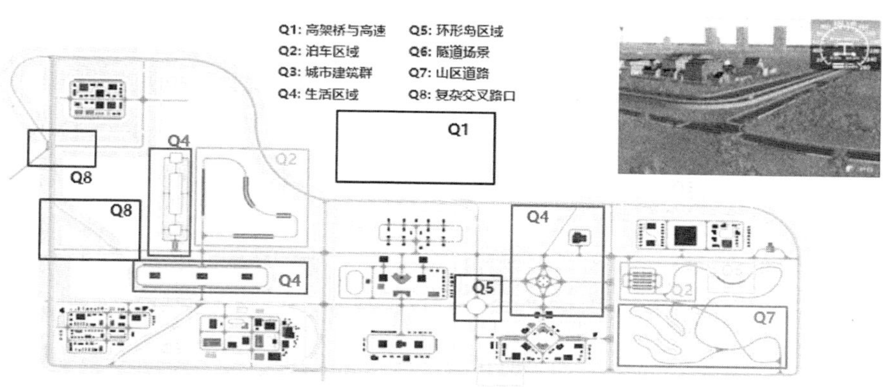

图 5 - 8　自动驾驶测试虚拟仿真试验场

自动驾驶虚拟仿真试验场包含 8 大测试区，满足不同自动驾驶功能场景设计运行区域的需求。

Q1：高架桥与高速

场景介绍：该路段围绕整个沙盘一周，可实现进出高速公路时道路合流、自适应巡航 ACC、车道保持、车道变更等符合高速行驶场景的仿真。

Q2：泊车区域

场景介绍：该功能区分为室外停车场和多层停车楼两部分，可进行不同车位出入库、室内场景停车诱导、室内定位、自主泊车功能开发验证等仿真。

Q3：城市建筑群

场景介绍：在该场景中，可进行路口碰撞预警，行人、车辆等障碍物停障、避障等车辆横纵向决策控制及局部路径规划验证。

Q4：生活区域

场景介绍：该区域包含广场、公园等场景，可以实现在人群密集、道路狭窄以及交通参与者多变的情况下的仿真测试。

Q5：环形岛区域

场景介绍：该区域可实现在环形岛交叉口的混乱和拥堵时智能网联汽车启停优化控制、低速跟车行驶、道路合流的仿真。

Q6：隧道场景

场景介绍：该场景的特点是，在隧道中通信信号减弱，在进出隧道时对光线变化控制的要求也很高，对车辆的安全性有很大的考验。

Q7：山区道路

场景介绍：弯道多、坡道多、一边傍悬崖一边靠陡壁，路况复杂。可仿真崎岖泥泞道路、陡坡、雨天及夜间行车等危险工况。

Q8：复杂交叉路口

场景介绍：该功能区可实现智能交通系统红绿灯配时、绿波导引、V2X及智能汽车启停优化控制仿真，并进行道路合流、智能网联汽车智能决策开发验证。

高速公路入口

高速公路出口

城市道路及配套设施

多层停车区域

高速路环线

崎岖泥泞山路

图 5-9　虚拟试验场静态场景

2. 静动态组合场景

自动驾驶虚拟仿真试验场已具备添加《智能网联汽车自动驾驶功能测试规程（试行）》中所有可用于仿真测试的动态驾驶任务的条件。同时包括起步、停车、跟车、变更车道、路口左转弯、路口右转弯、直行通过路口、直行通过人行横道线、靠边停车、会车、通过环岛、通过立交桥主辅路行驶、通过学校区域、通过隧道桥梁、通过泥泞山路、急转弯山路、超车、夜间行驶、倒车入库、侧方停车、通过雨区道路、通过雾区道路、通过湿滑路面、避让应急车辆等复杂动态驾驶任务的测试功能。

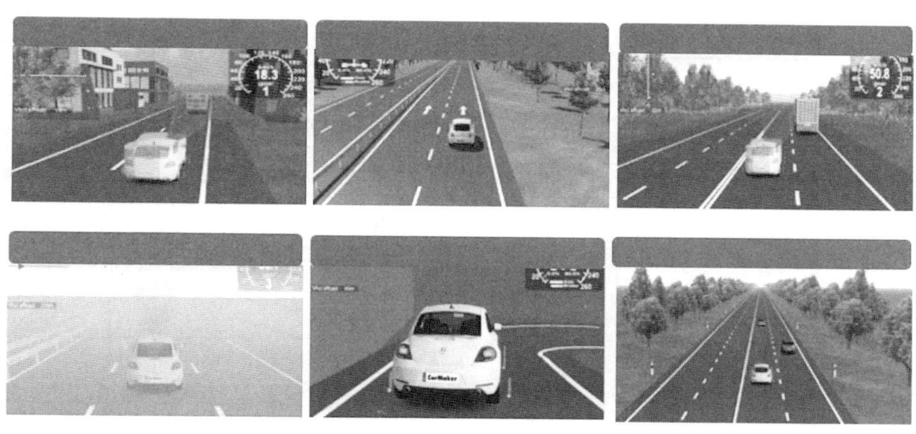

图 5-10　动静态组合场景

表 5-3　智能网联汽车自动驾驶功能检测项目及测试场景

序号	检测项目	测试场景
1	交通标志和标线的识别及响应	限速标志识别及响应
		停车让行标志标线识别及响应
		车道线识别及响应
		人行横道线识别及响应
2	交通信号灯识别及响应	机动车信号灯识别及响应
		方向指示信号灯识别及响应
3	前方车辆行驶状态识别及响应	车辆驶入识别及响应
		对向车辆借道本车车道行驶识别及响应

续表

序号	检测项目	测试场景
4	障碍物识别及响应	障碍物测试 误作用测试
5	行人和非机动车识别及避让	行人横穿马路 行人沿道路行走 两轮车横穿马路 两轮车沿道路骑行
6	跟车行驶	稳定跟车行驶 停—走功能
7	靠路边停车	靠路边应急停车 最右车道内靠边停车
8	超车	超车
9	并道	邻近车道无车并道 邻近车道有车并道 前方车道减少
10	交叉路口通行	直行车辆冲突通行 右转车辆冲突通行 左转车辆冲突通行
11	环形路口通行	环形路口通行
12	自动紧急制动	前车静止 前车制动 行人横穿
13	人工操作接管	人工操作接管
14	联网通信	长直路段车车通信 长直路段车路通信 十字交叉口车车通信 编队行驶测试

第五节　评价体系

如图 5 - 11 所示，仿真测试评价整体思路为，从测试用例库中选择适用于该测试功能的测试用例，根据测试环节的不同（如模型在环、软件在环、硬件在环测试）对测试用例进行分配，通过合适的评价方法得出评价结果。一致的评价体系设计，不仅有利于对测试功能的不同版本进行纵向比较（如研发阶段的模型、软件版本迭代）以优化功能设计，还能够对不同企业的同一功能进行横向比较（如 AEB、ACC、LKA 等 ADAS 功能），为市场提供第三方评价意见参考。

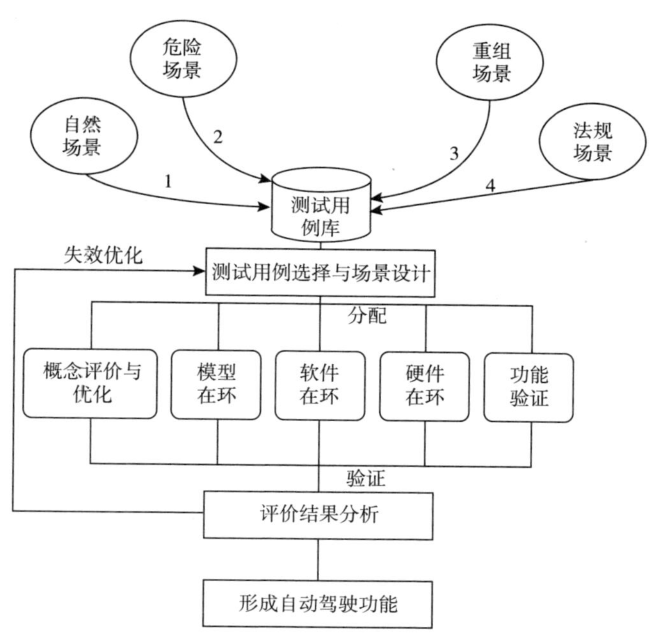

图 5 - 11　仿真测试评价整体思路

基于场景的评价方法主要有两个评价指标，一个是功能指标，另一个是场景指标。如图 5 - 12 所示，基于功能的评价指标主要评价驾驶任务的完成度，针对不同的功能，设计不同的功能完成指标，并针对该功能的完成情况，给出评分；基于场景的评价指标，用于评价场景的复杂度，根据信息熵的方式计算出该场景的复杂度指标，该测试功能通过不同复杂度场景时，所得分数不同，且分数在总评分中的占比不同，从而依据权重配比的方式，得出该测试功能的综合得分[1]。

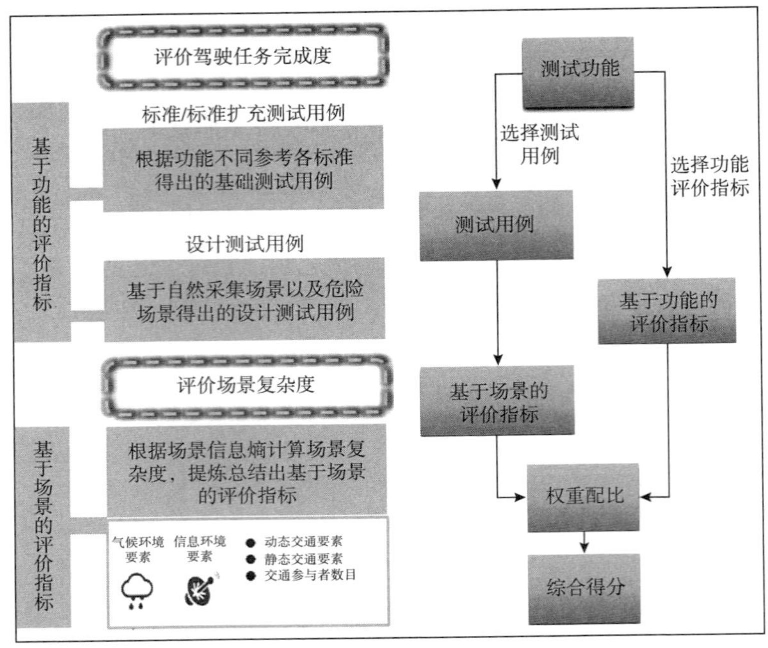

图 5-12 仿真测试评价方法

第六节 虚拟仿真测试工具链

由虚拟仿真平台组成虚拟仿真测试工具链在整个流程中起到关键作用。整个仿真系统可分为软件部分和硬件部分，软件部分提供场景仿真、车辆动力学模型以及部分的传感器模型的仿真，硬件部分包含多种不同的车辆传感器，以及可集成的驾驶模拟器。

一 虚拟仿真测试工具链体系介绍

平台中常用到的仿真软件有 IPG Gmbh 公司的 CarMaker、Mechanical Simulation Corporation 公司的 CarSim、MSC Software 公司的 VTD、西门子公司的 Prescan 等，几项软件都集成了车辆动力学模型、实时渲染的仿真以及支持多种集成需求接口 API，其中 CarMaker、VTD 等软件还集成了功能丰富的场景建模软件，可根据研发需求自主定制场景，或导入 OpenDrive、Open-

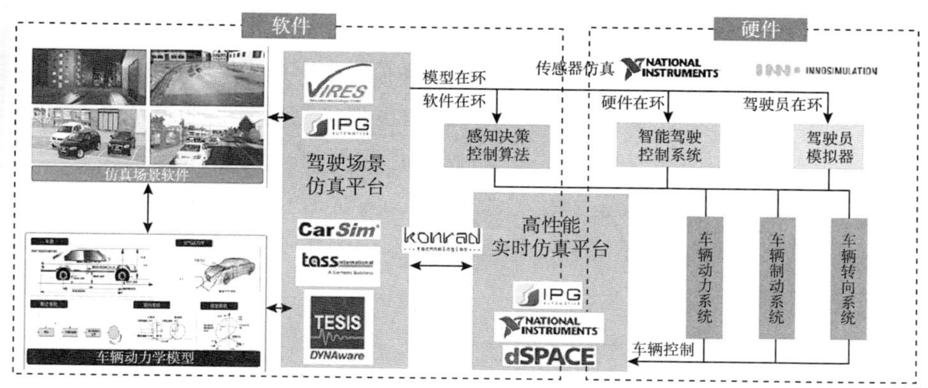

图 5－13　虚拟仿真测试系统工具链组成

CRG、OpenScenario 等开放格式的高精度地图文件。

在仿真测试系统内，除仿真软件外，自动化测试软件也是重要的一部分，常用的有 TestManager、TestWeaver、ECU－Test 等。系统中的硬件根据不同传感器测试需求需要采取对应的硬件方案。通常会用到的设备包括实时仿真服务器、摄像头模拟器、雷达回波模拟器、超声波模拟器、激光雷达模拟器等。摄像头在环的测试过程中，需要搭配摄像头黑箱，主要包括视景显示器、调试透镜、标定用配件等。雷达模拟过程中则需要用到电磁干扰屏蔽盒、独立的实时仿真服务器等设备。另外依据测试需求还可能会用到视频注入盒等替代型方案。

仿真平台主要包括仿真模拟软件，传感器模拟器，以及多种场景数据库。其中场景数据库主要分为自然驾驶仿真场景、危险工况仿真场景、标准法规仿真场景、参数重组仿真场景四部分。在建立数据库的基础上，通过对场景进行整合，可以在仿真系统中建立完整的虚拟试验场，减少重复场景用例的生成，同时也方便进行完整区域内的实时交通流仿真。当前在虚拟测试场领域已经有 M－City、AstaZero 等自动驾驶汽车试验场的仿真重建项目。这些项目针对 L3 及以上自动驾驶测试，可通过虚拟测试场设计定制化测试路径及场景，可以在不同测试路径进行特定功能测试。

二　测试工具链

1. MIL/SIL 测试工具链

模型/软件在环（Model/Software－In－Loop，M/SIL）测试是系统开发初期进行的功能验证测试，主要针对算法、代码进行测试与评价。MIL/SIL

测试环节的重点是算法与功能的开发与确认，会依靠大量的仿真模型来模拟真实的物理级响应（如传感器信号的模拟）。MIL/SIL 测试阶段，利用 VTD/Prescan/Carmaker 等虚拟仿真软件构建虚拟仿真场景，通过Matlab/Simulink 集成感知、决策控制算法，分别通过视频黑箱、雷达回波模拟器、激光雷达模拟器实现感知设备的信号模拟并接入实时仿真系统，完成感知到决策再到控制的完整闭环测试。图 5－14 为德国宝马公司进行 SIL 测试的方案。

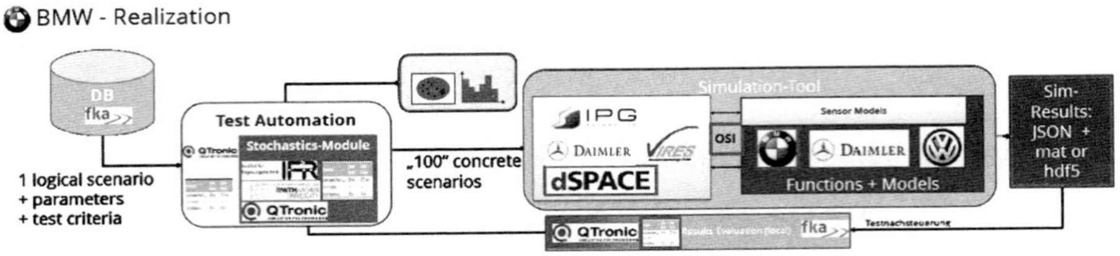

图 5－14　宝马公司 SIL 测试方案

2. HIL 测试工具链

硬件在环（Hardware－In－Loop）测试通常是完成系统集成后进行的测试与验证，主要针对控制器的功能、安全可靠性进行验证。除了常规的控制器功能验证以外，往往还需要借助故障模拟单元进行特殊模式下的功能安全相关的验证，以便检验极端环境下的控制器的安全性与可靠性。由于需要和 ECU 进行实时通信，HIL 测试阶段需要增加各种信号的输入/输出模块，图 5－15 为美国国家仪器公司推出的 CAN 信号传输使用的 PXI 板卡及机箱。视频信号的模拟通常可以通过视频注入与摄像头拍摄两种方式进行。图 5－16 展示了 IPG 公司的硬件在环测试方案，图中视频信号可以通过两种不同的方式注入虚拟仿真系统。

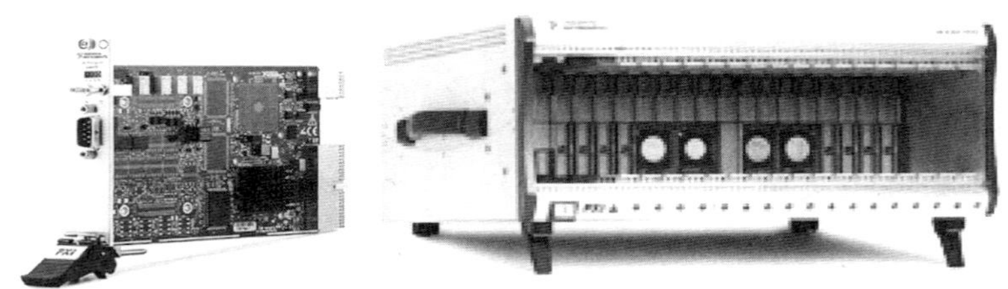

图 5－15　美国国家仪器公司推出的 PXI 板卡及机箱

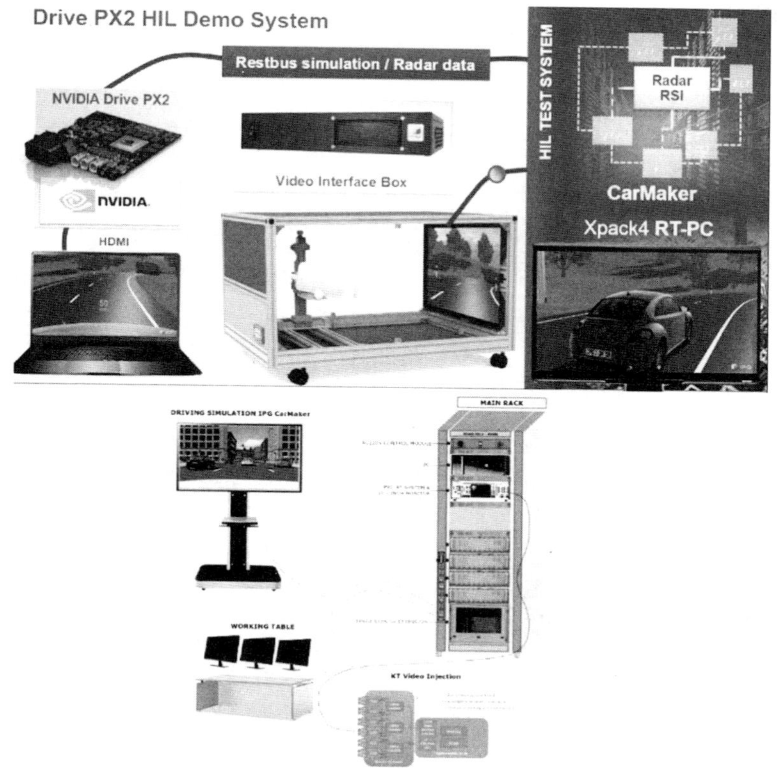

图 5－16　IPG 公司及 Konrad 公司的 HIL 测试原理

仿真系统的硬件主要包括实时仿真系统，各类信号发生及传感设备（如视频暗箱、雷达回波模拟器、激光雷达模拟器等）、上位机、电源模块等。

实时仿真系统由仿真计算机、数据接口、环境模拟输出设备三大部分组成，是一种物理仿真。它利用计算机不断计算对象及环境的运动方程，然后通过运动系统、视景系统、音响系统及仪表系统等将被仿真对象的实时运动情况表述出来。dSPACE 实时仿真系统是由德国 dSPACE 公司开发的一套基于 MATLAB/Simulink 的控制系统在实时环境下的开发及测试工作平台，实现了和 MATLAB/Simulink 的无缝连接。NI 公司的实时仿真系统基于 PXI，可以灵活配置多种需要的板卡设备，利用 Veri Stand 进行参数配置与实时仿真控制，并可通过 labview 实现参数监控及可视化，如图 5－17 所示。

各类信号发生及传感设备主要是模拟各种类型的感知信号的实时发送，

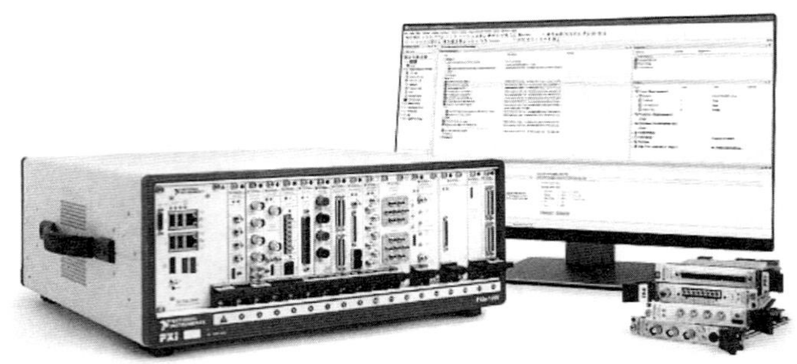

图 5－17 NI 公司 PXI 产品

并通过感知设备对信号进行接收。在视觉感知方面，目前主流的方案包括直接视频注入与视频暗箱模拟两种方式。视频注入的方式是通过专门的视频注入设备将视频流注入相机控制器之中，以便完成视频信号的感知任务。IPG 生产的视频注入设备如图 5－18 所示。

图 5－18 IPG 视频注入设备

除了视频注入的方式以外，还可以通过视频黑箱的方式完成视频信号的采集，其原理如图 5－19 所示。将仿真视频放置于摄像头之前，通过摄像头实时采集视频流，将获得的视频信号传输到相机 ECU 之中，进而完成视频信号的感知任务。

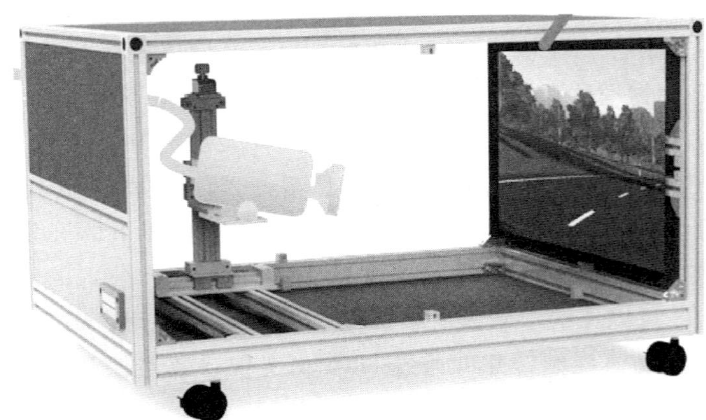

图 5－19 视频黑箱工作原理

在雷达感知方面，普遍采用毫米波雷达回波模拟器来对多角度多目标信息进行模拟。雷达回波模拟器通常由毫米波发射端、转台、毫米波信号接收端、箱体组成，其工作原理如图 5－20 所示。毫米波信号发射端根据仿真场景中物体的位置信息，模拟被测物体发射的雷达回波。转台用于安装毫米波雷达，接收来自毫米波发射端的回波信号。根据仿真的需要，还可以安装旋转装置，改变雷达的接收角度，以便模拟多个角度上的雷达信息。雷达回波模拟器的实物如图 5－21 所示。

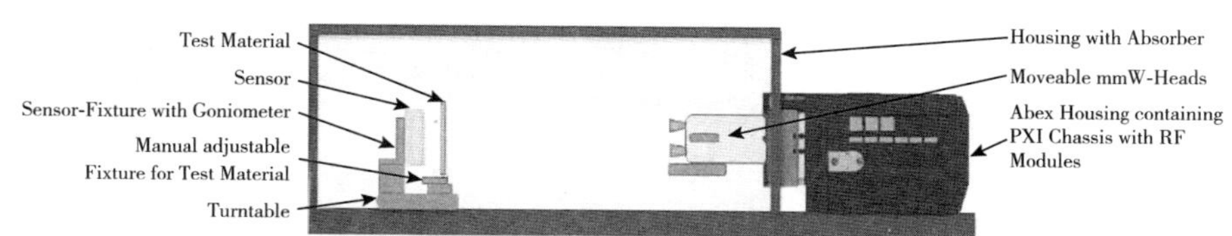

图 5－20　雷达回波模拟设备原理

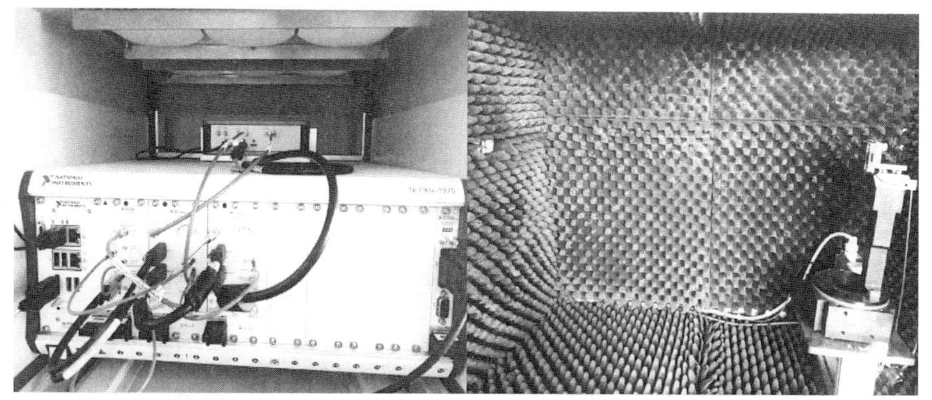

图 5－21　雷达回波模拟设备信号发射端（左）及雷达回波模拟设备信号接收端（右）

3. DIL 测试工具链

驾驶员在环（Driver－In－Loop）测试是研究人—车—路—交通完整闭环的测试方案。驾驶员在环测试，考虑了驾驶员的实际操作和感受，能够更为真实地模拟驾驶操作环境，在先进驾驶员辅助系统及主动安全技术开发、人机共驾研究与测试方面，具有较好的应用，图 5－22 为德国 MSC 公司开发的驾驶员在环测试。

多自由度的驾驶模拟器通常通过液压机构完成车辆的运动。驾驶模拟器包含视景仿真系统、操纵负载仿真系统、音效环境仿真系统、计算机数

图 5－22　驾驶员在环测试

据处理系统、驾驶舱仿真系统和运动仿真模拟平台，能够给驾驶者提供逼真的驾驶环境，为研究人机共驾与 VIL 测试提供良好方案。

图 5－23　多自由度驾驶模拟器

4. VIL 测试工具链

实车在环（Vehice－In－Loop）测试是针对被测车辆的整车级别的测试。此时被测对象已集成在整车当中，通过对车辆的实际动态响应来判断测试结果。目前世界上实车在环测试主要有两种方式，第一种方式是在场地上使用真实车辆进行试验，采集车辆的速度、位置等信息，输入仿真系统实现闭环仿真。IPG 的实车在环测试的原理如图 5－24 所示。在实车测试过程中，车辆运行在真实场地中，而周边的目标车辆及环境是通过虚拟仿真环境创建的，并注入被测车辆的控制器之中。

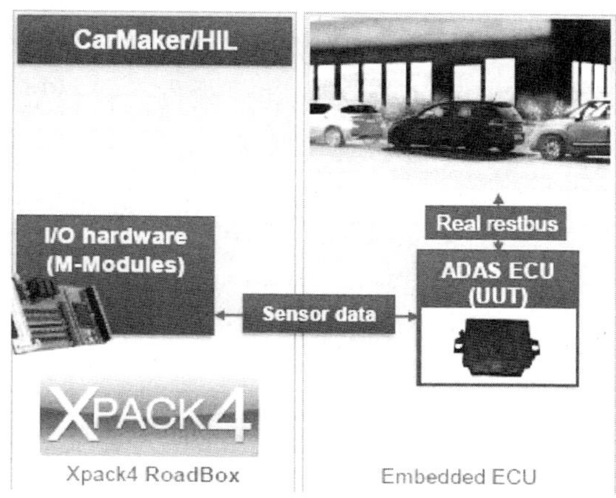

图 5-24　IPG 实车在环测试原理

从仿真结果可以看出，车辆在场地上的运动可以通过相关测量设备实时反映在虚拟环境中，进而在虚拟环境中对车辆的运动行为进行结果评价。

图 5-25　场地中实车在环测试

第二种方式是在实验室台架中进行车辆试验，需要用到复杂的多自由度车辆驾驶模拟器来模拟车辆的真实运动，如图 5 - 26 所示。台架中的实车在环测试可以更方便地研究智能网联车辆的人车交互相关的功能算法，能应用的领域广泛，安全性高，但成本也相对较高。在台架中，仿真视频流往往通过环形幕布进行播放，模拟真实驾驶场景。

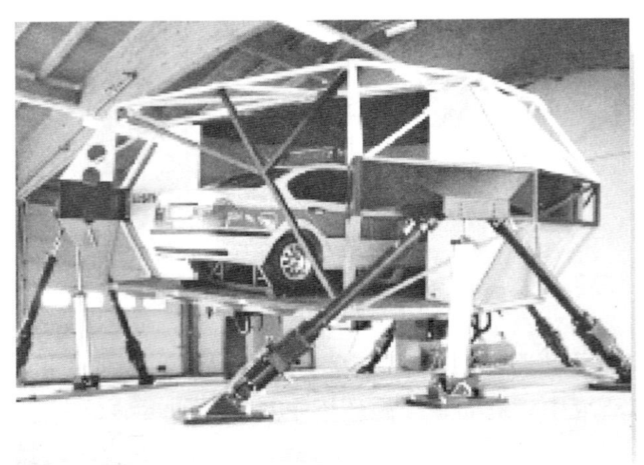

图 5 - 26　台架中实车在环测试

三　虚拟仿真软件及应用

仿真系统软件主要包括视景仿真功能、车辆动力学仿真功能、交通流仿真功能，目前主流的仿真软件或多或少集成了上述功能，只是偏重点有所差异。

PreScan 是一款以传感器物理模型为基础的汽车主动安全仿真软件，可以为先进驾驶辅助系统的传感器与控制系统的开发与测试提供一整套仿真环境，从而在产品开发早期就可以实现对传感系统的评价、分析（比如传感器的选择、布置方案设计、融合算法开发），PreScan 后处理动画界面如图 5 - 27 所示。PreScan 共提供了理想传感器（Idealized Sensors）、精细传感器（Detailed Sensors）和真值传感器（Ground Truth Sensors）三种传感器模型。理想传感器模型可以实现快速计算但是精度稍差，因为该模型并不考虑对象的真实几何形状而只是用包围盒代表对象，而且该模型并未建立对象的响应模型，比如雷达波在物体表面的反射过程。精细传感器模型考虑了传感器的部分物理工作过程和一些传感器特性，这些都会导致传感器输出结果在理想值之上产生各种偏差，使输出结果更加接近真实，目前，PreScan 提供的精细传感器模型包括照相机、鱼眼照相机、激光雷达、毫米波雷达、超声波雷达，还有一个通用的主动扫描式传感器，即不限原理传感器模型（Technology Independent Sensor，TIS）。真值传感器模型主要为各种算法提供对象在仿真过程中的真实值以进行算法比较验证，包括为跟踪算法提供对象的准确运动状态，为立体照相机技术提供深度图，为车道预警、保持系统提供真实的道路、车道信息，为目标检测算法提供准确的包围盒。

图 5－27　PreScan 仿真效果

IPG CarMaker 是一款专门对乘用车和轻型车进行仿真测试的软件，可以实现对真实测试场景的完整建模，包括具有自主驾驶功能的驾驶员模型、考虑非线性特性的车辆动力学模型、道路模型、传感器模型、交通环境模型，基于上述模型可以轻松地搭建出完整、真实的测试场景，实现从软件在环到硬件在环（甚至车辆在环）的仿真测试过程，而且软件中还提供了对特定的驾驶员行为和交通事件进行建模的功能。目前，其传感器模型包括提供对象信息的驾驶辅助传感器（Driving Assistance Sensor）、提供可行驶区域的可行空间传感器（Free Space Sensor）、交通标志传感器（Traffic Sign Sensor）、车道线传感器（Line Sensor）以及提供道路特征参数的道路传感器（Road Property Sensor），这些都是用于概念验证和功能开发的理想传感器，最新发布的版本还将提供考虑传感器物理特性的高精度传感器，并提供导入传感器原始数据的应用接口。图 5－28 是 IPG－CarMaker 提供的道路传感器和对象传感器的仿真效果。

图 5－28　CarMaker 仿真效果

VIRES Virtual Test Drive（VTD）是 MSC 公司旗下一款应用于驾驶仿真的完整软件工具链，涵盖了道路建模、场景编辑、交通流仿真、声音及视景模拟、数据分析及后处理的基本内容，可以用于先进驾驶辅助系统（Advanced Driving Assistance System，ADAS）和自动驾驶系统（Automated Driving System）的开发与验证，并且可以实现软件在环（SIL）、硬件在环（HIL）、车辆在环（VIL）和驾驶员在环（DIL）仿真。该软件使用了 OpenDRIVE、OpenCRG、OpenSCENARIO 一系列开放标准，可以轻松实现与其他仿真系统之间的数据交互；应用 SDK 可以实现对各种功能二次开发，保证了软件的可扩展性。软件提供的理想传感器（Perfect Sensor）可以提供各种对象的完整信息，同时，用户也可以利用 SDK 嵌入自行开发的传感器插件（Sensor Plug－ins），实现对传感器一些物理特性的模拟。图 5－29 所示，为理想传感器模型的显示效果。

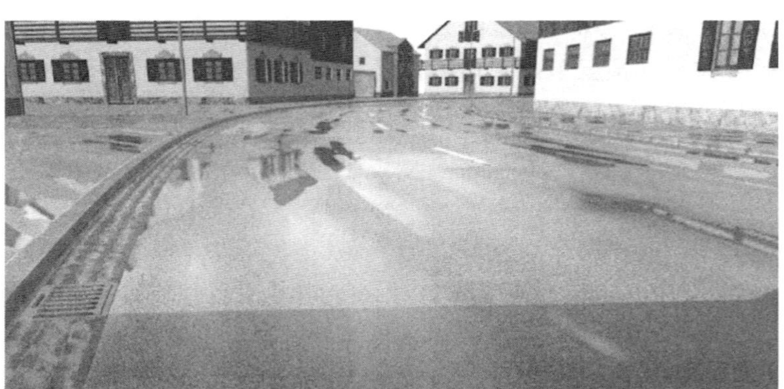

图 5－29　VTD 仿真效果

CarSim 主要是用于对汽车动力学仿真的软件，可以仿真车辆对驾驶员，空气动力学及各种路面输入的响应，在计算机上模型的运行速度要比实际车辆快，并且对实验环境和试验过程的定义非常方便灵活，通过简洁、易懂的界面可以详细地对整车各系统的特性参数和特性文件进行定义，主要用来仿真和预测汽车整车的制动性、操作稳定性、平顺性、经济性和动力性，同时在研究和开发现代汽车控制系统领域应用非常广泛。

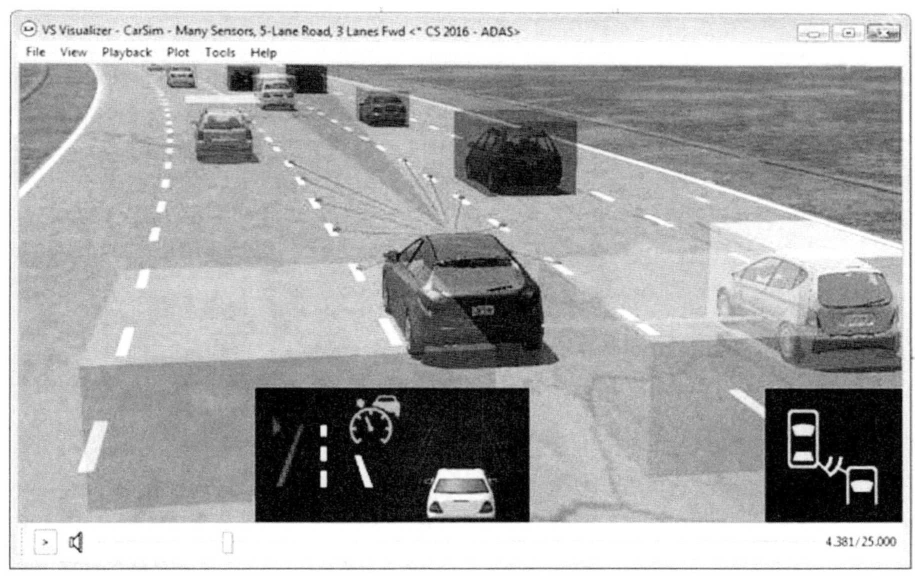

图 5－30　CarSim 仿真效果

四　自动化测试软件及应用

除了以上提到的虚拟仿真软件以外，虚拟仿真还需要一些自动化测试软件。本书针对 TestManager、TestWeaver 以及 ECU－Test 几款自动化测试软件在综合测试、支持的测试管理系统、评价体系以及优缺点等方面进行了对标，如表 5－4 所示。

表 5－4　自动化测试软件对标

	TestManager	TestWeaver	ECU－Test
综合评价	★★★☆	★★★★	★★★★☆

续表

	TestManager	TestWeaver	ECU - Test
支持的测试管理系统	Carmaker 插件	Silver	HP ALM；IBM ROM，Siemens Polarion ALM，CA Agile Central 和 TraceTronic TEST - GUIDE
评价	评价体系	测试报告：颜色标注分析结果，可迅速定位测试未通过的步骤	测试报告： 1. 颜色标注分析结果，可迅速定位测试未通过的步骤； 2. 自定义报告模板及格式
优点	1. 测试用例分组管理，执行包括参数变量的循环测试； 2. 控制与仿真集成； 3. 测试仿真结果量化，利用 simulink 构建完整的评价体系	1. 可与 MIL/SIL 联合运行组成测试； 2. 自动生成和评估有效的测试用例，产生上万个测试用例； 3. 状态覆盖范围大； 4. 在 SIL 环节，可提供代码覆盖率的分析，可验证功能、数据及系统特性； 5. 支持手写测试用例	1. 所有的测试环节均可被 ECU - TEST 支持和覆盖，可以实现 MIL/SIL/HIL 测试用例联合测试； 2. 可以实现功能测试、标定测试、总线通讯测试、诊断测试、故障注入等各种测试； 3. 一键触发多个测试用例自动执行，强大的批量执行功能； 4. HIL 测试用例可以复用在实车测试中，测试用例通用化高； 5. 丰富的二次开发功能，通过 Python 编程扩展软件功能
缺点	只能与 CarMaker 联合运行	1. 包括 RCP 和 HiL 的传统方法应用范围有限； 2. 传统测试过程应用范围有限。	1. 与其他软件联合测试的兼容程度不等； 2. 联合仿真测试存在延迟

从综合评价来看，ECU - Test 的性价比是最高的，评价体系是最完整的，而且在测试环节和测试功能等方面也有突出优点。下文针对各个自动化测试软件进行较为简单的介绍。

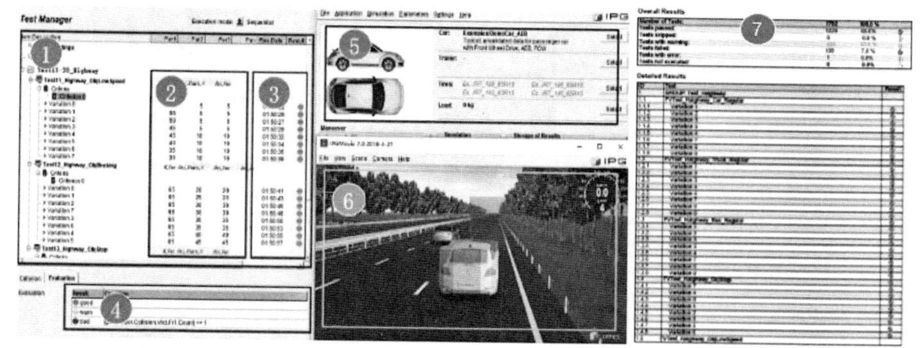

注：测试用例列表；不同参数列表；测试结果；测试用例通过条件；车辆动力学界面；IPG-Movie 可视界面；测试结果。

图 5－31　TestManager 简介

TestManager 为 Carmaker 自带的自动化测试软件，对于选择 Carmaker 为仿真软件的用户，用 TestManager 进行自动化测试比较方便，可视化界面简单便捷，但是自定义程度较低，测试结果形式较单一，无法查看结果曲线对比。适合进行小批量测试。

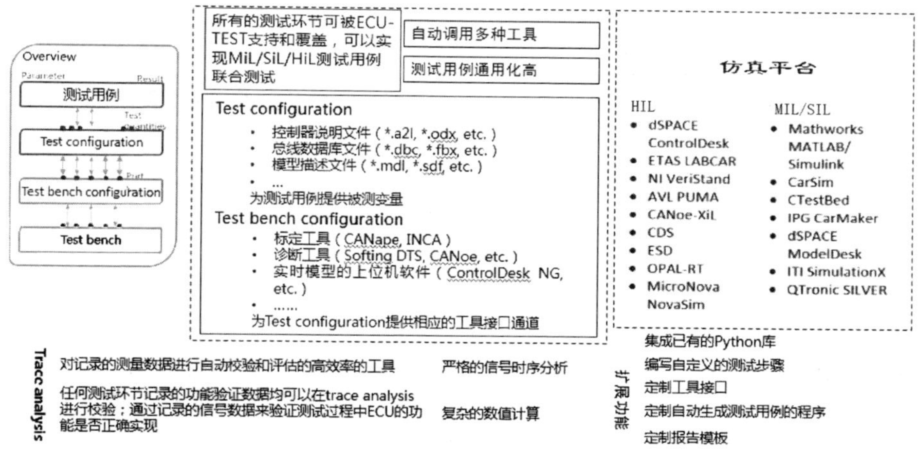

图 5－32　ECU－Test 简介

ECU－TEST 测试自动化工具用于测试用例编辑、实现、执行，测试报告的生成以及配合测试管理系统工作。ECU－TEST 可以用于 SIL、MIL 以及 HIL 测试，可以集成已有的 Python 库，编写自定义的测试步骤，定制工具接口，定制自动生成测试用例的程序，定制报告模板等。

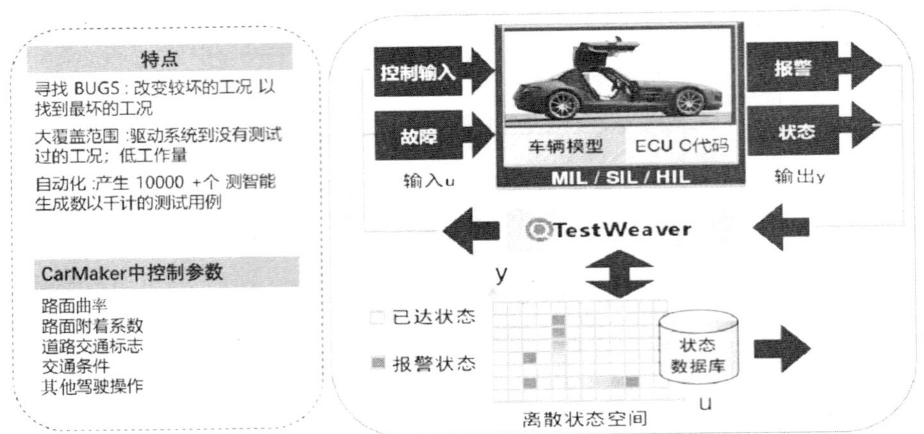

图 5-33　TestWeaver 简介

TestWeaver 与 MIL/SIL 联合运行组成测试用例分析系统，得到分析结果，生成报告。TestWeaver 自动生成数以千计的测试场景，并通过内部智能算法查找系统缺陷。可高效地搜索系统的测试空间并发现系统存在的问题。因此，TestWeaver 可以有效地验证系统的安全性和稳定性。

第七节　智能网联汽车仿真验证与评价

根据自动驾驶等级的不同，仿真验证与评价的方法也会不同。目前国际上比较公认的自动驾驶分级是美国机动车工程师学会（SAE）的划分方式，如表 5-5 所示，SAE 将自动驾驶分成了六级，从 L0 级到 L5 级，其实准确的来说应该是五级，L0 级是无自动驾驶。SAE 的自动驾驶分级是根据 DDT，DDT fallback 以及 ODD 的不同来进行划分的[2]。

表 5-5　SAE 自动驾驶分级

SAE Level	名称	DDT（动态驾驶任务）		DDT Fallback（动态驾驶任务后备）	ODD（设计运行区域）
		持续的横向和纵向车辆运动控制	OEDR（目标和事件探测及反应）		
人类驾驶员执行部分或全部 DDT					
0	无自动驾驶	驾驶员			N/A

续表

SAE Level	名称	DDT（动态驾驶任务）		DDT Fallback（动态驾驶任务后备）	ODD（设计运行区域）
		持续的横向和纵向车辆运动控制	OEDR（目标和事件探测及反应）		
1	驾驶辅助	驾驶员 系统	驾驶员		有限
2	部分自动驾驶	系统			有限
自动驾驶系统执行整个 DDT（参与时）					
3	有条件的自动驾驶	系统	系统	驾驶员准备接管	有限
4	高度自动驾驶	系统	系统	系统	有限
5	完全自动驾驶	系统	系统	系统	全域

动态驾驶任务（Dynamic Driving Task，DDT）：是指汽车在道路上行驶所需的所有实时操作和策略上的功能（决策类的行为），不包括行程安排、目的地和途经地的选择等战略上的功能；

车辆执行：通过方向盘来对车辆进行横向运动操作，通过加速和减速来控制车辆；

感知和判断（Object and Event Detection and Response，OEDR）：也称为周边监控，对车辆纵向运动方向操作，通过对物体和事件检测、认知归类和后续响应，达到对车辆周围环境的监测和执行对应操作、车辆运动的计划还有对外信息的传递；

动态驾驶任务支援（DDT Fallback）：自动驾驶在设计的时候，需要考虑系统性的失效（导致系统不工作的故障）发生或者出现超过系统原有的运行设计范围的情况，当这两者发生的时候，需给出最小化风险的解决路径；

设计运行域（Operational Design Domain，ODD），也称为设计适用域或者设计运行范围，就是一组参数，指自动驾驶系统被设计的起作用的条件及适用范围，把我们知道的天气环境、道路情况（直路、弯路的半径）、车速、车流量等信息做出测定，以确保系统安全。

一 L2 及以下级别自动驾驶仿真验证与评价

1. 先进驾驶辅助系统介绍

先进驾驶辅助系统（Advanced Driver Assistance System，ADAS），是

利用安装于车上的各式各样的传感器，收集车内外的环境数据，进行静、动态物体的辨识、检测与追踪等技术上的处理，从而能够让驾驶者在最快的时间察觉可能发生的危险，以引起注意和提高安全性的主动安全技术。

早期的 ADAS 技术以被动式报警为主，当车辆检测到潜在危险时，会发出警报提醒驾车者注意异常的车辆或道路情况。对于最新的 ADAS 技术来说，主动式干预也很常见。常见的 ADAS 系统有：前向碰撞预警系统（FCW）、自动紧急刹车系统（AEB）、自适应巡航控制系统（ACC）、车道偏离预警系统（LDW）、车道保持辅助系统（LKA）、交通拥堵辅助系统（TJA）等。

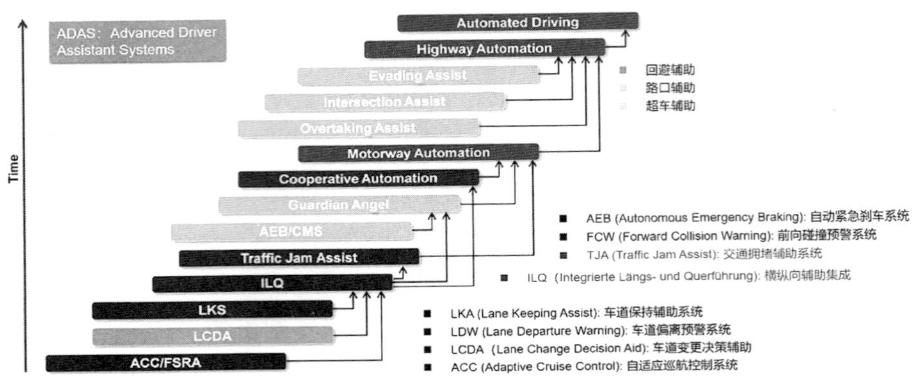

图 5-34 ADAS 进化历程

资料来源：Winner，2008。

（1）前向碰撞预警系统（FCW）

FCW 能够通过雷达系统来时刻监测前方车辆，判断本车与前车之间的距离、方位及相对速度，当存在潜在碰撞危险时本车对驾驶者进行警告。前车碰撞预警系统在容易导致追尾事故的场景中发挥最大作用，一般包括如下场景：

①十字路口，绿灯，前面车辆因为前方有障碍物而突然减速，而本车车速很快；

②行车时未注意保持安全车距，本车距离前车过近；

③前方车辆突然减速转弯且未打转向灯；

④前方车辆突然减速给行人让路，但本车驾驶员没有注意到它的刹车动作。

（2）自动紧急刹车系统（AEB）

AEB 是车辆遇到突发危险情况或与前车及行人距离小于安全距离时主动进行刹车避免或减少追尾等碰撞事故的发生，从而提高行车安全性的一种技术。当车速过快，碰撞无法避免的时候，AEB 系统能够减轻碰撞的伤害。

AEB 工作原理如图 5－35 所示。

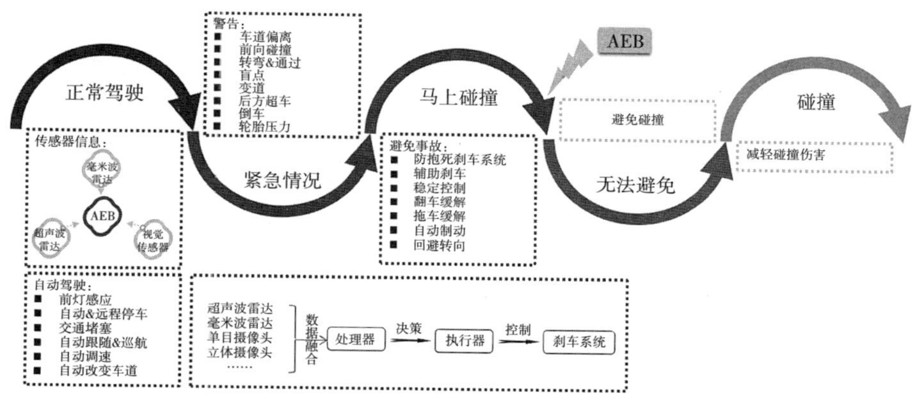

图 5－35　AEB 工作原理

（3）自适应巡航控制系统（ACC）

ACC 是一个允许车辆巡航控制系统通过调整速度以适应交通状况的驾驶辅助功能。ACC 的控制由两部分——距离控制和巡航控制组成。

距离控制：如果前方道路有车辆，控制本车速度以保持与前车的距离。

巡航控制：如果前方道路没有车辆，本车保持事先设定的速度行驶。

根据 ACC 适用的行驶速度不同，ACC 可以分为基本 ACC、ACC Follow to Stop 以及 Full Speed Range ACC。

①带有 ACC 功能的车辆接近前方缓慢行驶的目标车辆时，车辆将降速，与前方车辆保持一定距离并以目标车辆的速度行驶。

②目标车辆变道插入带有 ACC 的车辆前方，带有 ACC 的车辆会减速，并以目标车辆的速度行驶。

③目标车辆变道远离带有 ACC 的车辆时，带有 ACC 的车辆会加速至预先设定的速度。

④ACC 会在 30～150km/h 的速度范围内工作，如带有 Stop&Go 功能，这意味着 ACC 将跟随一辆目标车辆，直到停止并恢复，在驾驶员确认之后，

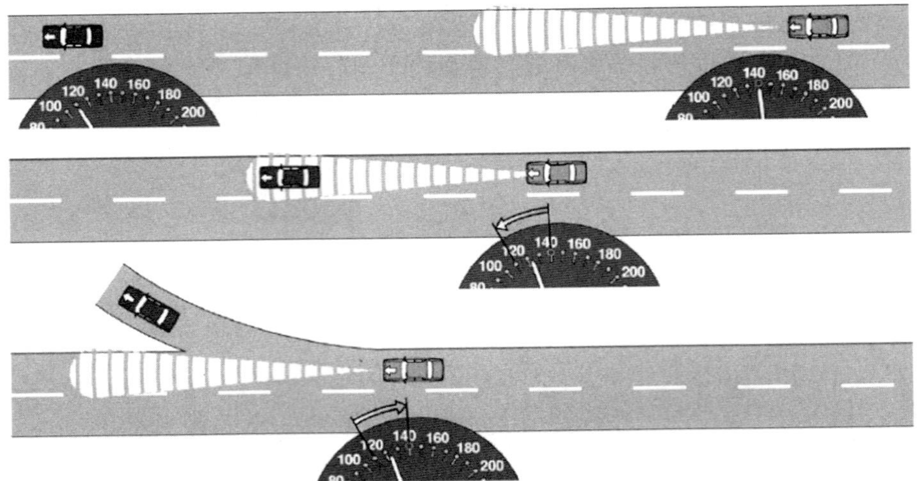

图 5-36 ACC 工作原理

当目标车辆再次开始移动时本车继续跟随车辆。

（4）车道偏离预警系统（LDW）

LDW 根据前方车道线和本车位置关系，判断车辆偏离车道的行为并对驾驶员进行及时提醒，从而防止由于驾驶员疏忽造成的车道偏离事故的发生。

LDW 工作原理：通过视觉传感器获取车道几何结构，然后从传感器获取车速、车辆转向等车辆状态信息，通过 ECU 分析判断车辆是否会发生车道偏离。如果车辆即将发生偏离，并且在驾驶员没有打转向灯的情况下，系统将通过振动座椅或转向盘、声音以及 HUD 显示屏提示驾驶员。

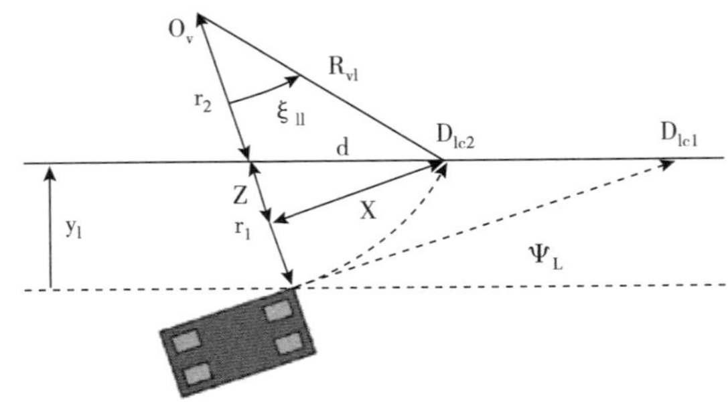

图 5-37 LDW 工作原理

资料来源：Winner。

（5）车道保持辅助系统（LKA）

LKA 通过摄像头对道路标线的检测，接管车辆横向控制，并使车辆保持在原有的车道内行驶。该功能开启下强制要求驾驶员手握方向盘，并随时准备接管。

LKA 特点：利用装在车前方的 CCD 或 CMOS 镜头，感测车道线，计算出汽车偏移量；当本车偏离车道线时，系统会给予警示并介入转向的控制，辅助驾驶者保持于车道内行驶，减轻长期驾驶的工作负荷，提高行车的安全性。

（6）交通拥堵辅助系统（TJA）

TJA 属于 L2 级别的自动驾驶功能，它可以帮助驾驶员应对交通拥挤或交通堵塞的情况。作为一种部分自动化的舒适功能，该系统接管了车辆的纵向和横向控制。这意味着汽车可以自动驶离、加速和刹车，也可以在一定的约束条件下自动驾驶。司机必须长期监督系统，随时准备完全控制车辆。

TJA 装置的工作原理：TJA 是自适应巡航功能和车道保持功能的综合体。当 ACC 启动时，交通拥堵辅助系统不断分析周围车辆的行驶速度，并将其与自己的行驶速度进行比较。如果系统检测到密集的交通或交通堵塞的速度低于 60 公里/小时（35 英里/小时），司机可以通过按下按钮激活功能。车辆将自动跟随前方行驶车辆接管驾驶，完成加速、刹车和转向的控制。车道线清晰可识别时带有 TJA 的车辆将维持在车道内行驶，车道线不可识别时它将跟随前车轨迹行驶。

2. 仿真验证与评价整体框架

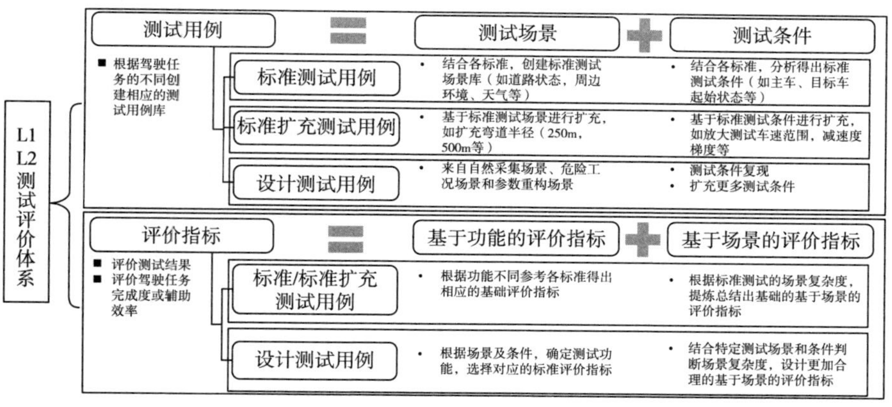

图 5－38 仿真验证与评价整体框架

虚拟测试评价体系分成了两个部分：测试用例与评价指标。测试用例包括测试场景和测试条件，测试场景指测试时外部环境的状态，如天气、道路状况、道路周围环境、道路的曲率半径等静态条件；测试条件指测试时主车与其他交通参与者的状态等动态条件，如开始测试时的主车车速，主车与其他交通参与者的相对距离，其他交通参与者的预计行为等。

结合虚拟仿真测试的优势，我们又将具体的测试用例分为三类：标准测试用例，标准扩充测试用例和设计测试用例。标准测试用例为结合已有标准（如 ISO、SAE、NCAP 等），将实车的测试用例搭建成虚拟仿真的测试用例。这一部分的测试用例的作用在于与实车测试相互验证，以说明虚拟仿真测试可以反映实车的真实性能，可以替代一部分的实车测试。标准扩充测试用例为结合标准测试用例，扩充其测试场景，如改变道路状态、周边环境、天气等，以及增加其测试条件，如增加主车测试时的速度范围、加速度大小等。标准扩充测试用例既结合了标准测试的权威性，又合理利用了虚拟仿真数据无限性、扩展性、批量化和自动化的优势，是从标准测试用例到设计测试用例的一个过渡。设计测试用例是以采集到的真实驾驶场景（如自然驾驶场景、危险工况场景等）作为其测试场景，采集到的驾驶数据（如本车速度、加速度、前车车速等）作为其测试条件，重现真实驾驶场景并进行测试。设计测试用例来自实际驾驶过程，更加广泛也更加贴合实际，能更好地反映测试功能在真实场景中的性能。

对于评价指标，则分成了基于功能的评价指标和基于场景的评价指标。基于功能的评价指标根据 L1 ~ L2 级各驾驶功能的不同而不同，主要根据已有的相关标准，结合测试的具体情况进行评价，反映了所测车辆对测试功能的完成度的评价。基于场景的评价指标则反映了场景的复杂度，根据场景的不同复杂程度，判断该场景下的评价得分在所有测试用例中的占比，从而得出最终的综合性评价结果。

总的来说，场景数据库中的每一个测试用例都有对应的场景复杂度即基于场景的评价指标，根据测试功能的不同，从场景数据库中提取符合该功能的测试用例，并根据相应的基于功能的评价指标对该测试功能进行评价，最后结合场景复杂度得出最终评价得分。这种仿真测试评价体系流程能很好地利用虚拟仿真易参数化的优势，无须传感器就能获得车辆行驶数据，不仅能与实地测试相互对应（标准/标准扩充测试用例），也能反映日常驾驶或危险驾驶下的性能（设计测试用例），具有简单易实现，测试范围广、测试项目多、测试结果可靠、反映实际驾驶等优点。

3. 仿真测试用例设计

测试用例主要分成了三类：标准测试用例、标准扩充测试用例和设计测试用例，在本小节中，以 AEB 功能为例，详细介绍该功能的标准/标准扩充测试用例的测试场景及测试条件，并给出对应部分的图解。

表 5-6　AEB 部分标准/标准扩充测试用例

<table>
<tr><th>评价项目</th><th colspan="2">测试场景</th><th>主车车速（km/h）</th><th>目标车车速/行人速度（km/h）</th><th>两车车距/主车与行人垂直距离（m）</th></tr>
<tr><td rowspan="10">AEB</td><td rowspan="7">直道测试</td><td>低速靠近静止目标车</td><td>10 ~ 50km/h，5km/h 递增，共 9 组</td><td>0</td><td>120</td></tr>
<tr><td>高速靠近静止目标车</td><td>50 ~ 90km/h，5km/h 递增，共 9 组</td><td>0</td><td>150</td></tr>
<tr><td>靠近慢速目标车</td><td>50 ~ 70km/h，5km/h 递增，共 5 组</td><td>20</td><td>150</td></tr>
<tr><td rowspan="2">靠近减速目标车</td><td rowspan="2">30 ~ 70km/h，5km/h 递增，共 9 组</td><td>主车速度，减速度 $2m/s^2$，减速至 0</td><td>70</td></tr>
<tr><td>主车速度，减速度 $6m/s^2$，减速至 0</td><td>100</td></tr>
<tr><td>目标车静止，干扰车距目标车 85m 变道</td><td>70</td><td>目标车静止，干扰车车速 70km/h</td><td>主车距干扰车 40m，距目标车 140m</td></tr>
<tr><td>目标车慢速切入</td><td>60</td><td>20</td><td>目标车距主车 40m 开始切入</td></tr>
<tr><td rowspan="3">弯道测试</td><td>曲率半径 = 500m，目标车静止</td><td>100</td><td>0</td><td>68</td></tr>
<tr><td>曲率半径 = 250m，目标车静止</td><td>86</td><td>0</td><td>50</td></tr>
<tr><td>曲率半径 = 125m，目标车静止</td><td>60</td><td>0</td><td>35</td></tr>
</table>

续表

评价项目	测试场景		主车车速（km/h）	目标车车速/行人速度（km/h）		两车车距/主车与行人垂直距离（m）
AEB	直道，行人测试	行人远端横穿道路（距离主车中心线 6m）	20	6.5	碰撞位置 50%处	18.5
			30			27.74
			40			36.9
			50		碰撞位置 25%处	46.2
			60			55.4
		行人近端横穿道路（距离主车中心线 4m）	20	5	碰撞位置 75%处	18
			30			27
			40			36
			50		碰撞位置 25%处	45
			60			54
			10	5	碰撞位置 75%处	9
			15			13.5
			45			40.5
			20	3	碰撞位置 75%处	30

表 5－6 给出了 AEB 功能的部分标准/标准扩充测试用例。其中，直线测试用例部分主要参考了 Hulshof 等[3]的研究成果，同时结合 C－NCAP[4]中测试规定的部分测试条件（如两车距离等）进行设计。除此之外，也结合了 SAE J2400[5]中干扰车切出的测试用例，设计了日常生活中常见的前方车辆切入切出情况的测试用例，因这些测试用例主要来自相关标准，且场景较为简单，故在此将其作为标准扩充测试用例，图 5－39 显示了切入、切出测试用例，以便于理解。除了表上所列举的测试场景外，诸如天气、道路状态、可见度等测试场景均与标准中一致，均为晴天无云，道路状态良好，可见度高，因此没有在表中赘述。

弯道测试用例部分（见图 5－40）主要参考了 ISO 15623[6]，其中，主车车速以及主车和目标车距离均参考 ISO 15623，其相关计算公式如下：

$$V_{circle\_start} = \min[(a_{lateral\_\max} \times R)^{1/2}, V_{\max}] \pm 1m/s \quad 式（5－1）$$

$$D_1 = (R \times W_L - W_L{}^2/4)^{1/2} \quad 式（5－2）$$

$$D = (D^2 + W_L{}^2/4)^{1/2} \quad 式（5－3）$$

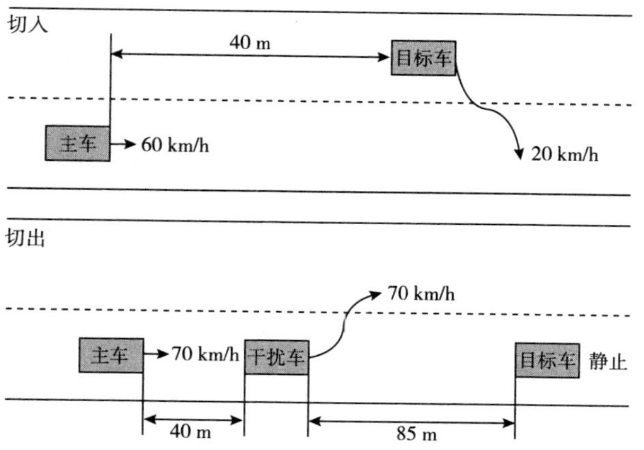

图 5－39 AEB 标准/标准扩充测试用例——直道—前方车辆切入切出

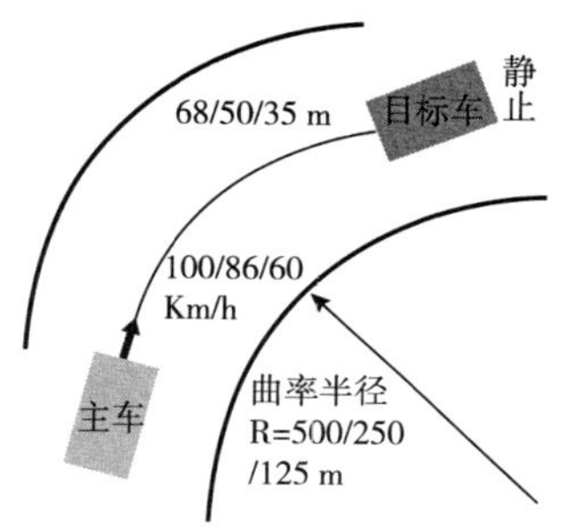

图 5－40 AEB 标准/标准扩充测试用例——弯道

式（5－1）中，R 为曲率半径，V_{circle_start} 为测试开始时主车的速度，$a_{lateral\_max}$ 为弯道中最大侧向加速度，当弯道曲率半径小于 500m 时该加速度为 2.3m/s^2，当弯道曲率半径大于或等于 500m 时为 2m/s^2，Vmax 为 AEB 功能开启时车辆速度的最大值，在这里设为 100km/h。式（5－2）中，D_1 指主车与目标车的直线距离，而式（5－3）中的 D 则是指主车与目标车之间弯道的弧长，W_L 为车道线宽，在这里将其设为 3.5m。

直道的行人碰撞测试用例主要参考了 C－NCAP[4] 的相关报告，给出了直道行人测试的图解和车辆碰撞位置的图解。在行人碰撞测试用例中，行人与车中心线的距离根据 C－NCAP 确定，行人与主车之间的垂直距离则根据行人速度、车辆速度和水平距离进行计算，使得按照测试开始时的速度主车刚好在规定碰撞位置发生碰撞。

对于其他 L1～L2 级别自动驾驶功能，比如前车碰撞预警（Forward Col-

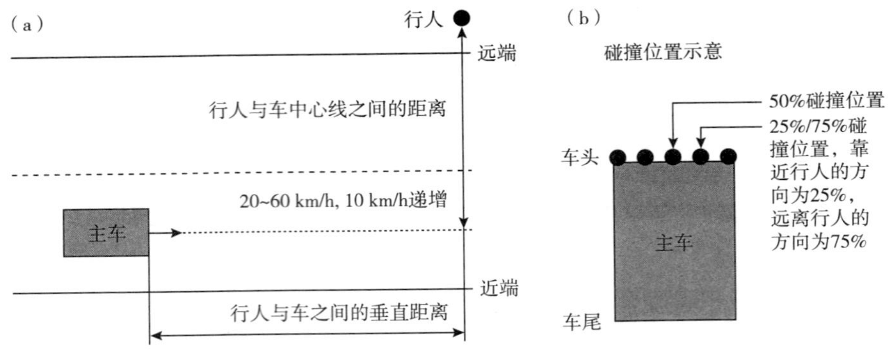

图 5－41 AEB 标准/标准扩充测试用例—直道—行人碰撞测试用例图解

lision Warning，FCW）、自适应巡航控制（Adaptive Cruise Control，ACC）、车道偏离预警（Lane Departure Warning，LDW）、车道保持辅助（Lane Keeping Assistant，LKA）和自动泊车辅助（Automatic Park Assist，APA）等，其对应的测试用例的设计思路与 AEB 测试用例的设计思路类似，FCW 主要参考了 ISO[6]、NHTSA[7]、SAE[5]；ACC 主要参考了 ISO[6]；LDW 主要参考了 ISO[9]、NHTSA[10]；LKA 主要参考了 ISO[11]、E－NCAP[12]；APA 主要参考了 ISO[13]、JGJ[14]等。

4. 仿真测试的评价指标

在测试用例确定后，还需要相应的评价指标来对仿真测试结果进行评价。评价指标应该具有一定的客观性、准确性、唯一性，同时，因为不同测试用例的场景具有不同的复杂度，所以不同测试用例的测试结果在最终的评价中应该具有不同的权重。基于以上原则，我们设计了基于功能的评价指标和基于场景的评价指标，基于功能的评价指标主要评价功能完成的好坏，保证了评价指标的客观性、准确性、唯一性，基于场景的评价指标主要评价该测试用例的结果在最终评价中的权重，保证了评价指标的基于场景的特性。

（1）基于功能的评价指标

仿真测试中，同一功能具有多个测试用例，且每个测试用例均包含了不同的测试条件，因此，设计与测试用例一一对应的基于功能的评价指标的工作量太大。另外，评价指标的确立要经过反复的验证，对每一个测试用例下的测试条件都进行反复验证，选择合理的评价指标显然与虚拟仿真本身的简化实际测试流程、加快功能验证及开发的目的相违背。因此，在本文中，基于功能的评价指标均为根据已有的相关标准及规范，结合虚拟仿真测试的特点，设计成与测试用例无关的，能反映相应功能基本完成情况的指标。

表 5－7 给出了本文已完成的基于功能的评价指标。从表 5－7 中可以看出，各功能的评价指标评价的都是基本功能的完成度，与测试用例无关，也正因为此，各个功能的评价得分均为 1 分。具体计算分数时，则按照满足评价指标的比例，以 1 分为总分进行计算评价。因为基于功能的评价指标没有考虑测试用例的场景复杂度即功能完成难度的影响，因此，不同测试用例下的得分在综合得分中的权重，将由基于场景的评价指标给出。

表 5－7　已完成的基于功能（AEB、FCW、ACC、LDW、LKA、APA）的评价指标

功能	评价指标	总分
AEB	是否避免碰撞	1
	自动刹车是否执行	
	碰撞预警是否执行	
	AEB 系统启动时，两车重叠率≥20%	
FCW	预警时，1.5s＜碰撞时间（TTC）＜4.5s	1
	是否具有点刹预警（持续时间＜1s，减速度＜0.5g，最大速度减少＜2m/s）	
	FCW 系统启动时，两车重叠率≥20%	
ACC	跟车行驶（时距保持在 1.2～2.8s）或达到设定巡航速度行驶	1
	ACC 系统启动期间，平均减速度≤3.0m/s^2	
	ACC 系统启动期间，减速度平均变化率≤2.5m/s^3	
	ACC 系统启动期间，自动加速度≤2m/s^2	
	ACC 系统启动期间，最小跟车时距≥0.8s	
LDW	在警示界限区域［a］内触发警报	1
	在不可警示区域内不触发警报	
	可识别车道线或凸起路标	
	超出最晚警示线后，有短暂转向干预	
LKA	轮胎外边缘超过车道线的距离＜d，小型车 d＜0.4m，重型车 d＜1.1m	1
	LKA 系统启动期间，最大纵向减速度≤3m/s^2	
	LKA 系统启动期间，纵向减速度＞1m/s^2 时，速度减少量小于 18km/h	
	LKA 系统启动期间，最大横向加速度≤3m/s^2	
	LKA 系统启动期间，最大侧向急跳度（jerk）≤5m/s^2	

续表

功能	评价指标	总分
APA	能搜索检测出测试车辆对应大小的停车位	1
	停车后，车辆偏角在 -3°~3°之间	
	停进目标区域	
	APA 启动后，最大前进速度 <10km/h	
	APA 启动后，最大倒车速度 <12km/h	
	0.05m≤车边缘与车位线（或相邻车辆）距离≤0.3m	
	揉库次数≤8 次	

[a] 警示界限：触发警报的界限，这里定为最早警示线与最晚警示线。最早警示线为车道线内侧 1.25m，最晚警示线对乘用车是车道线外侧 0.3m，对大型车（巴士，卡车等）为车道线外侧 1m

（2）基于场景的评价指标

在进行驾驶场景复杂度评级时，我们以信息熵为方法论，结合驾驶场景的维度信息，分别计算场景不同维度的信息熵，并进行加权融合，得到场景的最终信息熵，据此对场景进行复杂度评级。信息熵的概念是 C. E. Shannon 从热力学中借用过来的，利用信息熵可以描述信源的不确定度，对信息进行量化度量，信息熵越大，则信源所包含的信息量越大，复杂度越高[15]。

根据驾驶场景的特点以及虚拟测试评价体系的需求，我们将驾驶场景分为四个维度：主车信息、交通参与者信息、道路信息以及环境信息，分别利用信息熵对各个维度的复杂度进行量化，信息熵计算采用对数的形式，并根据不同维度的特点选取合理的形式和权重，从而得到更加准确的计算结果。

具体而言，主车信息包括速度和动态驾驶任务，应将速度以及动态任务的数量和难度作为权重，分别计算其信息熵；交通参与者信息包括交通参与者类型、数量以及状态，参与者类型、参与者数量以及状态同样会影响场景复杂度，因此，需要以权重的形式作用于信息熵的计算中；道路信息包括道路类型和道路结构，不同的道路类型和结构会影响场景复杂度的计算，因此，这两个要素也需要体现在信息熵的计算过程中；环境信息包括天气和时段，天气和时段会影响路况以及交通参与者的决策，因此，在计算时也应将其考虑在内。信息熵的计算采用如下的公式：

$$C = \log_2(\omega_k + 1)C = \log_2(\omega_k + 1) \qquad \text{式 (5-4)}$$

其中，ω_k 代表不同场景维度下需要考虑的权重因素。

在得到四个场景维度的信息熵计算结果之后，根据维度之间的串并联关系，将四个结果进行加权融合，确保最终的场景复杂度计算结果在 0~1 的取值范围，并据计算结果进行复杂度评级：结果在 0~0.6 之内，则该场景被评级为简单场景；结果在 0.6~0.8 之内，则该场景被评级为中等场景；结果在 0.8~1 之内，则该场景被评级为复杂场景。驾驶场景复杂度评级的流程如图 5-42 所示。

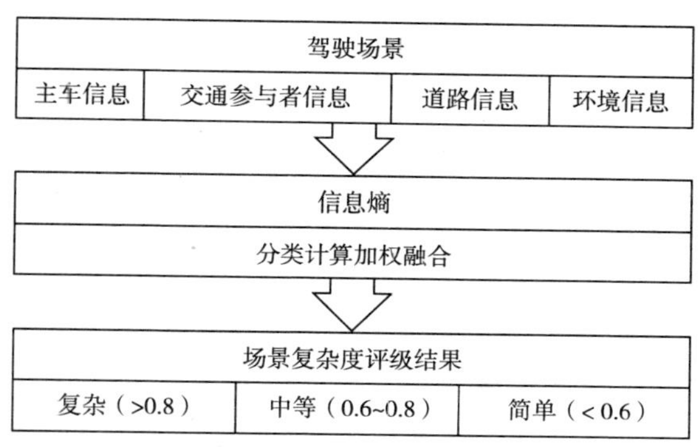

图 5-42　驾驶场景复杂度评级的流程

与基于功能的评价指标不同的是，基于场景的评价指标与测试用例一一对应，决定了在该测试用例下功能评价得分占总体最终得分的权重。基于场景的评价指标可以用公式描述出来，且不用经过反复测试，相较于直接在基于功能的评价指标上体现测试用例的区别而言，节省了很多工作量，也更加符合实际。

5. *虚拟仿真测试评价流程*

如图 5-43 所示，在测试时，首先根据所需测试功能选择对应的测试用例及基于功能的评价指标，随后结合对应测试用例下的基于场景的评价指标根据式（5-5）计算其综合得分，从而对所测功能进行评价。

式（5-5）中，N 为测试用例个数，f_i 为第 i 个测试用例下所测功能对应的基于功能的评价得分（满分 1 分），s_i 为第 i 个测试用例下的基于场景的评价得分（满分 1 分），y 为最终的综合得分。

$$y = \left(\sum_{i=1}^{N} f_i \times s_i\right) / N \times 100 \qquad \text{式 (5-5)}$$

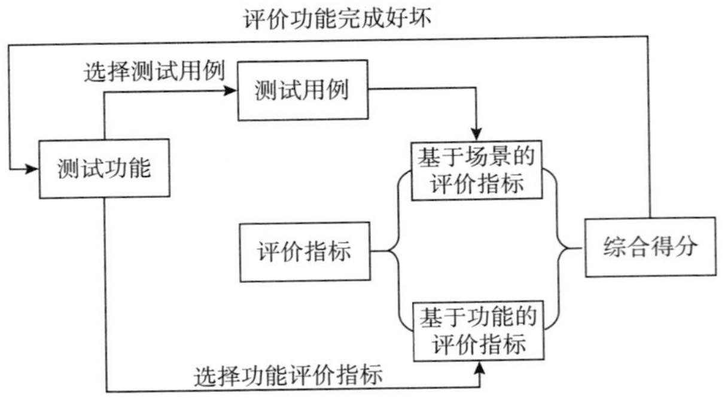

图 5-43 虚拟仿真测试评价流程

最终的综合得分都调整为百分制，本篇文章基于综合得分提出一种基础的等级设置：极差（$y<20$），较差（$20\leqslant y<40$），一般（$40\leqslant y<60$），良好（$60\leqslant y<80$），优秀（$80\leqslant y\leqslant 100$）。在实际应用时，可根据对功能要求程度对分数等级进行调整，也可设计基准车型进行得分对比评价等。

根据综合得分及等级评价，即可对所测功能完成好坏有数量上的评价，从而给虚拟仿真测试提供统一的对照比较方式，加快虚拟仿真测试的发展，有助于自动驾驶功能落地实践。

二 L3 级别自动驾驶仿真验证与评价

目前，还有搭载 L3 级别的自动驾驶功能的车辆量产，L3 级别自动驾驶功能跟 L2 以下级别的自动驾驶功能的区别在于，前者自动驾驶系统执行整个 DDT（参与时），驾驶员随时准备接管车辆。由于 OEDR 由系统完成，L3 级别的仿真验证与评价与 L2 级别的稍有不同。

1. 面临的挑战

目前已有的整车开发流程如图 5-44 所示。V 模型是一个从软件开发角度总结而来的过程模型，同样可用于开发汽车领域中复杂的、高风险的系统。V 模型大体可以划分为以下几个不同的步骤：需求分析、系统设计、子系统设计、部件设计、部件测试、集成测试、系统测试、验收测试。首先要从客户的角度明确整个产品的功能需求（这里是车辆），V 模型左半边从不同的层级描述了需求说明和系统草图，V 模型右半边描述了系统开发的验证流程。这一目的下规定了不同层级功能设计的强制测试，这些测试需满足产品开发需求。最后一步是检验整个产品是否满足客户的功能需求[16]。

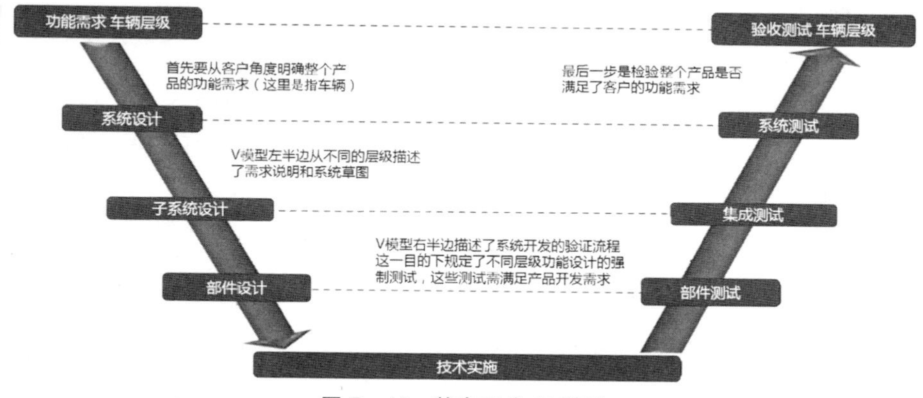

图 5－44　整车开发 V 模型

随着整车电子装备率的提升，功能安全越来越受重视，国际标准化组织 ISO 定义了汽车电子电气功能安全（Functional Safety）标准 ISO 26262，用于规范系统投入使用前验证系统安全性的流程，这一流程一直成功地应用于只有人类驾驶的车辆以及高级驾驶辅助系统。加入 ISO 26262 标准之后的 V 开发模型如图 5－45 所示[16]。

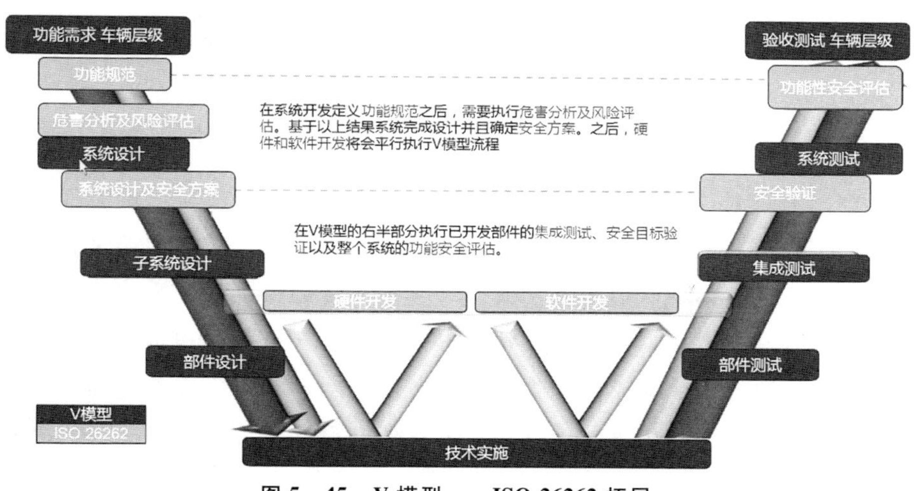

图 5－45　V 模型——ISO 26262 拓展

加入高等级的自动驾驶功能之后，车辆面临着非常多的挑战，主要包括以下方面。

（1）与其他人类交通参与者的交互（混合交通）。

（2）驾驶员与自动驾驶间的接管。

（3）运行在高度复杂及难以预测的环境下（开放世界）。

（4）在软件模块中大强度使用深度学习方法的保障。

（5）无人类驾驶员作为后备保障（失效运行代替失效安全）。

（6）在产品生命周期改变了需经严格安全验证的功能性需求，例如扩展了功能范围和运行环境。

紧随其后需要的开发和安全保护流程如图 5－46 所示，其中斜杠部分为亟须拓展的流程，用于解决上述挑战[16]。

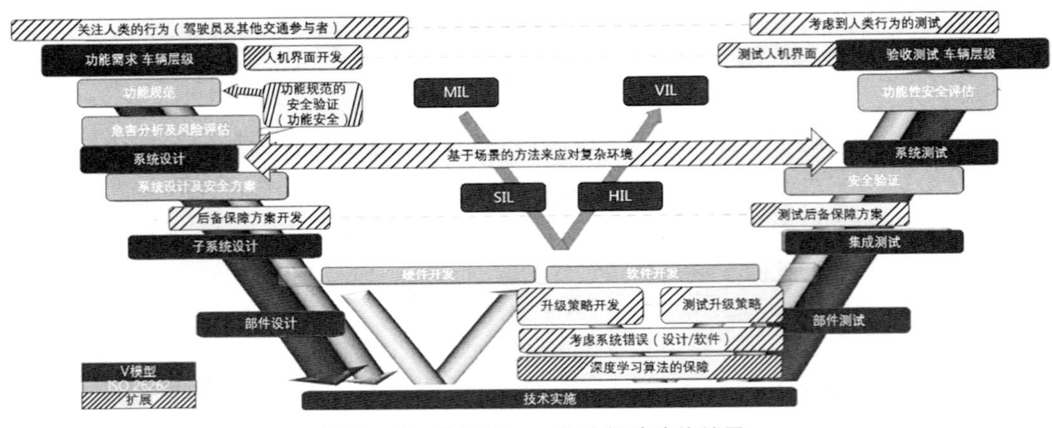

图 5－46　V 模型——自动驾驶功能扩展

2. 仿真验证与评价流程

德国 PEGASUS 项目提出一个针对 L3 级别的仿真验证与评价流程（见图 5－47）。首先需要对数据库的需求进行定义与转换。需求主要来自知识储备，如法律、标准、指南等，根据需求定义将会得到技术需求。场景数据的来源有驾驶测试、仿真、驾驶模拟器、FOT/NDS 以及事故等，这些场景信息数据将会被处理转换成统一的数据格式并以逻辑场景和参数空间的形式存储在数据库中。通过对这些场景数据进行标准集成以及选择决策会得到逻辑测试用例空间。通过将测试用例分配到仿真、场地以及道路测试，对该功能进行评价与分类，最后进行风险测定并得出安全报告[17]。

3. 测试理念与通过标准

从逻辑场景到测试用例，如何进行测试用例分配以及测试过程如何工作？测试理念与测试用例的分配如图 5－48 所示，首先所有的逻辑场景会在仿真中进行测试，其中测试结果显示具有挑战性的场景将会进一步在场地

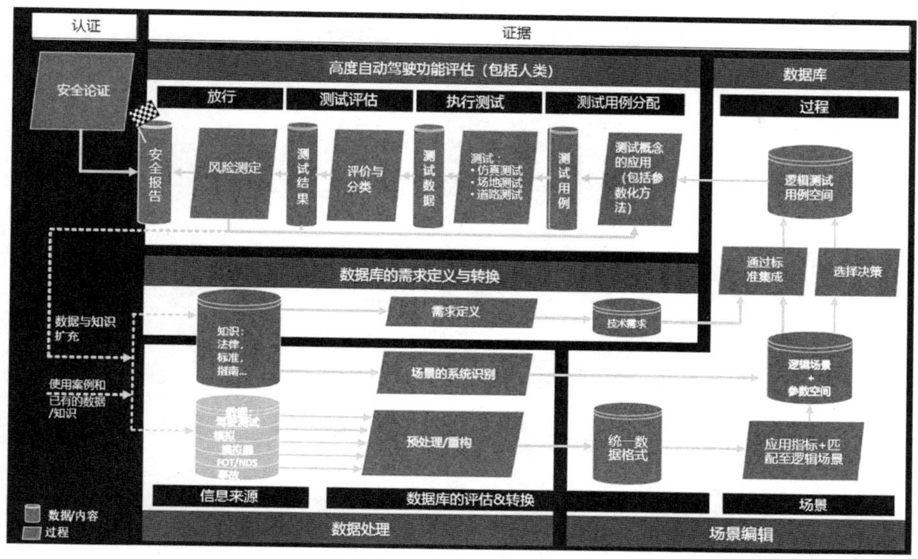

图 5－47　仿真验证与评价流程

测试中进行验证。最后的实地测试将在选定的路径上进行，在实地测试中找到的“惊喜”会以补充场景的形式补充逻辑场景空间[18]。

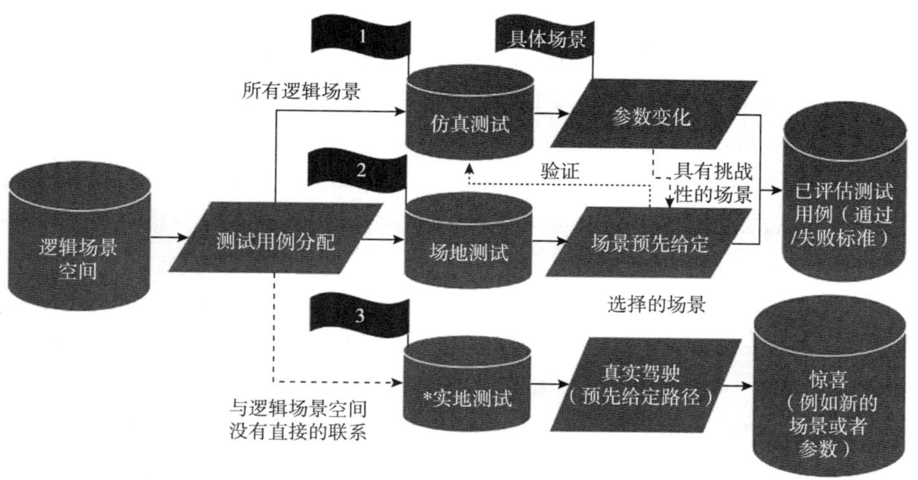

图 5－48　测试理念与测试用例的分配

由于 L3 级别的自动驾驶功能能实现连续性的 DDT，它的功能完成度评价无法像前文所述 L2 级别以下自动驾驶功能那样进行，因此采用通用的通过/失败准则，主要分为以下三方面（见图 5－49）[18]。

图 5-49 通过/失败准则

同样的，L3 级别的自动驾驶功能的仿真测试场景也可以有不同的场景复杂度评级，并在最后得分中分配不同的权重。

参考文献

[1] C. Chen, Y. Wu, Z. Liang, Y. Zhai and L. Zhang, "Research on Evaluation System of L1-L2 Autonomous Driving Simulation Test based on Driving Scenarios", 2018 IEEE 9th International Conference on Software Engineering and Service Science, pp. 464-472, 2018.

[2] S. A. E. J3016, "SURFACE VEHICLE RECOMMENDED PRACTICE: (R) Taxonomy and Definitions for Terms Related to Driving Automation Systems for On-Road Motor Vehicles", 2018-06.

[3] W. Hulshof, I. Knight, A. Edwards, M. Avery and C. Grover, "Autonomous Emergency Braking Test Results", Proc. 23rd Int. Tech. Conf. Enhanc. Saf. Veh., pp. 1-13, 2013.

[4] C-NCAP, "C-NCAP 管理规则-2018." 2018。

[5] S. A. E. J2400, "Human Factors in Forward Collision Warning Systems: Operating Characteristics and User Interface Requirements." Society of Automotive Engineers, 2012.

[6] I. S. O. 15623, "Intelligent transport systems—Forward vehicle collision warning systems—Performance requirements and test procedures." Geneva: International Organization for Standardization, 2013.

[7] N. H. T. S. Administration and others, "Forward collision warning system confirmation test," Off. Veh. Safety, Off. Crash Avoid. Stand. Natl. Highw. Traffic Saf. Adm. Washington, DC, 2013.

[8] I. S. O. 15622, "Intelligent Transport Systems—Adaptive Cruise Control Systems—Performance Requirements and Test Procedures." Geneva: International Organization for Standardization, 2010.

[9] I. S. O. 17361, "Intelligent transport systems—Lane departure warning systems—Performance requirements and test procedures." Geneva: International Organization for Standardization, 2017.

[10] N. H. T. S. Administration and others, "Lane departure warning system confirmation test and lane keeping support performance documentation", US Dep. Transp., 2013.

[11] I. S. O. 11270, "Intelligent transport systems—Lane keeping assistance systems (LKAS) — Performance requirements and test procedures." Geneva: International Organization for Standardization, 2014.

[12] E. NCAP, "Lane Support Systems Test Protocol." 2015.

[13] I. S. O. 11787, "Intelligent transport systems—Assisted Parking System (APS) —Performance requirements and test procedures." Geneva: International Organization for Standardization, 2016.

[14] JGJ100，"汽车库建筑设计规范"。

[15] Shannon C E., A mathematical theory of communication. ACM SIGMOBILE mobile computing and communications review, 2001, 5 (1): 3-55.

[16] PEGASUS, V-Modell und Prozess-Analyse, www.pegasusprojekt.de.

[17] PEGASUS, Vorgehen & Durchgängigkeit, www.pegasusprojekt.de.

[18] PEGASUS, Testkonzept und Testfallzuordnung, www.pegasusprojekt.de.

第六章　自动驾驶感知融合算法实现与应用

第一节　自动驾驶车载传感设备

在自动驾驶技术的研发与应用实现中，会用到各种各样的传感器。按照自动驾驶汽车场景数据采集需求及当前传感器探测视场、探测距离的能力，传感器采集数据应覆盖车体周围360度，前方最远探测距离不小于150米，后方最远探测距离不小于80米，左右侧向探测距离不小于20米。数据采集传感器比如摄像头、激光雷达、毫米波雷达、红外夜视摄像头、超声波雷达等设备都是很常见的，从本质上说，他们是对不同波长的信号进行感知。

智能驾驶的发展将大幅提升对传感器的需求量。超声波雷达、毫米波雷达和多摄像头系统已经在高端汽车上应用；随着智能驾驶发展势如破竹，环境感知技术将快速发展，进一步发挥协同作用。虽然传感器仅仅是自动驾驶汽车的一部分，但是市场前景十分广阔。

一　视觉传感设备

自动驾驶车辆通过传感器感知周围的世界。在众多种类的传感器中，视觉传感器（摄像头）是最为基本和常用的一种。

可见光是一个比较特殊的波段。之所以特殊，是因为可见光是人类乃至大部分生物天然感知的波段。人主要通过视觉驾驶车辆，路面上的大部分信息也都来源于视觉。例如路面、分道线、隔离带、路标、红绿灯、指示牌，都是视觉信息。无论是人眼还是摄像头，都能够获取富含信息的视觉图像。前方道路上行驶的车辆、路面的各种标线、正过马路的行人、远处的红绿灯，都能很好地描述我们现在位置、周边的环境、其他交通参与者的状态。根据连续图像，我们甚至可以推测或预判他们的下一步运动路线。

使用视觉传感设备来探测可见光一般只需要被动接收即可，因为自然界大部分物体可以散发可见光，这使得视觉设备并不需要额外发射波束来等待回波以达到探测目的。这就避免了类似其他主动传感器潜在的发射波与接收波、不同传感器发射波之间的干扰问题。因此视觉传感设备不需要信号发射结构，这样结构设计会相对简单、成本也会更节省；因为没有发射功率的限制，能够探测的距离也比主动传感器远很多。

1. 摄像头

在自动驾驶技术研究过程中，摄像头主要用于采集车辆周围环境有利于可见光识别的目标、驾驶员的疲劳驾驶信息等。

摄像头在光照较好的情况下对行人、车辆、交通标志、路面等目标具有较好的识别能力。车载摄像头根据配置与用途不同，分为前视、后视和环视摄像头。其中前视和后视摄像头成像距离较远，应配置高分辨矩阵和窄视场长焦镜头，环视摄像头成像距离较近，使用中分辨面阵和宽视场短焦镜头。

车载摄像头由于其相对低廉的价格得到了广泛应用，是自动驾驶技术研究中最基本最普遍应用的传感器，未来市场空间也很巨大，将超百亿元。摄像头对于多个 ADAS 功能也必不可少，未来单价也有望继续走低，将带动车载摄像头市场空间快速扩大。全球车载摄像头出货量将从 2014 年的 2800 万枚增长到 2020 年的 8300 万枚，复合增长率达到 20%。据此估算，全球车载摄像头市场规模将从 2015 年的 62 亿元增长到 2020 年的 133 亿元，年复合增长率将达到 16%。消费区域主要在美洲、欧洲、亚太等地，其中亚太地区将成为增长最快的市场。

场景数据采集车辆外部摄像头的性能指标要求如表 6－1 所示。

表 6－1　车辆外部摄像头性能要求

序号	指标	前向、后向摄像头	环视摄像头
1	分辨率	1280×720pixels	640×640pixels
2	水平视场	45°～60°	100°～150°
3	垂直视场	≥40°	≥75°
4	动态范围	≥100dB	≥100dB
5	可视距离	≥150 米	≥20 米
6	输出频率	20 帧/秒	20 帧/秒
7	防水防尘	IP67	IP67
8	工作温度	－40℃～＋85℃	－40℃～＋85℃

驾驶员信息采集包括两个监控画面，其一是与车辆/环境/背景相关的驾驶员眼睛/头部运动；其二是驾驶员与车辆的相互作用，以及其他驾驶员动作（踏板、换档、方向盘处理及移动电话使用）。数据采集项包括事件发生时刻、驾驶员危险驾驶（分心、疲劳、不良情绪）图像，驾驶员视线方向图像，对事件预先意识和发生事件后的反应图像等。车内摄像头性能指标要求如表 6－2 所示。

表 6－2　车辆内部摄像头性能要求

序号	指标	参数值
1	分辨率	640×640pixels
2	感光灵敏度	0.05lux
3	输出频率	20 帧/秒
4	视场角	≥45°
5	焦距范围	3～15mm
6	防水防尘	IP67
7	工作温度	0℃～+85℃

2. 红外夜视摄像头

2018 年美国时间 3 月 19 日晚上 10 点左右，Uber 的一辆自动驾驶汽车在亚利桑那州凤凰城市行驶时发生交通事故，撞上一名正推着自行车在非人行横道线区域横穿马路的女性行人，行人在送医后不治身亡。这是自动驾驶汽车导致行人死亡的首起事故。事后调查结果显示，事故前 6 秒 Uber 驾驶系统已经监测到了路人，但先后将其辨别为不明物体、车辆和一辆自行车。

无论人眼还是高清摄像头在黑夜或光线较暗的地方辨清物体是一件困难的事，这与人眼成像原理有关。眼睛或摄像头之所以能够看到物体，前提条件是物体表面必须有光的反射，如果光的反射较少或者缺失，那么摄像头或人眼视线就会变差甚至看不见。现阶段市面上的视觉感知相关产品在光线良好情况下已经可以达到很好的识别效果，但在夜间或恶劣的天气条件下，其感知能力会大幅度下降，甚至完全失去识别能力。而汽车的行驶不分昼夜，如果夜间感知的问题不能很好解决，自动驾驶汽车便很难落地行驶，因为行驶途中随时可能遇到隧道等光线严重受限的路况。

要破解这个难题，就需要在成像原理上做出改变。自然界中，高于绝对零度（-273.15℃）的物质都可以产生红外线。红外线，又称红外辐射，是波长介于微波与可见光之间的电磁波，波长在760纳米（nm）到1mm之间，比红光长的非可见光。利用探测仪测量目标本身与背景间的红外线差可以得到不同的热红外线形成的红外图像。热红外线成像原理不同于可见光的成像，只要物体之间存在温差即可，因此也就不区分白天黑夜了，除了能够胜任黑夜的环境以外，对于沙尘、雾霾等天气也不在话下。

红外夜视是一项不错的功能，但由于价格高昂，目前在售的车型中只有二十余款车型配置这样的功能，且大多是豪华车型。除了国际顶级OEM的顶配车型中配有红外夜视功能外，国内也有极少数OEM跟上了步伐。国内车型中搭载红外夜视的有红旗H7尊贵版、东风裕隆纳智捷MASTER CEO（大7MPV）、国金GM、众泰T500等。

红外夜视的相关市场产品系统目前的价格还比较高昂，但随着技术的成熟，其价格也会随着后期市场的大量需求而呈下降趋势。

3. 视觉识别技术

汽车要实现真正的无人驾驶，它必须能够感知和识别周围的物体，并且要知道自己的确切位置。这两方面都是无人驾驶技术的核心。

使用视觉识别技术获取场景中的深度信息可以在无人驾驶中帮助我们探索可行驶区域和目标障碍物。在无人驾驶中对各种车辆、行人、非机动车的检测与追踪是大家比较熟悉的应用，基于深度学习的物体检测方法是目前效果最好、最主流的方法。它对于传统算法来讲，大大降低了物体检测的漏检率和误检率。

比如从图6-1我们可以看到深度学习算法是可以很准确地检测出场景中的行人、车辆以及其相关的部分属性信息。

图6-1　图像识别技术

另外场景分割也是视觉识别很重要的一部分，场景分割其实是在检测任务上对周围的环境更进一步的了解。例如，在场景分割中，我们不仅仅对行人、车辆和非机动车等进行一个分割，同样对背景静态障碍物，也能进行很好地感知。

现阶段图像识别算法技术已经成熟到可以实时判定动静态物体的属性信息，比如其类型、尺寸、距离等，已经可以为无人驾驶提供道路信息及其他交通参与者相关数据支持。

但是目前视觉识别技术在无人驾驶上的应用难点在于不同公司对于不同视觉传感器甚至同一视觉传感器的算法不同，由此得到的结果与效果也会有很大的出入，随着深度学习算法的快速发展，识别技术也会逐渐趋于成熟；另外由于自动驾驶技术用到的摄像头数据都是图像处理之后的结果数据，所以有些厂家直接将自己的官方算法集成到自己的硬件产品中，以达到与自身硬件的最优匹配，比如目前世界上做得最好的算法集成摄像头产品 Mobileye。

Mobileye 成立于 1999 年，总部在以色列，主要从事汽车工业的计算机视觉算法和驾驶辅助系统的芯片技术的研究。其研究成果和产品，可视作目前世界上最顶级的“智能驾驶辅助系统”，目前 Mobileye 与沃尔沃、通用、宝马、现代、沃尔沃客车、雷诺卡车等全球 25 家主机厂商，13 家汽车制造厂商都有合作，有超过 2700 万台汽车采用 Mobileye 的产品或技术。比如沃尔沃的“城市安全系统”和宝马的“车道偏离预警系统”均采用了 Mobileye 的核心芯片。目前 Mobileye 的几款产品已经占到 ADAS 领域 90% 的市场份额，未来还将会在碰撞检测系统方面占有 70% 的市场份额，这是实现自动驾驶的关键技术。2017 年 3 月 13 日，英特尔以 153 亿美元收购 Mobileye，这成为以色列科技界历史上金额最高的一起收购案。

Mobileye 的智能视觉能力主要通过其核心芯片 EyeQ2 视觉处理器和搭配的一套算法来实现。这套系统的功能特点就是：通过一个高敏感度的摄像头，赋予车辆自身一个观察前方及周围的视觉信息获取渠道，通过获取图片中物体的关键特征和轮廓，辨别周围的环境，认出行驶周边的行人、车辆、自行车、摩托车、交通标识、红绿灯等重要的交通信息；并计算可能会带来危险的行人、其他交通工具或障碍物，进而对车辆驾驶员在发现危险前的数秒内，通过声音或者图像来提前报警，避免危险发生。

Mobileye 基于其独有的算法能力通过关键特征与轮廓可以识别各种障碍

物，但对于没有明显外部特征和轮廓的障碍物识别能力则大打折扣，比如路边的隔离桩等，因此其也有不可避免的一些短板，列举如下。

（1）由于设备的安装位置一般面向车辆行驶方向正前方，Mobileye 系统只能智能识别车尾特征，如果侧面来车，就无法做到有效识别。

（2）由于其车身周边盲区以及算法数据库的关系，对身高低于一定高度的小孩儿识别效果不好。

（3）轮廓或特征不明显的障碍物比如路障、隔离桩、隔离带、大石块等识别效果不好。

（4）Mobileye 需要通过摄像头拍摄的照片来分析，由于车辆行驶环境中光线昏暗、阳光直射，受城市灯光干扰或其他车辆远光灯影响，系统的工作准确率会受较大影响，使得误判、漏判等大大增加。

（5）系统无自学习能力，一旦设备离线安装后，数据库信息无法及时更新。在一些特殊不常见的地区，一些区域特征明显的交通工具无法被判断出来；车主无法通过实地取样将图像发送给 Mobileye 公司总部并把特征信息添加进数据库，以对出售的产品进行后期升级。

（6）目前的 Mobileye 系统不能与车辆的其他传感器相互合作，会对车主造成重复设备投资。

（7）在现阶段下，Mobileye 系统只能做到对驾驶进行提前预警，还不能联合车辆的其他传感器进行信息融合，从而对车辆采取刹车、换道等主动控制功能。

由于环境的变化不同，视觉传感设备摄像头会时常出现过曝和欠曝的问题，这些都是非常严重和常见的问题。解决这个问题的方法就是通过传感器融合，也就是说当视觉传感器失效的时候，可以融合其他传感器，包括激光雷达、毫米波雷达、超声波雷达等对周围环境进行感知，来保证它的安全。

二　车载雷达

雷达通过对目标物体发射电磁波或者声波并接收其回波，通过计算获得目标物体的距离、距离变化率（径向速度）、大小、方位等信息。雷达最先应用于军事领域，后来逐渐民用化。随着汽车智能化、自动化、网联化的发展趋势，雷达开始逐渐应用于汽车技术研发，主要用于道路的交通参与者测距、测速等功能。汽车雷达可分为超声波雷达、毫米波雷达、激光雷达等，不同雷达的性能特点各有优势，可用于实现不同的感知功能。超声波雷达、红外雷达、激光雷达都是通过对回波的检测，与发射信号相比较，得到脉冲时间、相位或频率的差值，从而计算出发射与接收信号的时间差。再分别对应于超声波、红外线、激光在空气中的传播速度，计算出与障碍物的距离与相对速度等信息。

1. 毫米波雷达

毫米波是指波长介于 1 ~ 10mm 之间的电磁波，波长短、频段宽，比较容易实现窄波束，雷达分辨率高，不易受干扰。毫米波雷达是测量被测物体相对距离、相对速度、方位的高精度传感器，早期被应用于军事领域，随着雷达技术的发展与进步，毫米波雷达传感器开始应用于汽车电子、无人机、智能交通等多个领域。

毫米波雷达在智能驾驶方面主要用于采集车辆前方、后方和侧向运动目标的位置和运动速度信息，以及毫米波易于识别的静态目标信息。

车载毫米波雷达的原理是通过天线向外发射毫米波，接收目标反射信号，经后方处理后快速准确地获取汽车车身周围的物理环境信息（如汽车与其他物体之间的相对距离、相对速度、角度、运动方向等），然后根据所探知的物体信息对其进行目标追踪和识别分类，进而结合车身动态信息进行数据融合，最终通过中央处理单元（ECU）进行智能处理。经合理决策后，以声、光及触觉等多种方式告知或警告驾驶员，或及时对汽车做出主动干预，从而保证驾驶过程的安全性和舒适性，减少事故发生概率。

目前世界上各个国家对车载毫米波雷达分配的频段各有不同，主要有三种波段——24GHz、60GHz、77GHz，而目前正在向 77GHz 靠拢。欧洲和美国选择的是对 77GHz 的集中研究，而日本则选用了 60GHz 的频段，随着世界范围 77GHz 毫米波雷达的广泛应用，日本也逐渐转入 77GHz 毫米波雷达的开发。

现阶段各个国家在智能网联产品的研发上对毫米波雷达的应用主要是以 24GHz SRR（Short Range Radar）系统 + 77GHz LRR（Long Range Radar）系统的形式出现，24GHz 毫米波雷达主要负责短距离探测，77GHz 毫米波雷达主要负责远距离探测。而 77GHz 毫米波雷达也逐渐趋于主流，主要原因有：77GHz 首先受到了政策上的支持，世界主流频段得到了统一；77GHz 的车载雷达带宽更大、分辨率更高、抗干扰能力更强；毫米波车载雷达对行人的反射波识别能力较弱。所以，使用分辨率更高的 77GHz 的车载雷达会加强对物体的识别能力。

而毫米波雷达与其他的车载传感器相比，主要具有以下三大优势。

（1）探测性能稳定：不受被测物体表面形状、颜色等的影响；对大气气流、气涡等适应性强。

（2）探测距离较长：车载毫米波雷达一般的探测距离为 150 ~ 200m 之间，有些毫米波雷达探测距离能达到 300m 的范围。能够满足高速行驶环境下对较大距离范围内的环境监测需要。

（3）环境适应性良好：毫米波有很强的穿透能力，其测距精度受雨、雪、雾、阳光等天气因素和杂声、污染等环境的影响较小，可以保证车辆在任何天气下的正常运行。全天候适应性决定了其未来成为主力传感器的核心地位。

目前中国市场中高端汽车装配的毫米波雷达传感器基本依赖进口，为大陆、博世、电装、奥托立夫、Denso、德尔福等传统零部件巨头所垄断，特别是 77GHz 毫米波雷达技术，只有博世、大陆、德尔福、电装、TRW、富士通天、Hitachi 等公司掌握。市场被美、日、德企业垄断，价格高昂，自主可控迫在眉睫。国内自主车载毫米波雷达产品总体仍处于研制阶段。因研发成本及难度较低，目前国内厂商研发方向主要集中于 24GHz 雷达产品。

博世及大陆在汽车毫米波雷达市场占有率均为 22% 左右，并列全球第一阶梯。博世的长距离毫米波雷达产品是其核心产品，探测距离可以达到 250 米，是目前探测距离最远的长距离毫米波雷达，主要用在自巡航控制系统 ACC 中；而大陆较为全面，其主力产品则为 24GHz 毫米波雷达；Hella 则是以 24GHz 雷达为其核心，客户范围最广，其 24GHz 雷达市场占有率全球第一。

表 6－3　国外毫米波雷达产品

主要公司	主要产品	雷达频率	探测距离
德国博世（Bosch）	中距离雷达 MRR	76 ~ 77GHz	前向：不大于 160m 后向：不大于 80m
	长距离雷达 LRR4	76 ~ 77GHz	前向：不大于 250m
德国大陆（Continental）	短距离雷达 SRR320	24 ~ 25GHz	—
	长距离雷达 ARS410	76 ~ 77GHz	前向：不大于 170m
	长距离雷达 ARS430	76 ~ 77GHz	前向：不大于 250m

续表

主要公司	主要产品	雷达频率	探测距离
美国德尔福（Delphi）	中距离雷达 ESR2.5	76～77GHz	前向：不大于 174m
瑞典奥托立夫（Autoliv）	短距离雷达	24～25GHz	—
日本电装	长距离雷达	76～77GHz	—
德国 ZF－TRW	中距离雷达 AC100	24～25GHz	前向：不大于 150m

相比于国外，国内车载毫米波雷达仍处于起步阶段。在 24GHz 雷达方面，国内少数企业研发已有成果，市场化产品即将问世；但在 77GHz 毫米波雷达方面仍处于初级阶段，国内只有极少数企业能做到 77GHz 雷达的样机阶段，产业化进程仍待突破。根据我们产业链调研的情况，国内毫米波雷达企业进展状况如表 6－4 所示。

表 6－4　国内毫米波雷达产品

公司	雷达频率	市场化进度	主要优势
华域汽车	24GHz	24GHz 雷达产品即将问世	24GHz 雷达研发已有多年经验，上市公司资源齐全
浙江智波	24GHz，77GHz	24GHz 雷达处于样机阶段，77GHz 雷达处于实验室阶段	开发人员在无人驾驶硬件领域具有多年经验；亚太股份入股 10%
芜湖森思泰克	24GHz，77GHz	24GHz 雷达已有少量供货，77GHz 雷达正在样机送测阶段，预计 2019 年第三季度完成	研发实力在国内属前沿，24GHz 与 77GHz 雷达进度较快
深圳卓泰达	24GHz	77GHz RCC 雷达已在深圳九州展展出	开发人员从军用领域转往民用领域，经验丰富
沈阳承泰科技	77GHz	77GHz 雷达推出外部测试	77GHz 雷达已在内部测试阶段
南京隼眼科技	77GHz	77GHz 雷达仍处于实验室阶段，2016 年下半年推出样机，计划 18～24 个月后形成量产	背靠东南大学，东南大学拥有国家毫米波雷达重点实验室
北京行易道	77GHz	77GHz 雷达在北京车展由北汽无人驾驶汽车实车展出	77GHz 毫米波雷达研究经验丰富

目前车载毫米波雷达采集数据项包括：车辆前向、后向和侧向障碍物体的位置和速度等信息，常用前向毫米波雷达和角向毫米波雷达性能指标要求如表 6－5 所示。

表 6－5　毫米波雷达性能要求

序号	指标	前向毫米波雷达	角向毫米波雷达
1	方位角范围	25°±5°	110°±10°
2	俯仰角范围	4.5°±0.5°	4.5°±1.5°
3	相对速度范围	－120km/h～＋250km/h	－120km/h～＋250km/h
4	探测距离范围	0.5～190m（RCS＝$10m^2$） 0.5～100m（RCS＝$3m^2$）	0.5～70m（RCS＝$10m^2$） 0.5～30m（RCS＝$10m^2$）
5	距离分辨率	0.5m	0.5m
6	方位角分辨率	0.2°	0.2°
7	俯仰角分辨率	1°	—
8	相对速度分辨率	1m/s	1m/s
9	距离精度	±0.5m	±0.5m
10	方位角精度	±0.1°	±0.1°
11	俯仰角精度	±0.5°	—
12	相对速度精度	±0.5m/s	±0.5m/s
13	工作频率	20Hz	20Hz
14	工作温度	－40℃～＋85℃	－40℃～＋85℃

2. 超声波雷达

超声波雷达是一款现阶段已经得到普遍应用的传感器，常见于小型汽车的倒车安全辅助功能，解除了驾驶员驻车、倒车和启动车辆时前后左右探视所引起的困扰，帮助驾驶员弥补了视野死角和视线模糊的缺陷。

超声波雷达的工作原理是通过超声波发射装置向外发出超声波，到通过接收器接收到反射回来的超声波的时间差来测算距离。目前，常用探头的工作频率有 40kHz、48kHz 和 58kHz 三种。一般来说，频率越高，灵敏度越高，但水平与垂直方向的探测角度也越小，故一般采用 40kHz 的探头。超声波雷达防水、防尘，即使有少量的泥沙遮挡也不影响工作。探测范围在 0.1～3 米之间，而且精度较高，因此非常适合应用于泊车或超近距离探测障碍物。

常见的超声波雷达有两种。第一种是 UPA，探测距离在 15～250cm 之间，一般安装在汽车前后保险杠上，用于测量汽车前后障碍物距离；第二种是 APA，探测距离在 30～500cm 之间，一般安装在汽车侧面，用于测量侧方障碍物距离。相比较而言，APA 的功率更大，探测范围更远，成本也更高。

目前大部分车型搭载的超声波雷达为倒车雷达 UPA，而随着近年来自动驾驶概念的兴起，基于超声波的自动泊车功能，逐渐进入大众视野，APA 的市场会逐渐打开。

超声波雷达优劣势同样比较明显。

（1）优势：超声波的能量消耗较缓慢，在介质中传播穿透性强，测距的方法简单，成本低。在短距离测量中，超声波测距传感器具有非常大的优势。

（2）劣势：由于超声波的传输速度容易受到天气情况的影响，不同天气情况下，超声波的传播速度不同且速度较慢，所以在车速很高时超声波雷达测距无法实时跟随车速变化，造成误差很大，超出容许范围。另外，超声波散射角大，方向性较差，在测量较远距离的目标时，其回波信号会比较弱，测量精度不高。

基于短距离内测距的优势，超声波雷达已经在大量车型前装与后装市场上得到应用，比如宝马最新的 i 系列和 7 系列已经支持使用车钥匙遥控汽车自动泊车，只需简单的命令指示，汽车就会近距离探测车辆运动方向的障碍物，避免车辆擦碰，自动操作方向盘和制动器，实现自动泊车。一般实现倒车与泊车功能的超声波传感器需要多个功能配合完成。

当前超声波雷达的主要生产商有博世、法雷奥、台湾同致电子、深圳航盛电子、深圳豪恩等，而国产超声波雷达生产厂商现时还很难进入前装市场。由于超声波雷达在技术原理上本身没有太大的难度，国内外厂商之间的差距，主要在于传感器的稳定性和可靠性。在这方面，国内厂商还有更长的路要走，任重道远。

3. 激光雷达

近几年，无人驾驶汽车市场发展火热，继谷歌之后，百度、Uber 等主流无人驾驶汽车研发团队都在使用激光雷达作为传感器之一，与图像识别等技术搭配使用，使汽车实现对路况的判断。传统的汽车厂商也纷纷开始研发无人驾驶汽车，包括大众、日产、丰田等公司都在研发和测试无人驾驶汽车技术，他们也都采用了激光雷达。

激光雷达具有高精度采集车辆周围环境目标3D数据的能力，且有利于障碍物的检测，可用于采集车辆周围的三维目标信息，包括车辆前后方的运动目标信息、路面障碍物，以及车辆周围的环境要素信息。激光雷达通过发射红外激光探测物体的距离，是一种主动传感器，可以全天时工作。

激光雷达的工作原理是通过发射激光束来探测目标位置、速度等特征量的雷达系统，基本方法是发射一束激光，然后测量光在物体表面反射返回来的信号，根据接收模块接收到反射回来的信号所需的时间直接测量雷达系统与物体之间的距离。它的分辨率更高，因为光的波长大约比无线电的波长小10万倍。它可以区分真实移动中的行人和人物海报、在三维立体的空间中建模、检测静态物体、精确测距，具有测量精度高、方向性好等优点。但是激光雷达最大的缺点——容易受到大气条件以及工作环境的烟尘的影响，要实现全天候的工作环境是非常困难的事情。

激光雷达按有无机械旋转部件分类，包括机械激光雷达和固态激光雷达。机械激光雷达带有控制激光发射角度的旋转部件，而固态激光雷达则依靠电子部件来控制激光发射角度，无须机械旋转部件。由于内部结构有所差别，两种激光雷达的体积大小也不尽相同。机械激光雷达体积较大、价格高昂、测量精度相对较高，一般置于汽车外部。固态激光雷达尺寸较小、性价比较高、测量精度相对低一些，但可隐藏于汽车车体内，不会破坏外形美观。

根据线束数量的多少，激光雷达又可分为单线束激光雷达与多线束激光雷达。单线束激光雷达扫描一次只产生一条扫描线，其所获得的数据为2D数据，因此无法区别有关目标物体的3D信息。不过，由于单线束激光雷达具有测量速度快、数据处理量少等特点，多被应用于安全防护、地形测绘等领域，在自动驾驶技术研发过程中，单线束激光雷达主要用于车道线与路肩的检测。多线束激光雷达扫描一次可产生多条扫描线，目前市场上多线束产品包括4线束、8线束、16线束、32线束、64线束、128线束等。

评价激光雷达的性能一般从测量距离、测量精度、测量速率、角度分辨率等几个方面重点考虑，比如自动驾驶的研究与实现对激光雷达的探测距离是有要求的，高速公路上尽可能远地高准确率地检测车辆与障碍物，在十字路口也能观测到马路对面的汽车。测量精度一般是越高越好，但也不是绝对，这主要与后期数据处理能力有关。激光雷达数据可以进行障碍物识别、动态物体检测及定位，如果精度太低就无法达到以上目的；但是，精度太高对硬件又提出很高的要求，计算量非常大，成本也会非常高。所以精度应该是适中为好，这也是为何德国公司 IBEO 仅凭 4 线束与 8 线束雷达产品便做到了世界公认的品牌。

目前激光雷达的先进生产能力主要集中于国外几家大型公司，国内品牌虽然近年来进步速度很快但与国外公司仍有很大的差距，国外以及国内激光雷达的主要生产厂商如下。

（1）Velodyne 公司总部位于美国，在激光雷达领域，Velodyne 可谓“一哥”级。它成立于 1983 年，2005 年开始研发激光雷达，并于同年推出了第一款激光雷达传感器。2007 年，Velodyne 用一款 64 线束激光雷达进入 360°高性能激光雷达领域。谷歌在其最早的自动驾驶原型汽车中，所使用的 LiDAR 传感器就是由 Velodyne 开发的，其产品的测量精度在全行业领域内处于标杆地位，性能优越。Velodyne 的 3D 激光雷达产品种类丰富，包括 16 线束、32 线束及 64 线束等，以及最新的 128 线束激光雷达也已经领先其他品牌率先量产。

Velodyne 激光雷达项目目前已经和 25 个不同的无人驾驶汽车项目达成了合作协议。基本上涉及的 OEM 主机厂和 Tier 1 供应商都在使用Velodyne的激光雷达产品。但是，Velodyne 采用的机械旋转扫描方案有结构过复杂、成本过高、良品率低、模块生产难度大、体积大等问题。

（2）Quanergy 是固态激光雷达的代表生产商，总部位于美国，成立于 2012 年底。产品取消了昂贵的机械旋转形式，使用了固态激光雷达的关键技术“相控阵激光雷达技术”，目前，与 Quanergy 合作的企业有：谷歌、苹果、IBM、博世、奥迪、福特、戴姆勒等。代表产品 M8 是一款具有成本效益的长距离 LiDAR，能够在动态情况下无处不在地使用智能传感。M8 传感器可在任何天气下使用，凭借 360°视野，每秒 420000 点，长测量范围，高精度和高分辨率。

（3）禾赛科技目前公司总部在上海，公司 2013 年成立于美国硅谷圣何塞，2014 年落户上海。主营业务为自动驾驶激光雷达，激光天然气遥测系统等。代表产品禾赛 Pandar 40 是禾赛应用于自动驾驶的 40 线束混合固态激光雷达，改变了自动驾驶激光雷达行业被国际巨头垄断而且需要半年以上交货周期的现状。

（4）北科天绘在国内，成立于 2005 年，从 2014 年调查自动驾驶及机器人用激光雷达的市场潜力，2015 年开始启动导航 LiDAR 技术及产品研发。

2016 年 5 月发布 16 线束 360 度导航 LiDAR——R - Fans，R - Fans 为 16 线束产品，俯仰视场为 30 度，测量距离 1 ~ 100 米，扫描仪总重量 800 克。

除了适用于汽车的激光雷达，北科天绘还研制出 A - Pilot 机载激光雷达，是为了适应我国多山地貌研制的航空测绘装备，可搭载于无人机、固定翼、动力三角翼等多种飞行平台上。其具有测程远；外设配套齐全；测量精度高；设备轻巧（AP - 0300 < 4kg）；数据采集频率高，每秒 600000 个点；覆盖航带宽度大，可扫描视场角 70°等特点。

（5）速腾聚创公司总部位于深圳，2016 年 10 月推出了国内首个应用于无人驾驶汽车的 16 线束混合固态激光雷达 RS - LiDAR，测距 100 米，精度达到了 2cm，垂直角 30 度（±15 度），实时出点数 32 万点每秒。并进行了初期的路测，这也是国产激光雷达首次进行公开展示和测试。另外，速腾聚创公司还完成了单笔总额超过 3 亿元的战略融资，据悉，这是全国激光雷达企业阵营中最大的一次单轮融资。代表产品 RS - LiDAR - 32 是速腾聚创（RoboSense）量产的 32 线束混合固态激光雷达系列产品。

常用机械式激光雷达和固态激光雷达的性能指标要求如表 6 - 6 所示。

表 6 - 6 激光雷达性能要求

序号	指标	机械式激光雷达	固态激光雷达
1	探测距离范围	0.5 ~ 200m	0.5 ~ 200m
2	测距精度	2cm	< 5cm
3	回波强度	不低于 8bits	不低于 8bits
4	水平视场	360°	> 100°
5	垂直视场	> 30°	> 30°
6	测量点频	> 500kHz	> 500kHz
7	测量帧频	10 ~ 20Hz	10 ~ 20Hz
8	距离分辨率	< 5mm	< 5mm
9	水平分辨率	< 0.1°	< 0.1°
10	扫描线束	不低于 32 线束	不低于 8 线束
11	通信接口	Ethernet，PPS	Ethernet，PPS
12	工作温度	-40℃ ~ +85℃	-40℃ ~ +85℃
14	相对湿度	0 ~ 95%	0 ~ 95%
15	防护等级	不低于 IP65	不低于 IP65
16	供电电源	9 ~ 32VDC	9 ~ 32VDC

第二节 自动驾驶感知算法

一 视觉感知

视觉感知算法是一种数据级的模型算法，将利用深度学习平台进行卷积神经网络设计，以实现目标的识别、检测、分割、追踪等，进而完成基于视觉的数据级障碍物感知任务（车辆/行人检测预警、车道线识别、红绿灯识别等）。

针对三个不同规格的前向摄像机，同时具备20fps的帧数速率，可独立完成各自模块。其中，广角摄像头与中等视角摄像头均可以完成识别，并通过广角摄像头的更大探测范围，提升目标追踪的能力。针对识别算法，通过深层神经网络中多种常见模型参数，例如ssd、yolo等，搭建相应识别框。在进行目标识别时，需要大量的标注数据对分类器进行训练，从而实现准确的目标识别。目标训练集应包括大型机动车、小型机动车、两轮车、行人、交通标识、交通标线、交通信号灯等，每一类目标的样本量应在10000以上。

图6-2 交通标识识别效果

此外，通过模型中识别框范围与位移关系，通过成像矩阵运算，以及像素与实际长度比例关系，完成相应的测距模型，流程如图6-3所示。

窄角摄像头可以完成车道线识别，车道线识别的核心算法是边缘检测算法，其中康尼边缘（Canny Edge Detection）检测算法是最为常用的一种。其首先通过高斯模糊滤波器（Gaussian Blur Filter）对图片进行锐度下降。通过

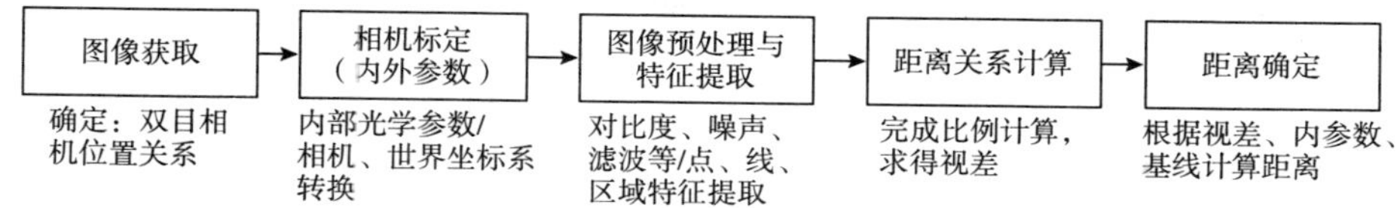

图 6-3　相机距离计算流程

对图片锐度下降，可以有效减少噪声对于图片的影响，这是由于图像中噪声或白点会突然出现在一片较为连续的区域，而噪声会出现在图像高频的信号中，很容易被误识别为边缘。其中需定义高斯模糊滤波器，公式为：

$$H_{ij} = \frac{1}{2\pi\sigma^2}\exp\left\{-\frac{[i-(k+1)]^2+[j-(k+1)]^2}{2\sigma^2}\right\}$$

$$1 \leqslant i,\ j \leqslant (2k+1) \qquad \text{式 (6-1)}$$

通过确定高斯模糊算子核函数，使图像具备不同等级的模糊度，有助于提升边缘识别的有效性。完成高斯模糊滤波器定义后，需对梯度幅度进行抑制（Non-maximum Suppression）；通过计算局部最优梯度，其满足条件：

$$G = \sqrt{G_x^2 + G_y^2}, \Theta = arctan2(G_y, G_x) \qquad \text{式 (6-2)}$$

通过高斯模糊滤波器定义及梯度抑制步骤后，车道线边缘可以有效得到检测，效果如图 6-4 所示。

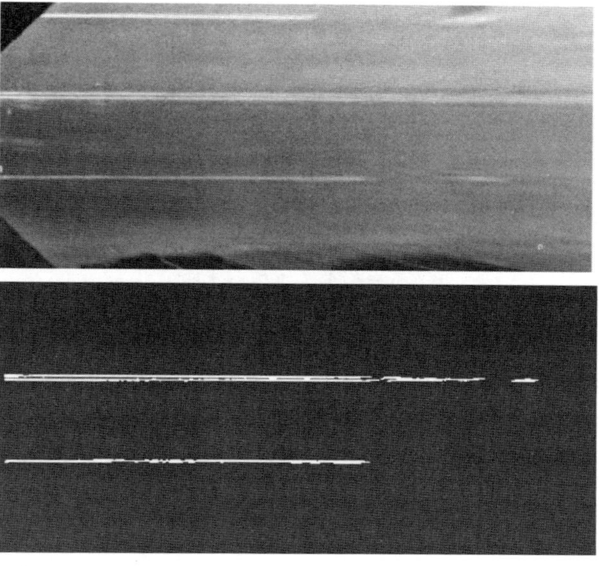

图 6-4　车道线边缘检测效果

再通过限定探测范围等可以有效对当前车道进行探测，并将线投影至世界坐标系，并最终得出拟合数据与直线拟合、输出车道线拟合线段，如图 6－5 所示。

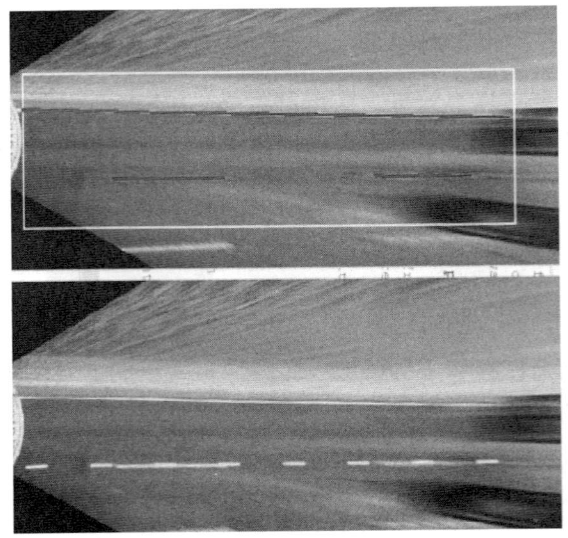

图 6－5　限定范围车道线检测效果

通过以上算法可以对车道线完成精准识别，对虚线与实线进行划分，对车辆决策及相应模块提供可行区域与方向及路线支持。

由于识别车道线时会受到其他图像内线条的干扰，即使加入梯度幅度抑制以及局部最优梯度计算，识别出的车道线仍有可能剧烈波动。通过应用卡尔曼滤波算法到车道线识别上，滤去特殊点，从而有效杜绝识别出来的车道线边缘的剧烈变化，使识别获得较为稳定的结果。卡尔曼线性随机微分方程具备条件：

$$X_k = F_k X_{k-1} + B_k u_k + w_k \quad \text{式（6－3）}$$

其中，F_k 是在 k 时刻对于 $k-1$ 时刻车道线边缘状态的转换模型，X_{k-1} 是边缘点在 $k-1$ 时刻真实边缘点变量，B_k 为在 k 时刻的控制输入模型，u_k 为 k 时刻的控制向量，w_k 为 k 时刻具有多元正态分布属性的过程噪声，然而由于无法直接观察到每一时刻的真实状态，所以需要基于 k 时刻所观察到的边缘点状态再对真实状态进行一个估计：

$$z_k = H_k X_k + v_k \quad \text{式（6－4）}$$

其中，H_k 是将真实状态变量转化为观察到的状态变量的系数，v_k 是观察状态的噪声。在此研究中，通过限定车道线上特征点的范围，以及之前预估的范围，可以提升车辆对车道线相应的识别能力；通过增加卡尔曼滤波算法，可以有效地应对在虚拟或真实场景中，因为光线突然变化，或其他车辆变道而导致车道线短暂消失，以及其他特殊情况下，短暂失去车道线可视性，而失去车道线识别能力的状况。通过以上算法，实现车道线识别精度。

表 6－7　车道线识别精度

No	项目	指标	备注
1	最远检测距离	80m	
2	最近检测距离	NA	摄像头模组安装位置所见最近距离
3	车道线检测长度要求	累计可见 30m	
4	最大倾斜角度	±25°	
5	最小转弯半径	20m	
6	召回率（Recall）	>90%	
7	准确率（Precision）	>90%	
8	车道线偏差	<20cm	偏离超过 20cm 的部分算误检测
9	检测数量	6 条	最多车辆中轴线左右各 3 条

二　雷达点云感知算法

点云算法的开发主要依托于传统 PCL 算法与深度学习算法的融合，PCL 算法旨在利用一些分割算法（如随机采样一致性、最小分割法、欧氏距离、区域增长法等）对原始点云进行划分，最常见的方法是通过随机采样一致性与欧氏聚类方法结合的办法处理，随机采样一致性方法适用于提取特殊几何特征的物体（如路面）；欧氏聚类方法通过 K－D Tree 划分点云空间，并搜索几何距离最近点，能快速分割保证实时性；实现点云的分割后，再通过对数据进行标记，利用传统机器学习模型进行分类，即可识别出分割目标类别，效果如图 6－6 所示。

另外一种方法是深度学习的方法，有两种处理思路，一种是将点云图像进行俯视投影，形成带有高度信息（颜色特征）的点云鸟瞰图，然后通过图像识别算法对目标所在图片位置，估算出目标的距离等信息；另一种

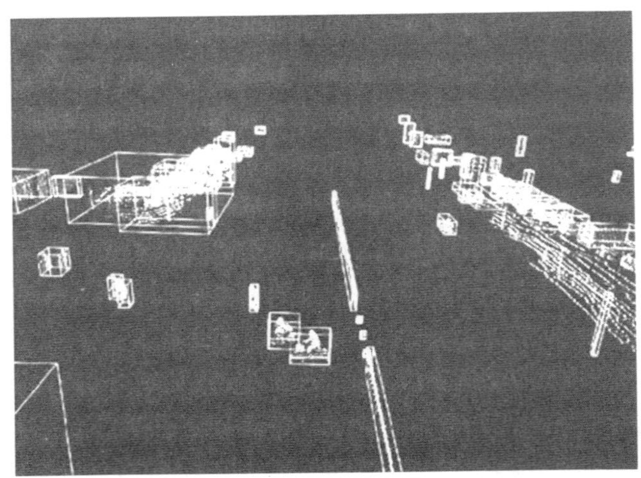

图 6-6　K-D Tree 点云聚类分割算法示意

是端到端的思路，即直接利用卷积神经网络对点云数据进行端到端识别；利用深度学习的识别方法效果示意如图 6-7 所示。

图 6-7　点云深度学习识别算法示意

在利用激光点云进行目标识别时，需要大量的标注数据来构建训练样本集合，从而对分类器进行训练，实现准确的目标识别。目标训练集应包含大型机动车、小型机动车、两轮车以及行人，每一类目标的样本量应在 10000 以上。

三　基于深度学习的计算机视觉算法应用案例

1. 应用 R - CNN 进行目标识别及分类

R - CNN（Regions with CNN features）是当前一种具有代表性的深度学习视觉感知算法，它是将 CNN 方法应用到目标检测问题上的一个里程碑，借助 CNN 良好的特征提取和分类性能，通过候选区域（Region Proposal）方法实现目标检测问题的转化。其大体思路是先在图上提取很多个候选区域，然后判断这个区域是否包含物体以及包含什么物体，最后对包含物体的候选区域位置进行精修。R - CNN 以其快速准确的特性，能够集成在多种工业级应用上。

整体上，R - CNN 可以分为以下几个步骤。首先是在图像中确定1000 ~ 2000 个候选框，之后对每个候选框内图像，使用深度网络提取特征，得到特征后，对这些候选框中提取出的特征，使用分类器判别是否属于一个特定类，同时对于属于某一特征的候选框，用回归器进一步调整其位置。

第一个步骤被称为 Region Proposal（候选区域），就是预先找出图中目标可能出现的位置，通过利用图像中的纹理、边缘、颜色等信息，保证在选取较少窗口（几百个甚至几千个）的情况下保持较高的召回率（Intersection - over - Union，IOU）。比较常用的 Region Proposal 方法有：Selective Search（SS，选择性搜索）、Edge Boxes（EB），R - CNN 使用的方法为 Selective Search，这个方法是首先通过分割方法将图片分割为大量的小图，之后逐个匹配所有小图区域，合并可能性最高的两个区域，在获得合并的候选框后会再次进行合并，重复该迭代过程多次直到获得一个单一的候选框，并将整个过程中得到的所有区域输出并称之为候选区域。常用的合并规则有以下几种。

（1）颜色（颜色直方图）相近的；

（2）纹理（梯度直方图）相近的；

（3）合并后总面积小的；

（4）合并后，总面积在其 BBOX 中所占比例大的；

（5）合并规则要注意保证尺度较为均匀，避免一个区域陆续吃掉其他小区域；

（6）合并后形状要比较规则。

为尽可能不遗漏候选区域，上述操作在多个颜色空间中同时进行

（RGB、HSV、Lab 等）。在一个颜色空间中，使用上述几条规则的不同组合进行合并。所有颜色空间与所有规则的全部结果，在去除重复后，都作为候选区域输出。R－CNN 利用候选区域方法创建了约 2000 个 ROI。

第二个步骤是使用深度网络模型提取出候选区域内的图像特征，这一步骤包括了预处理、预训练、调优训练、类别判断、位置精修等步骤。

预处理过程是将各个候选区域归一化成统一尺寸 227×227，其中有一些细节可以进行变化，诸如归一化尺寸、形变比例、区域截断或补灰，可以根据实际算法过程中的需求来对算法进行定制优化。

预训练过程是应用 LVCR2012 数据集的全部内容进行训练，借鉴了 Hinton 2012 在 Image Net 上的分类网络并进行一定的简化，一共 7 层，其结构如图 6－8 所示。

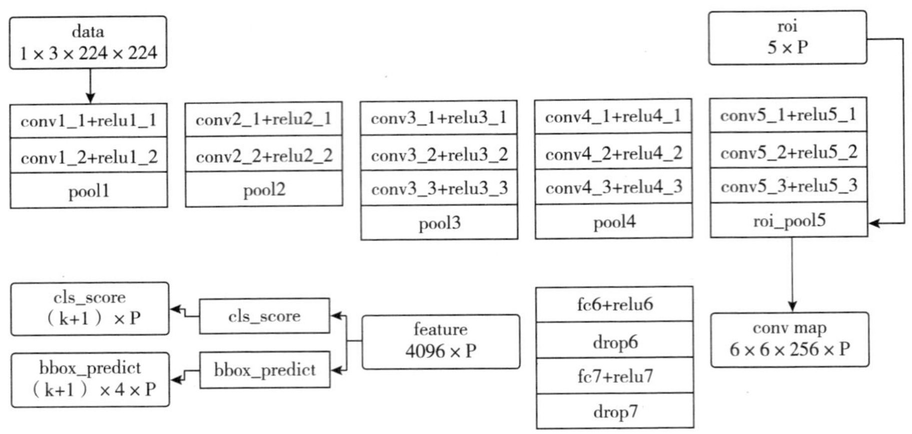

图 6－8　数据集结构

第一层：卷积、池化、归一化；第二层：卷积、池化、归一化；第三层：卷积；第四层：卷积；第五层：卷积、池化；第六层：全连接层；第七层：全连接层。

该网络提取到的特征为 4096 维，之后会送入一个 4096→1000 的全连接层进行特征分类，得到 1000 个类别，学习率建议为 0.01。

在池化层前向计算过程中，将每个候选区域均匀分成 M×N 块，对每块进行 max pooling。将特征图上大小不一的候选区域转变为大小统一的数据，送入下一层。

池化层的反向计算过程中，首先考虑普通 max pooling 层。设 X_i 为输入

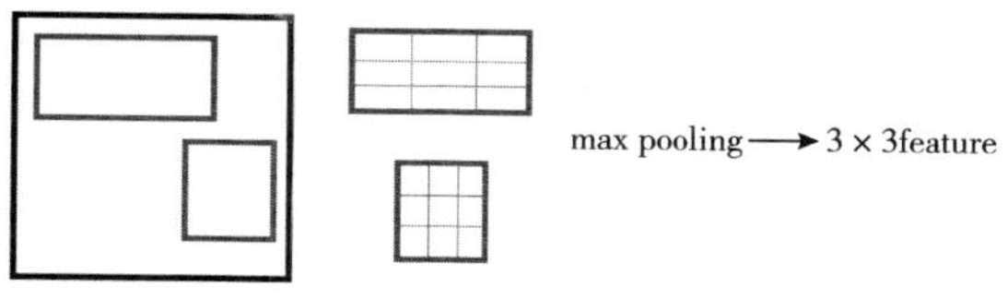

图 6-9　卷积层示意

层的节点，y_j 为输出层的节点。

$$\frac{\partial L}{\partial X_i} = \begin{cases} 0 & \delta(i, j) = false \\ \frac{\partial L}{\partial y_j} & \delta(i, j) = true \end{cases}$$ 式（6-5）

其中判决函数 $\delta(i, j)$，表示 i 节点是否被 j 节点选为最大值输出。不被选中有两种可能：X_i 不在 Y_j 范围内，或者 X_i 不是最大值。对于 max pooling，一个输入节点可能和多个输出节点相连。设 X_i 为输入层的节点，Y_{rj} 为第 r 个候选区域的第 j 个输出节点。

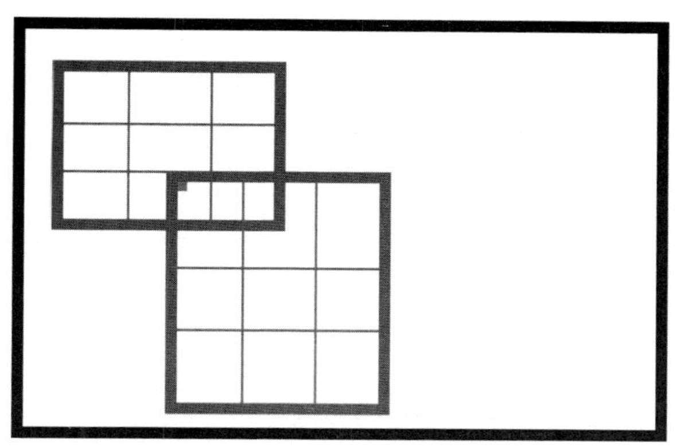

图 6-10　池化层示意

$$\frac{\partial L}{\partial X_i} = \sum_{r,j} \delta(i,r,j) \frac{\partial L}{\partial y_{rj}}$$ 式（6-6）

判决函数 $\delta(i, r, j)$ 表示 i 节点是否被候选区域 r 的第 j 个节点选为最大值输出。代价评估函数为对于 X_i 的梯度等于所有相关的后一层梯度之和。

在得到预训练的网络后，需要进行进一步的调优，获得更加准确的预测。其方法是在该前述的 7 层网络基础上，将最后一层变为 4096→21 的全连接层，其特征包括 20 个类别以及多出的背景一项。这一过程中的训练数据使用的是 PASCAL VOC 2007。如果一个候选框和当前图像上的所有备选框中最大的一个重叠比率大于0.5，则认为此候选框为标定的类别，否则认为是背景。

第三个步骤包括两部分内容：对所有真值候选框进行分类，以及使用回归器对候选框进行精修，分类的目标是框内经过处理后的图像，回归的目标则是框的尺寸。此处对回归可以进行进一步的讲解：对于一个目标检测问题，其衡量标准是目标的重叠面积。许多看似准确的检测结果，往往因为候选框不够准确，重叠面积很小，故需要一个精修的步骤。实现这两个步骤可以应用传统机器学习和神经网络两种不同的方式。

首先是使用传统机器学习的方案。分类方法使用 SVM 分类器，输入为深度网络 4096 维特征。其中正样本为本类的真值标定框，负样本考察每一个候选框，如果和本类所有标定框的重叠比率都小于0.3，则认为是负样本。候选框回归器使用的是线性脊回归器，正则项为 $\lambda=10000$，输入端同样是 4096 维的特征，输出则是 X_y 方向的缩放和平移。回归过程中使用的训练样本为真值重叠面积大于0.6的候选框。

使用神经网络进行分类和回归的方案是将两个步骤合并在一起。在此过程中使用的方法都是全连接层神经网络，其数据结构如图 6－11 所示。

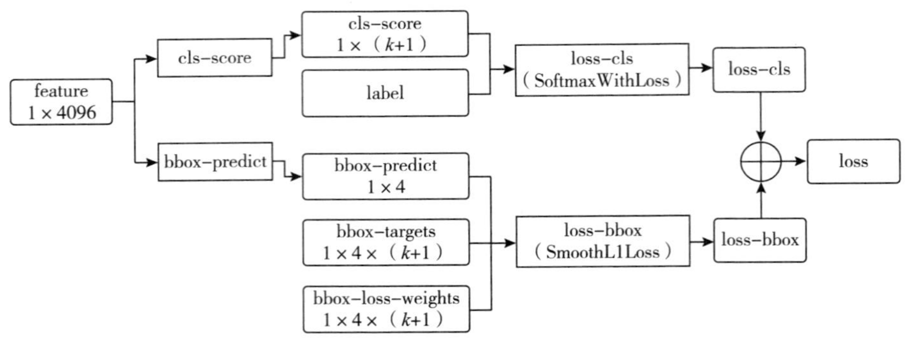

图 6－11　全连接层神经网络数据结构

cls－score 层用于分类，输出 $k+1$ 维数组 p，表示属于 K 类和背景的概率。

bbox－predict 层用于调整候选区域位置，输出 $4\times K$ 维数组 t，表示分别属于 K 类时，应该平移缩放的参数。

代价函数的计算使用的是将两部分网络损失合并而成的一个构造函数，

其中 loss - cls 层评估分类代价。由真实分类 u 对应的概率决定：

$$L_{cls} = -\log p_u \qquad 式（6-6）$$

loss - bbox 评估检测框定位代价。比较真实分类对应的预测参数 tu 和真实平移缩放参数为 v 的差别：

$$L_{loc} = \sum_{i=1}^{4} g\left(t_i^u - v_i\right) \qquad 式（6-7）$$

g 为 Smooth L1 误差，对 outlier 不敏感：

$$g(x) = \begin{cases} 0.5X^2 & |x| < 1 \\ |x| - 0.5 & otherwise \end{cases} \qquad 式（6-8）$$

总代价为两者加权和，如果分类为背景则不考虑定位代价：

$$L = \begin{cases} L_{cls} + \lambda L_{loc} & u\ 为背景 \\ L_{cls} & u\ 为背景 \end{cases} \qquad 式（6-9）$$

2. 应用 YOLO 的视频目标跟踪

R - CNN 具有准确度高，性能较稳定，能够适合部分工业级应用的优点。然而在自动驾驶汽车实时运行过程中，检测速度是实现准确有效跟踪的关键，R - CNN 使用的候选区域（Region Proposal）方法会造成预测框的大量冗余，从而在一定程度上影响其运行效率。随着深度学习的发展，Fast - RCNN、Faster - RCNN、SPP、R - FCN 等新出现的算法都获得了优良的性能，在端到端识别算法中，YOLO 作为其中一个代表性的方法，在准确度和速度上都得到了良好的效果。该算法将物体检测作为一个回归问题进行求解，输入图像经过一次推理，便能得到图像中所有物体的位置和其所属类别及相应的置信概率。

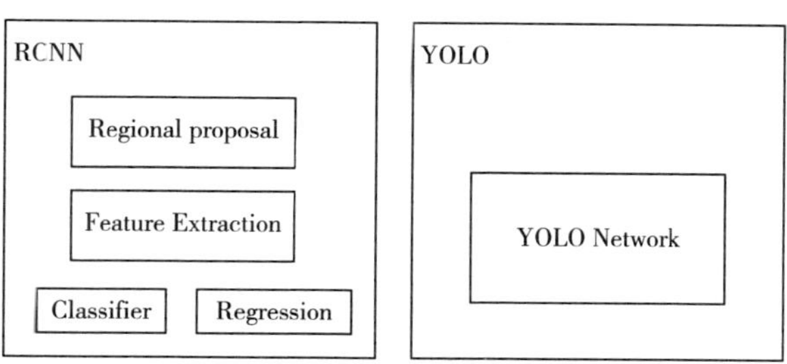

图 6-12　R - CNN 和 YOLO 的网络架构区别

YOLO 检测网络包括 24 个卷积层和 2 个全连接层。其中，卷积层用来提取图像特征，全连接层用来预测图像位置和类别概率值。采用了多个信号下采样层，网络提取到的物体特征并不精细，因此也会影响检测效果。

fast YOLO 网络是 YOLO 网络的一个变体，它只有 9 个卷积层和 2 个全连接层。使用 titan X GPU、fast YOLO 可以达到 155fps 的检测速度，但是 mAP 值也从 YOLO 的 63.4% 降到了 52.7%，但仍然远高于以往的实时物体检测方法（DPM）的 mAP 值。

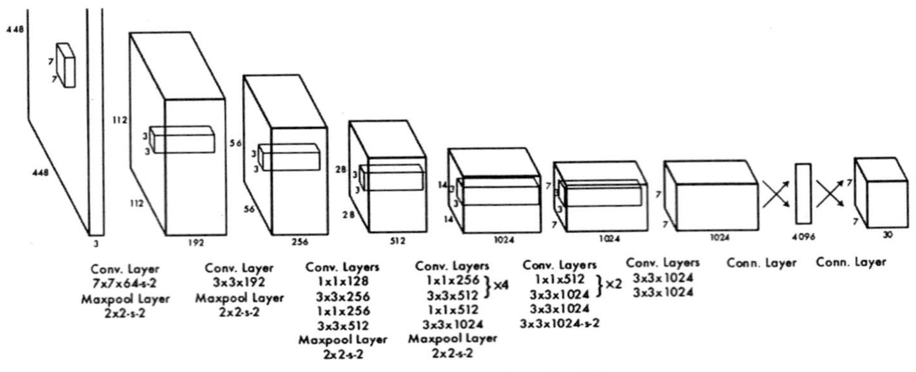

图 6-13　YOLO 的网络结构

YOLO 的方法是首先将一幅图像分成 S×S 个网格（grid cell），如果某个物体的中心落在这个网格中，则这个网格就负责预测这个物体。每个网格会输出 B 个候选框，候选框的信息包含 5 个数据值，分别是 x，y，w，h 和置信度。其中 x，y 是指当前格子预测得到的物体的候选框的中心位置的坐标。w，h 是候选框的宽度和高度。实际训练过程中，w 和 h 的值使用图像的宽度和高度进行归一化到［0，1］区间内；x，y 是候选框中心位置相对于当前格子中心位置的偏移值，并且被归一化到［0，1］区间内。置信度反映当前候选框是否包含物体以及物体位置的准确性，计算方式如下：

$$P(object) \times IoUtruthpred \qquad \text{式（6-10）}$$

同时每个格子会对应 C 个概率值 $P(Class \mid object)$，亦即该格子预测的目标期望值，其中最大的一个被认为是该格子对应的类别。

虽然每个格子可以预测 B 个候选框，但是最终只选择 IOU 最大的候选框作为物体检测输出值，即每个格子最多只预测出一个物体。当物体占画面比例较小，如图像中包含畜群或鸟群时，每个格子包含多个物体，但只能检测出其中一个。这是 YOLO 方法的一个缺陷。

YOLO 的损失函数为：

$$\lambda_{coord}\sum_{i=0}^{s2}\sum_{j=0}^{B}I_{ij}^{obj}\{[(x_i-\widehat{x_i})^2+(y_i-\widehat{y_i})^2]\}+$$
$$\lambda_{coord}\sum_{i=0}^{s2}\sum_{j=0}^{B}I_{ij}^{obj}\{[(\sqrt{w_i}-\sqrt{\widehat{w_i}})^2+(\sqrt{h_j}-\sqrt{\widehat{h_j}})^2]\}+$$
$$\sum_{i=0}^{s2}\sum_{j=0}^{B}I_{ij}^{obj}[(C_i-\widehat{C}_i)^2]+\lambda_{coord}\sum_{i=0}^{s2}\sum_{j=0}^{B}I_{ij}^{obj}[(C_i-\widehat{C}_i)^2]+$$
$$\sum_{i=0}^{s2}I_i^{obj}\sum_{c\in classes}[C_i(c)-\widehat{C}_i(c)]^2 \qquad \text{式 (6-11)}$$

其误差分为三部分，包括坐标误差、IOU 误差、分类误差，坐标误差为式（6－10）中前两项、IOU 误差为第三和第四项、分类误差为第五项。其中，x，y，w，C 为网络预测值，$\widehat{x}$，$\widehat{y}$，$\widehat{w}$，$\widehat{C}$ 为标注值；I_i^{obj}表示物体落入格子 i 中，$I_{ij}^{obj}=1$ 表示物体落入格子 i 的第 j 个候选框内；$I_{ij}^{obj}=0$ 表示物体未落入格子 i 的第 j 个候选框内。

YOLO 模型训练分为两步骤。首先是预训练。使用 ImageNet 的 1000 类数据训练 YOLO 网络的前 20 个卷积层＋1 个 average 池化层＋1 个全连接层。训练图像分辨率 resize 到 224×224。之后用前一个步骤得到的前 20 个卷积层网络参数来初始化 YOLO 模型前 20 个卷积层的网络参数，然后用 VOC 20 类标注数据进行 YOLO 模型训练。为提高图像精度，在训练检测模型时，将输入图像分辨率 resize 到 448×448。最终的输出维度为：

$$S\times S\times(B\times 5+C) \qquad \text{式 (6-12)}$$

综合来看，YOLO 具有如下优点。

（1）速度快

YOLO 将物体检测作为回归问题进行求解，整个检测网络 pipeline 简单。在 titan X GPU 上，在保证检测准确率的前提下（63.4% mAP，VOC 2007 test set），可以达到 45fps 的检测速度。

（2）背景误检率低

YOLO 在训练和推理过程中关注整张图像的整体信息，而基于 region proposal 的物体检测方法（如 rcnn/fast rcnn），在检测过程中，只关注候选框内的局部图像信息。因此，对于后者，当图像背景中的部分数据被包含在候选框中送入检测网络进行检测时，容易被误检测成物体。测试证明，YOLO 对于背景图像的误检率低于 fast rcnn 误检率的一半。

(3) 通用性强

YOLO 对于艺术类作品的物体检测同样适用。它对非自然图像物体的检测率远远高于 DPM 和 R－CNN 系列检测方法。

但相比 R－CNN 系列物体检测方法，YOLO 具有以下缺点，首先是识别物体位置精准性差。其次是召回率低。为了解决以上问题，研究者结合其他目标检测算法的优点，应用了多级预测、Logistic 损失、深化网络层级等方法，实现了 YOLOv2 和 YOLOv3，使得算法性能进一步提高。

第三节　自动驾驶融合算法

一　多源传感融合感知

当前，有较多的原始设备制造商提供较为成熟的目标级识别与追踪产品。很多的产品也经过严苛的测试与实验，具有较好的实用性。但是，这些目标级产品都是互相独立研制与开发的，在单一传感器无法独立完成 L3 级别自动驾驶的情况下，利用传感器性能和效果的差异互补，完成多传感器融合，为自动驾驶提供传感器感知保障。

1. 数据预处理

针对独立的目标级输出，在数据处理上会遇到时间轴匹配、信息频率不一致的问题。针对这些问题，尝试多目标位置匹配算法与相应的滤波算法相结合的解决方案。

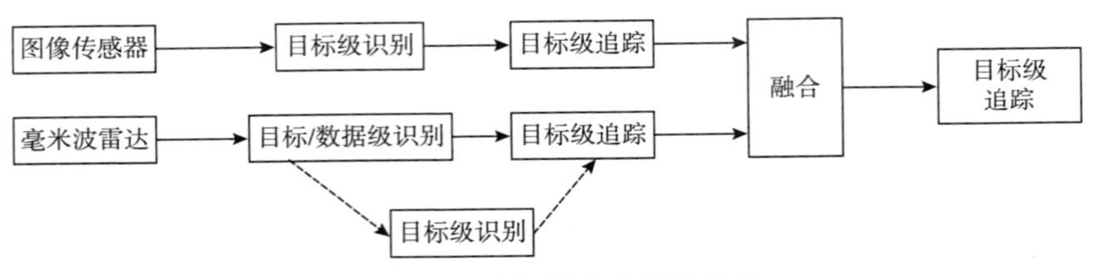

图 6－14　目标级融合算法示意

对于多传感器的融合，一个首要任务是对传感器的时间轴进行匹配。目前较为成熟的做法，例如线性差值取样、非线性差值取样、样条取样 (Spline Regress)、克里金差值取样 (Kriging Regress)，均有一定的实用性。但是真实情况下，为了保障实时性，更多的方案是通过更精确的时间戳对匹配精度进行提升。惯性测量单元 (IMU) 作为一个廉价且拥有超过 200 赫

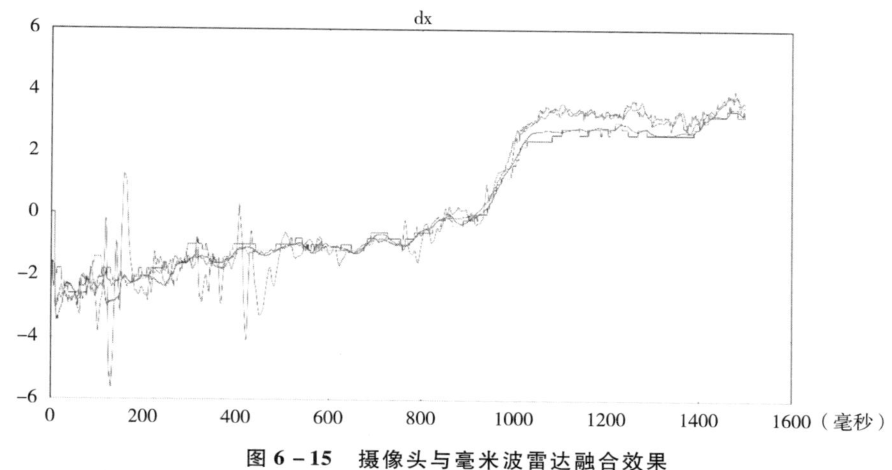

图 6－15　摄像头与毫米波雷达融合效果

兹频率的仪器，可以有效解决传感器频率不一的问题。通过超高的收集频率，为数据的精度优化提供基础。

目标级识别中另一个很重要的步骤是对目标级物体的协方差（Covariance）进行评估。在这种方案中，由于各个传感器是独立工作的，在模型层次，需要对每一种传感器的输出进行独立的建模。为了提高相应模型协方差的准确度，可以尝试使用蒙特卡洛算法（Monte Carlo Method）。具体而言：

假设具备信号状态 X_1，X_2，…，以及相应的观察状态 Y_1，Y_2，…，则状态具备时间序列关系：

$$\forall k \in \mathbb{Z}，X_k \text{ 服从后验概率密度模型：} p(X_k \mid y_1, \cdots, y_k) \quad \text{式 (6-12)}$$

则 X_0，X_1，X_2，…是在$\mathbb{R}_X^d$空间中的马尔科夫过程。其中，时刻点上的状态具备关系：

$$X_k \mid X_{k-1} = X_k \sim p(X_k \mid X_{k-1}) \quad \text{式 (6-13)}$$

相对于相应信号值，观察值同样具备关系：

$$Y_k \mid X_k = y_k \sim p(y_k \mid x_k)$$

其中，X_k 和 Y_k 具备特征：

$$X_k = g(X_{k-1}) + W_k$$
$$Y_k = h(X_k) + V_k$$

其中，W_k 和 V_k 相互独立，并具备已知分布和已知函数。例如，当 g，h 具备线性逼近函数时，则模型为拓展卡尔曼滤波（*Extended Kalman Filter*），当 g，h 具备二次或高次逼近函数时，模型为无迹卡尔曼滤波（Unscented Kalman Filter）。为了优化模型，可以通过蒙特卡洛算法进行模拟。从而减少对于分布的假设，更加逼近真实值。其中，利用模拟可得：

$$\widehat{\xi}_k^1, \ \cdots, \ \widehat{\xi}_k^N \qquad 式（6-14）$$

通过模拟的期望函数则为：

$$\int f(x)\ p(x_k \mid y_0, \cdots, y_k)\ dx_k \approx_{N\uparrow\infty} \frac{1}{N}\sum_{i=1}^{N} f(\widehat{\xi}_k^i) = \int f(x_k)\widehat{p}(x_k \mid y_0, \cdots, y_k)\ dx_k \qquad 式（6-15）$$

其中，

$$\widehat{p}(x_k \mid y_0, \cdots, y_k) = \frac{1}{N}\sum_{i=1}^{N} \delta_{\widehat{\xi}_k^i}(dx_k) \qquad 式（6-16）$$

$\delta_{\widehat{\xi}_k^i}$ 为状态 $\widehat{\xi}_k^i$ 的狄拉克测度，函数 f 则为所有时刻的蒙特卡洛模拟。通过这样的模拟方式，可以进一步地优化各自传感器模型，更加逼近真实值。

2. 目标级融合算法

经过识别输出算法后，需要对识别算法结果进行匹配。通过 GNN 算法（Global Nearest Neighbors），识别结果输出的轨迹，对潜在输出物体的区域输出“门”（Gate），并对门进行追踪。其中，信号的模型具备协方差残差（Residual Covariance Matrix）：

$$d_{ij} = \gamma_{ij}^T S\ \gamma_{ij} \qquad 式（6-17）$$

其中，残差可为高斯分布，此时具体分布：

$$g_{ij}\ (\gamma) = \frac{e^{-\frac{d_{ij}^2}{2}}}{(2\pi)^{\frac{M}{2}}\sqrt{|S_i|}} \qquad 式（6-18）$$

其中 $|S_i|$ 为 S_i 的行列式。

此外，需要对门的限定函数进行限定，使其满足条件：

$$d_{ij} = \gamma_{ij}^T S\ \gamma_{ij} < G \qquad 式（6-19）$$

从而限定追踪的可能区域。

最后需要设定选择代价函数，通过欧氏距离或者马氏距离，使代价矩阵

$$[C_{ij}] = \begin{bmatrix} c_{11} & c_{12} & c_{13} & \vdots & c_{1m} \\ c_{21} & c_{22} & c_{23} & \vdots & c_{2m} \\ \cdots & \cdots & \cdots & \vdots & \cdots \\ c_{n1} & c_{n2} & c_{n3} & \vdots & c_{nm} \end{bmatrix} \quad \text{式 (6-20)}$$

满足条件，选择最优解。

在这里，每一行代表了图像传感器的目标输出信息，每一列则代表了雷达传感器的目标输出信息，例如，c_{23}，可以被理解为图像传感器目标 2 和雷达传感器目标 3 是同一物体的概率。通过这样的代价矩阵，可以将目标级物体进行融合。

为了使此匹配关系最优，这样的问题可以被理解为，存在置换矩阵 M_{ij}，满足公式：

$$\begin{aligned} &\text{最大化：} E = \sum_{i=1}^{N} \sum_{j=1}^{M} M_{ij} \\ &\text{服从于：} \forall j \sum_{j=1}^{A} M_{ij} = 1 \\ &\forall i \sum_{i=1}^{A} M_{ij} = 1 \\ &M_{ij} \in \{0,\ 1\} \end{aligned} \quad \text{式 (6-21)}$$

为了实现此匹配关系，可以尝试例如匈牙利算法和贪婪算法等匹配原则达成此目标。

3. 目标级融合算法优劣势

基于目标级硬件输出具有一些优势，例如较为稳定的硬件量产产品，当部分硬件失灵时，可以保证算法的独立运作性，有足够好的冗余机制。此外，针对这样的产品，中央融合硬件要求较低，具备较强的量产化基础、较短的研发周期，可以有效地提高测试和调优的效率。同时可以减少仿真评测软件的运算量，进一步减少相应的仿真测试支出。

但是，目标级融合产品也具备一些劣势，例如各个仪器间的匹配调试较为复杂，无法完成精确的要求较高的条件，当环境条件苛刻时，需要着重依赖其中几个特殊元件，难度较大，误差较多，容易产生一定的危险。

根据以上内容，可以得到以下图像识别精度（见表6－8）。

表6－8　车辆检测精度

No	项目	指标	备注
1	最远检测距离（最小检测像素）	150米，18pixel	
2	检测车辆最远跟踪距离	150米	跟踪结果
3	最近检测距离（距离摄像头距离）	1.5米	能看到完整的车宽
4	召回率（Recall）	>90%	
5	准确率（Precision）	>90%	
6	最大检测输出数量	20个	由近至远排序

针对以上提到的技术点，融合技术实现目标融合感知具备流程：

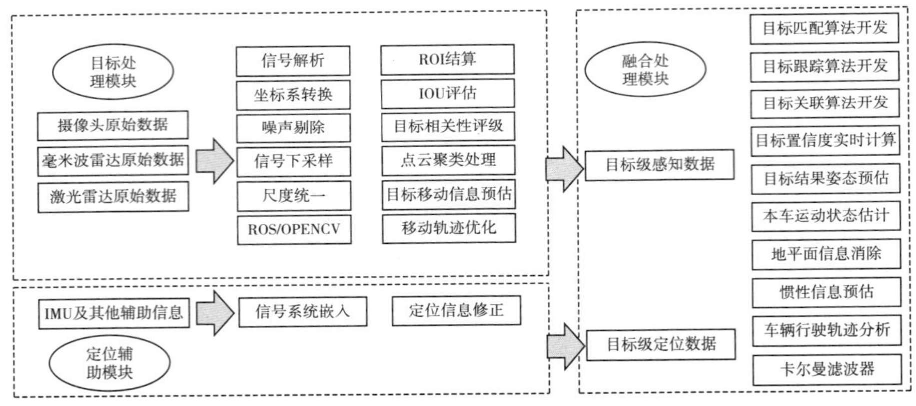

图6－16　目标融合感知具备流程

二　算法实现

1. 定位模块软件算法开发

目前的定位技术主要基于三种不同的技术，第一种是基于原始的GNSS信号的定位方式，第二种是基于IMU惯性导航系统的航迹推算的定位方式，第三种是基于激光雷达传感器的点云特征匹配的定位方式。

基于卫星信号定位的方式具有全天候全天时、高精度等优点，但是同时容易受到环境（地下车库、高楼、电磁）干扰，基站布设硬件成本高。基于惯性导航的定位方式的优点是输出频率高、精度高，可获得六自由度信息，但是误差会随着时间而累积。基于激光雷达匹配的定位方式优点是可在弱 GNSS 区域工作，鲁棒性高，但是缺点是容易受到雨雪天气的影响。

多传感器融合定位模块开发的目的就是综合每种传感器的特点，优势互补，提高稳定性，并实现误差校正。

2. GNSS 模块算法开发

对于原始 GPS 数据，可以解算成位置方向速度信息；而原始 LiDAR 点云 SLAM（simultaneously localization and mapping）算法，可以输出局部坐标系下的路径信息。将局部坐标系下的路径坐标转换到全局坐标，利用 GPS 信息对 SLAM 产生的路径进行累计误差消除，以及闭环检测，可以得到精度在亚米级别的车辆行驶路径。

绝大部分 GPS 模块的原始数据遵循 NMEA（National Maritime Electronics Association）协议标准，同时拥有不同的句式表达类型。例如对于 GPRMC 句式的 GPS 原始数据：

在分布式系统下，将 GPS 模块嵌入当中，在解算 GPS 串口信息之后，将经度、纬度、海拔三维信息以 ROS 消息的格式广播出来。GPS 回调 API 广播位置消息的 C + + 形式可以表示为：

```
ros:: Publisher position_pub;
void GPS_CallBack (sensor_msgs:: NavSatFixConstPtr& gps)
{
geometry_msgs:: Point position;
LLtoUTM (gps→latitude, gps→longitude, gps→N, gps→E);
position. x = gps→E;
position. y = gps→N;
position. z = gps→altitude;
}
position_pub = n. advertise < geometry_msgs:: Point > ( "position", 1);
```

3. IMU 模块算法开发

对于原始的 IMU 数据串口数据，我们有两种方式实现数据接入，一是通过用户级别的中断方式读取串口数据，二是通过 select 系统调用，实现无串口数据流时关闭进程，有串口数据流时中断进程，可实现异步读取串口数据。

通过 IMU 读到的数据如表 6 - 9 所示。

表 6-9 IMU 数据案例

日期	时间	航向角（°）	俯仰角（°）	横滚角（°）	航迹角（°）	经度（°）
2018-8-28	7：20：55	335.44	-0.97	0.97	0.00	116.2871900
纬度	高度（m）	东向速度（m/s）	北向速度（m/s）	X 轴加速度（m/s^2）	Y 轴加速度（m/s^2）	Z 轴加速度（m/s^2）
39.9607208	47.10	-8.070	-0.020	0.210	0.187	9.779

由上述 IMU 的加速度、角速度等信息导航解算，以及 GNSS（x，y，z，v）的定位信息，通过第一步卡尔曼滤波融合，来矫正位置、速度、高度的误差，以及加速计和陀螺仪的偏差。

惯性导航定位算法步骤如下。

①陀螺仪得到角速度原始信息，通过姿态更新进行积分得到姿态信息；

②加速度计得到原始信息，通过速度更新进行积分得到速度信息，通过速度更新和上一时刻的导航结果拿到局部位置信息。

4. LiDAR 定位模块算法开发

LiDAR 定位的实现主要依托 SLAM 的算法实现，LiDAR 里程计的主要目的是基于上一步特征匹配的结果，估计点云相邻两帧的旋转矩阵和平移矩阵，由此实现全过程本车的局部位置和位姿的计算。

相较于普通的 wheel odometry，LiDAR odometry 不会由于打滑、倾斜等原因导致结果误差变大，LiDAR 里程计相对位置误差一般可以达到 0.1% ~ 1%，因此可以作为 wheel odometry 的补充。

计算局部 LiDAR 位姿，必要的步骤首先是对匹配过的所有帧进行阈值筛选，得到关键帧（key frame），通常是设定一个阈值，要求关键帧的特征点数目大于阈值（30 ~ 100）。

然后根据头两帧的特征得到初始的位姿结果。输入满足阈值要求的头两帧特征点云帧，通过随机抽样一致（RANSAC）的方法，从第一帧随机抽取若干（6，8，10）个特征点，以及第二帧对应的匹配点。设置初始帧的姿态为单位矩阵 I。根据随机抽取点来计算初始两帧之间的旋转和平移矩阵。初始位姿和位置确定后，就开始处理连续帧，迭代地进行 motion estimation 和 mapping。后续局部位姿位置的估计采用最小化光度误差方法计算相对平移量。得到的最小化光度误差方法方程通常是通过 Gaussian - Newton method 进行数值求解。

激光雷达定位算法步骤如下。

①扫描先验激光雷达地图拿到地图数据，通过实时点云点和地图数据的匹配得到雷达局部定位信息。

②IMU 定位信息和 LiDAR 定位信息利用 K 滤波量测方程得到消除惯性系统误差的滤波结果。

5. LiDAR，GPS/IMU 的融合

LiDAR 里程计的方法为 GPS/IMU 的轨迹信息提高了探测精度，同时在停车场、高楼、隧道等 GPS 信号较弱的地方，LiDAR 里程计可以弥补 GPS 信号的失联。上述一次融合结果通过 WGS84 到 UTM 的反变换投影到全局地理坐标中，通过二次 kalman filter 优化位置、速度误差以及优化加速度和角速度的偏移，得到厘米级别融合定位信息。

激光雷达 SLAM 技术是一种实现本车运动状态估计和激光雷达建图的算法，主要包括里程计（odometry）和建图（mapping）两个并行交替的线程。

"里程计"线程主要是通过获得激光雷达相邻两帧数据，计算相应的单因矩阵，得到对本车运动状态的估计；同时，在同一个激光雷达扫描帧内，机械式高速旋转的激光雷达，点云畸变可以忽略不计，但是较低的刷新频率会由于本车的运动产生不可忽视的点云畸变，我们利用里程计算法，考虑到本车速度，将同一帧中所有的原始点云同步到这一帧开始扫描的起始点，实现点云畸变的去除。

"建图"线程拿到"里程计"线程去处理完成点云畸变的数据后，进行迭代式的建图算法，同时估计本车在雷达高精度地图点云上的位置（position）和位姿（pose）。

同时，LiDAR 里程计得到的轨迹也会产生系统误差。LiDAR 里程计初始位姿的计算精度，对于后续连续的运动轨迹估计非常重要。初始计算有偏差，后续的轨迹以及建图，都会存在很大的误差。由于每一步得到的旋转平移矩阵是通过新一帧数据与旧一帧数据进行比较的结果，若某帧的结果存在误差，会对后面的结果产生累计漂移误差，导致最终结果误差越来越大。在 SLAM 模块进行的 odometry 和 mapping 迭代的过程当中，我们打算通过融合 GPS/IMU 信息，来不断地修正 LiDAR 里程计的累计误差。

局部定位与全局定位的投影一是需要将 LiDAR 里程计局部的轨迹信息投影到 GPS 全局坐标系当中，二是 GPS 信号的时间信息与 LiDAR 的时间信息通过搜索时间戳上最邻近帧进行插值匹配，效果如图 6－17 所示。

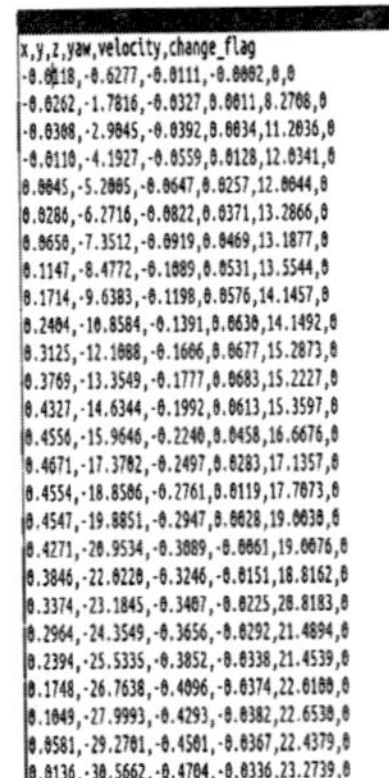

```
x,y,z,yaw,velocity,change_flag
-0.0018,-0.6277,-0.0111,-0.0002,0,0
-0.0262,-1.7816,-0.0327,0.0011,8.2708,0
-0.0308,-2.9845,-0.0392,0.0034,11.2036,0
-0.0110,-4.1927,-0.0559,0.0128,12.0341,0
0.0045,-5.2005,-0.0647,0.0257,12.0044,0
0.0286,-6.2716,-0.0822,0.0371,13.2866,0
0.0650,-7.3512,-0.0919,0.0469,13.1877,0
0.1147,-8.4772,-0.1089,0.0531,13.5544,0
0.1714,-9.6383,-0.1198,0.0576,14.1457,0
0.2404,-10.8584,-0.1391,0.0630,14.1492,0
0.3125,-12.1088,-0.1606,0.0677,15.2873,0
0.3769,-13.3549,-0.1777,0.0683,15.2227,0
0.4327,-14.6344,-0.1992,0.0613,15.3597,0
0.4556,-15.9646,-0.2240,0.0458,16.6676,0
0.4671,-17.3782,-0.2497,0.0283,17.1357,0
0.4554,-18.8506,-0.2761,0.0119,17.7073,0
0.4547,-19.8851,-0.2947,0.0028,19.0038,0
0.4271,-20.9534,-0.3089,-0.0061,19.0076,0
0.3846,-22.0220,-0.3246,-0.0151,18.8162,0
0.3374,-23.1845,-0.3407,-0.0225,20.8183,0
0.2964,-24.3549,-0.3656,-0.0292,21.4894,0
0.2394,-25.5335,-0.3852,-0.0338,21.4539,0
0.1748,-26.7638,-0.4096,-0.0374,22.0100,0
0.1049,-27.9993,-0.4293,-0.0382,22.6530,0
0.0581,-29.2701,-0.4501,-0.0367,22.4379,0
0.0136,-30.5662,-0.4704,-0.0336,23.2739,0
```

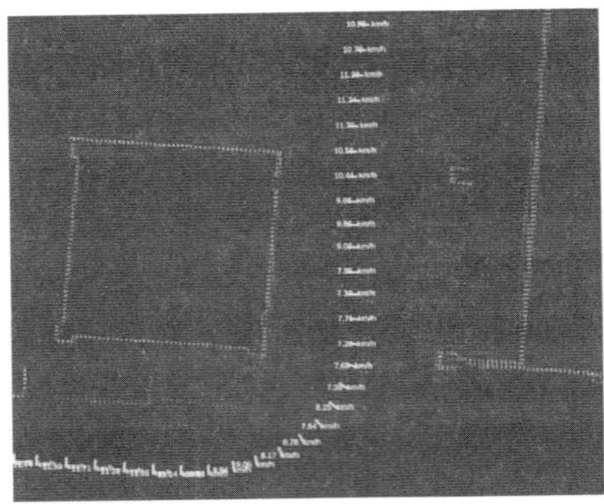

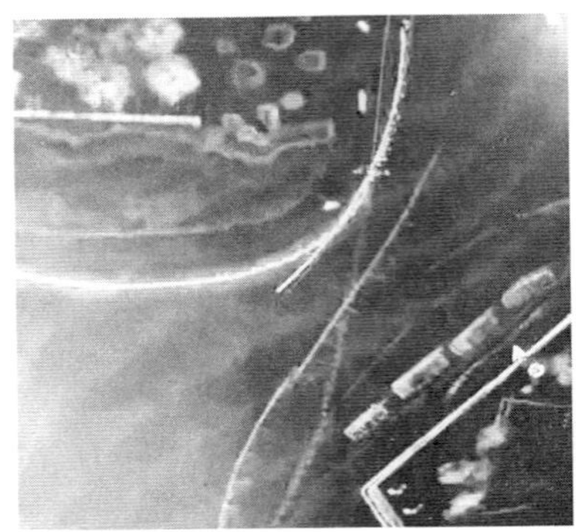

图 6-17　点云轨迹生成和 GPS/IMU 匹配

融合技术实现高精度定位工程型算法开发细致流程如图 6-18 所示。

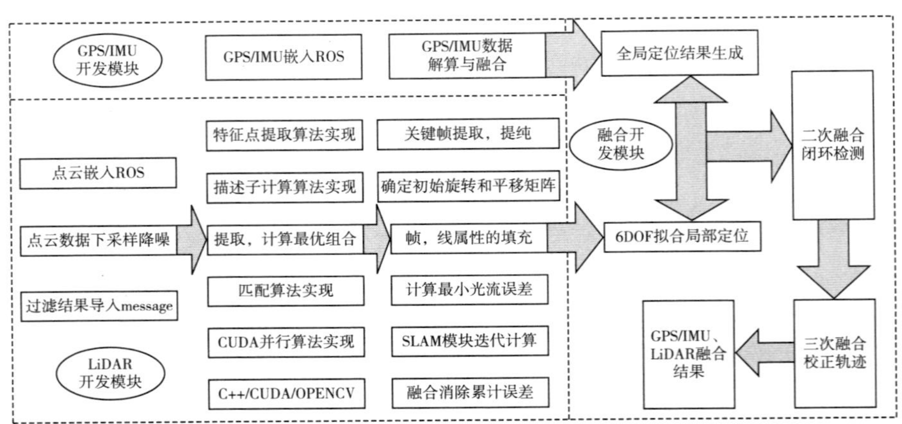

图 6-18　目标级融合定位示意

三　算法验证与实车评估

1. 感知算法测试和评估方案

在对感知算法性能进行测试和评估时，我们采用离线测试和实车测试两种方式。

（1）离线测试

离线测试即通过前期摄像头采集大量目标图片并进行人工标记，将传感器融合感知结果与人工标记结果进行比对，从而评估算法的感知性能和精度。

感知性能的评估主要从两方面进行，一是对识别的类别准确度进行评估，即真实正确值，公式可以表示为：

$$Accuracy = \frac{\sum TruePositive + \sum TruePositive}{\sum TotalPopulation} \quad 式（6-22）$$

利用式（6-22）可以有效评估目标识别的准确度，但是为了防止一些过于敏感的传感器误识别，可以虚增目标数量，同时要对传感器的召回率进行评测：

$$Recall = \frac{\sum TruePositive}{\sum ConditionPositive} \quad 式（6-23）$$

在对目标识别准确度进行评估之外，仍需对目标测距效果进行评测。测距需要获得车辆的精准定位信息，可以通过对两车同时加装 RTK - GPS 完成相应的绝对距离测量。通过匹配探测值与准确值的 IOU 值，确定两者的识别测距准确度，从而得到目标测距的精度。IOU 可以表示为：

$$IOU = \frac{\sum IntersectionofTracklet}{\sum UnionofTracklet} \quad 式（6-24）$$

采用上述方案，我们对多传感器感知融合算法的目标识别准确度和目标测距算法的精度进行了验证。在目标感知融合中，目标识别的效果主要取决于摄像头的识别精度，因此，离线测试中主要针对摄像头的识别精度进行测试和评估。首先对摄像头拍摄的三万张目标图片进行人工标记，得到包含各个种类目标的测试用例集合，利用深度学习网络对测试用例集合进行识别，将识别结果与人工标记的结果进行对比，从而计算得到识别算法的准确度。经过测试，利用深度学习算法进行目标识别的准确度为95%。

此外，采用上述测距精度评估方案，得到了摄像头的测距精度为±0.25m，激光雷达的测距精度为±0.1m，毫米波雷达的测距精度为±0.25m。

（2）实车测试

在感知算法的实车测试中，主要针对算法目标识别的准确度进行测试，包括封闭园区测试以及高速公路测试，通过实时对比识别结果与目标类型，对算法的识别准确度进行评估。实车测试的测试量级应充分保证识别准确度在95%以上，通过反复进行实车测试，直至满足识别准确度的交付标准为止。

2. 定位算法测试和评估方案

定位方式的验证同样可以通过高精度传感器真值赋予，获取当前车辆较为精准的定位信息，并通过相应定位信息，设定车辆的有效定位范围候选框，并通过车辆定位信息值与较高精度定位仪器定位值的重合度，进行精度上的判断。经过评测，GPS定位精度为±0.1m，差分GPS定位精度为±0.1m，差分GPS+IMU定位精度为±0.05m。

3. 其他场景测试方案

此外，针对一些较为有意义的场景，例如极端天气、边角定义场景等，为了实现相应传感器感知结果的精度评价，提供相应的场景测试内容，实现场景的评估。精度验证主要包括摄像头的目标识别准确度、激光雷达定位精度、毫米波雷达目标检测准确度以及GPS+IMU定位精度。

4. 目标危险程度评估方案

在目标危险评估中，我们需要重点关注目标与本车之间的距离、相对速度以及相对加速度，拟采用信息熵建立目标危险评估模型。利用信息熵可以描述信源的不确定度，对信息进行量化度量，信息熵越大，则复杂度越高，因此，采用信息熵能够对目标危险程度进行量化和建模。

具体而言，目标与本车的距离越近，则危险程度越高。因此，相对距离 Δd 与危险度 $H_{\Delta d}$ 之间的关系为：$H_{\Delta d}=e^{-\Delta d}$，$\Delta d>0$，$H_{\Delta d}\in(0,1]$。

目标与本车之间的相对速度越大，危险度越高。因此，相对速度 Δv 与危险度 $H_{\Delta v}$ 之间的关系为：$H_{\Delta v}=1-e^{-|\Delta v|}$，$H_{\Delta v}\in[0,1)$。

目标与本车之间的相对加速度越大，危险度越高。因此，相对加速度 Δa 与危险度 $H_{\Delta a}$ 之间的关系为：$H_{\Delta a}=1-e^{-|\Delta a|}$，$H_{\Delta a}\in[0,1)$。

基于上述分析，目标危险程度 H 可以计算如下：

$$H = \omega_{\Delta} dH_{\Delta d} + \omega_{\Delta} vH_{\Delta v} + \omega_{\Delta a} H_{\Delta a},\ H \in [0,\ 1], \qquad 式（6-25）$$

其中，

$$\omega_{\Delta d} + \omega_{\Delta v} + \omega_{\Delta a} = 1,\ \omega_{\Delta d},\ \omega_{\Delta v},\ \omega_{\Delta a} \in [0,\ 1] \qquad 式（6-26）$$

通过上述公式的计算，可以将目标危险度限定在［0，1］范围之内，数值越小，对应的目标相对本车的危险程度越低，反之则危险程度越高。

四　ROS 系统介绍

随着机器人领域的快速发展和复杂化，代码的复用性和模块化的需求越来越强烈，而已有的开源机器人系统又不能很好地适应需求。2010 年 Willow Garage 公司发布了开源机器人操作系统 ROS（robot operating system），很快在机器人研究领域掀起了学习和使用 ROS 的热潮。自动驾驶车辆的本质是轮式机器人的一种变形，随着自动驾驶汽车的蓬勃发展，ROS 成为自动驾驶汽车研发最常用的工具之一，它以其灵活的软件架构、开源的运营模式以及完善的生态支持得到自动驾驶研发人员的青睐。

ROS 是一种使用 ROS 通信模块实现模块间 P2P 的松耦合的网络连接的处理架构，它执行若干种类型的通信，包括基于服务的同步 RPC（远程过程调用）通信、基于 Topic 的异步数据流通信，还有参数服务器上的数据存储。但是 ROS 本身并没有实时性。

ROS 包含以下多种优秀特性（以下摘自 ROS 官方文档）。

1. 点对点设计

一个 ROS 包括一系列进程，这些进程存在于多个不同的主机并且在运行过程中通过端对端的拓扑结构进行联系。虽然基于中心服务器的那些软件框架也可以实现多进程和多主机的优势，但是在这些框架中，当各电脑通过不同的网络进行连接时，中心数据服务器就会发生问题。

ROS 的点对点设计以及服务和节点管理器等机制可以分散由计算机视觉和语音识别等功能带来的实时计算压力，能够适应多机器人遇到的挑战。

2. 精简与集成

大多数已经存在的机器人软件工程包含了可以在工程外重复使用的驱动和算法，不幸的是，由于多方面的原因，大部分代码的中间层过于混乱，以至于很难提取出它的功能，也很难把它们从原型中提取出来应用到其他方面。

为了应对这种趋势，我们鼓励将所有的驱动和算法逐渐发展成为和ROS没有依赖性单独的库。ROS建立的系统具有模块化的特点，各模块中的代码可以单独编译，而且编译使用的CMake工具使它很容易地就实现精简的理念。ROS基本将复杂的代码封装在库里，只是创建了一些小的应用程序为ROS显示库的功能，就允许了对简单的代码超越原型进行移植和重新使用。作为一种新加入的优势，单元测试当代码在库中分散后也变得非常的容易，一个单独的测试程序可以测试库中很多的特点。

ROS利用了很多现在已经存在的开源项目的代码，比如说从Player项目中借鉴了驱动、运动控制和仿真方面的代码，从OpenCV中借鉴了视觉算法方面的代码，从OpenRAVE借鉴了规划算法的内容，还有很多其他的项目。在每一个实例中，ROS都用来显示多种多样的配置选项以及和各软件之间进行数据通信，同时也对它们进行微小的包装和改动。ROS可以不断地从社区维护中进行升级，包括从其他的软件库、应用补丁中升级ROS的源代码。

3. 工具包丰富

为了管理复杂的ROS软件框架，我们利用了大量的小工具去编译和运行多种多样的ROS组建，从而设计成了内核，而不是构建一个庞大的开发和运行环境。

这些工具担任了各种各样的任务，例如，组织源代码的结构，获取和设置配置参数，形象化端对端的拓扑连接，测量频带使用宽度，生动地描绘信息数据，自动生成文档等等。尽管我们已经测试通过类似全局时钟和控制器模块的记录器的核心服务，但是我们还是希望能把所有的代码模块化。我们相信在效率上的损失是稳定性和管理的复杂性上远远无法弥补的。

第七章　自动驾驶工程技术验证与实现

第一节　自动驾驶分级

自动驾驶技术被分为多个不同等级，目前国内外产业界采用较多的为美国高速公路安全管理局（NHTSA）和美国汽车工程师协会（SAE）推出的评判标准。根据 SAE 的分级标准，自动驾驶汽车自动化和智能化程度水平被分为 6 个等级：无自动化（L0）、驾驶支援（L1）、部分自动化（L2）、有条件自动化（L3）、高度自动化（L4）和完全自动化（L5）。由于 SAE International 关于自动化层级的定义已经成为定义自动化/自动驾驶车辆的全球行业参照标准，因此本文以 SAE 评定自动驾驶技术，依据自动驾驶系统的条件（感知接管、监控干预驾控主体）和应用区域（道路条件、环境条件），每一层级说明如下。

Level 0——人类作为驾驶该级车辆的驾控完全主体，在任何场景、环境条件下，由驾驶员进行监控、感知、操纵车辆，包括油门踏板、制动踏板、方向盘等。

Level 1——辅助驾驶。该级别汽车的驾控主体为驾驶员，在特定环境下，自动驾驶汽车具有一个或多个自动控制功能，例如车道保持系统（LKS）以及自适应巡航系统（ACC）等。但感知、监控、接管以及干预仍然不能脱离驾驶员控制。

Level 2——部分自动驾驶。自动驾驶系统能够完成某些特定驾驶任务，但驾驶员需要监控驾驶环境，完成剩余部分任务，同时保证在出现问题情况下进行人为接管。在 L2 层级，驾驶员能够随时纠正自动系统的错误感知和决策，L2 级别能够通过速度和环境分割不同的应用场景，如高速路上的快速行车、环路低速堵车以及自动泊车功能实现。

Level 3——有条件的自动驾驶。自动系统能完成某些特定驾驶任务，也能在较为复杂情况下监控驾驶环境，但驾驶员必须随时准备好重新取得驾驶控制权。在该层级下，驾驶员仍不能实现睡觉或者深度的休息。

Level 4——高度自动化。该级汽车的驾控主体变为机器，在特定环境条件下，汽车能够实现让驾驶员完全不用控制汽车功能，同时能够自动检测环境的变化以便于判断是否由驾驶员接管，驾驶员不必一直对自动驾驶系统进行监控，但仍有必要在紧急情况下进行人工干预。

Level 5——完全自动驾驶。该级汽车完全由机器掌控，在任何道路、场景条件中，由自动驾驶系统完全自动控制车辆行驶，乘员只需输入目的地，之后系统自动规划行驶路线，并检测道路环境，最终到达目的地。

第二节　自动驾驶功能体系架构

自动驾驶系统的架构大体由三部分组成：感知层、决策层以及控制层。其中，感知层用于检测驾驶员的驾驶状态、车辆本身的运动状态以及车辆周围的环境信息；决策层，依照感知层传递的驾驶员驾驶意图和车辆状态、目前的车辆速度和姿态以及外部威胁信息，通过一定的决策逻辑、路径规划算法，得出期望的车辆速度、周围路径等信息，下发给控制层；控制层执行决策层下发的控制指令。

第三节　自动驾驶工程验证关键技术

一　环境感知

环境感知广义上看由目标识别和精准定位部分组成，目标识别用于对自动驾驶车辆周围障碍物的感知与区分；而精准定位实现自动驾驶车辆周围环境信息的高精度地图构建与实时导航。

1. 目标识别

环境感知处于自动驾驶汽车与外界环境信息交互的关键位置，是实现自动驾驶的前提条件，为自动驾驶汽车的决策规划进行服务。而目标识别用于完成对车辆周围环境的感知，主要实现对障碍物目标的区分预判断，为决策执行提供技术支持。

如图 7-1 所示，自动驾驶的感知层根据不同环境要求采用适宜的传感器，主要包括：激光雷达、毫米波雷达、超声波雷达、红外夜视仪、摄像头以及用于定位和导航的 GPS（全球定位系统）和 IMU（惯性测量单元）。除此之外，还有一类技术虽然不是主动式的探测元件，但是属于协同式的全局数据辅助，以便增强自动驾驶车辆的信息采集和环境感知能力，因此辅助系统同样在感知层发挥着中流砥柱的作用，其辅助措施主要包含高精度地图信息采集、V2X（vehicle to everything，即车对外界的信息交换）等。我们需要根据不同类型的感知技术方案的优势和缺陷，进行感知信息的相互补充和融合，最后，智能网联车辆能够满足驾驶场景中非常高的安全性要求。

图 7－1　自动驾驶车辆环境感知示意

激光雷达：激光雷达简称 LiDAR，是以发射激光束探测目标的速度、位置等特征量的雷达系统，并根据获得数据生成较为精确的数字模型。图7－2所示，为激光雷达的点云数据信息。相较于其他传感器如摄像头、毫米波雷达等，激光雷达除了能够生成目标的三维位置模型之外，其具有测量精度更高、探测距离更远，同时响应也更灵敏，不易受环境光干扰等优点。因此激光雷达相当于给汽车装上一双千里眼。从类型上来说，激光雷达可以分为固态激光雷达和机械激光雷达，固态激光雷达依靠电子元器件来控制激光发射角度，而机械激光雷达本身则带有控制激光发射角度功能。相比传统机械式雷达，固态雷达具有响应速度更快、扫描范围更大等优点；同时其成本也得到了较为有效的控制，成为当今厂商的首选。根据内部线束数量划分，激光雷达又被分为多线束和单线束激光雷达，传统的单线束激光雷达扫描一次只产生一条扫描线，导致其生成的仅仅是平面信息。但同时，单线束雷达由于测量速度更快等特点有着较为广泛的应用空间，譬如地形测绘等场景。但传统的单线束雷达由于扫描范围小的局限性，无法满足自动驾驶车型应用条件。因此，根据单线束激光雷达局限性和工作原理，增加线束是最简单有效的解决办法，线束越多则雷达探测范围越广，数据愈发精确。因此目前的激光雷达产品涵盖了 4 线束、8 线束、16 线束、32 线束以及 64 线束等产品，随着时间推移，功能更强大的 128 线束激光雷达也将出现。

但激光雷达由于其工作原理，主要具有两个缺陷：首先，工作时受天气和大气影响大。激光在晴朗的天气里衰减较小，传播距离较远，而在浓烟、大雨以及浓雾等坏天气里，衰减急剧加快，传播距离较短。其次，由于激光雷达探测的波束较窄，在空间搜索目标能力非常有限。

图 7－2　激光雷达点云数据示意

毫米波雷达：毫米波实质上是电磁波。如图 7－4 所示，毫米波的工作频段较为特殊，其频率低于可见光和红外线，高于无线电，频率范围是 10～200GHz。

图 7－3　自动驾驶毫米波雷达实物

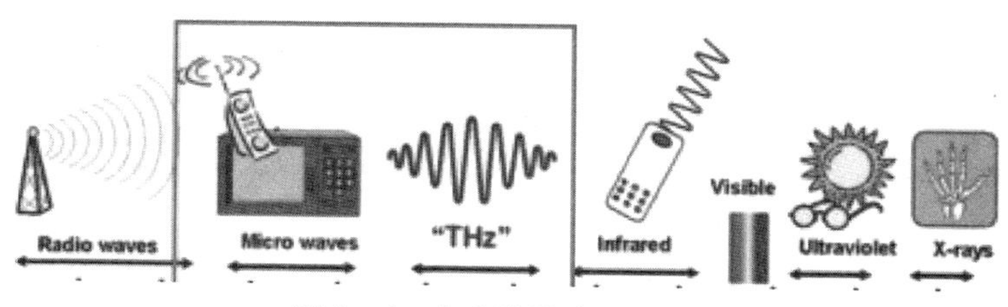

图 7－4　毫米波雷达工作频段

需要明确，毫米波雷达在测量目标的速度、角度和距离上所呈现的性能和其他传感器略有区别。视觉传感器得通过诸如机器学习、深度学习等训练模型获取二维信息，简而言之没有距离信息；而毫米波雷达则具备获取距离信息的能力；激光雷达由于其工作原理对速度并不敏感，而毫米波雷达则与之相反对速度很敏感，能够直接获得探测目标的速度。因为毫米波雷达会有较明显的多普勒效应，所以通过检测其多普勒频移提取探测目标的速度。

毫米波雷达基本的探测原理是使用 FMCW 连续线性调频波来探测前方目标的距离，毫米波雷达通过发射连续波，在后端处理上处理运算。振荡器会产生一个频率随时间逐步增强的信号，当信号遇到障碍物时，会被反弹回来，其时延是 2 倍距离/光速。返回来的波形和发出的波形之间有某种频率差，其频率差和时延呈线性关系：物体越远，则返回的波收到的时间就越晚，其与入射波的频率差值就越大。

将两者频率做差，就可得到二者频率的差频（差拍频率），通过判断差拍频率的高低探测目标的当前距离。此外，为了探测目标的速度，同时通过更为高级的调频技术来实现，主要以多普勒频移原理为基础。

角度的探测是根据多个接收天线接收到信号时延实现。假设有 2 根接收天线，接收某个方向发出的电磁波，其电磁波到达 2 根天线具有时间差，抑或是相位差，通过相位差能够评估信号的角度。

摄像头：摄像头在自动驾驶感知层中扮演举足轻重的角色，如图 7－5 所示，其像人的眼睛一样，结合诸如机器学习、深度学习等图像识别技术，能快速识别行人、车辆和交通标志（见图 7－6）等目标，能够给现阶段的自动驾驶技术提供较为准确的环境感知策略。摄像头识别方法主要依赖计算机视觉技术，主要被应用于自动驾驶的感知层，其基本原理大致如下：（1）使用双目或三目摄像头视觉系统获取感知目标的深度信息，能够帮助进行后续的图像语义识别，在无人驾驶中可以协助探测规划区域和跟踪目标障碍物。(2) 通过视频技术估计探测目标的每一个像素的运动速度和运动方向。(3) 在无人驾驶中对探测目标，主要是各种行人、车辆以及非机动车等进行检测与追踪。(4) 对于整个自动驾驶场景的理解。最重要的有两部分，首先是车道线检测，其次是在车道线检测下更进一步，即把自动驾驶场景中的每一个像素打成标签，进行场景分割或者场景解析。(5) 同步构建地图和定位技术，即 SLAM (Simultaneous Localization and Mapping) 技术。

图 7－5 自动驾驶车辆图像识别效果

注意行人

注意儿童

禁止行人直行

禁止鸣笛

停车让行

注意危险

注意信号

禁止直行

图 7－6 车辆常用交通标志

自动紧急制动、自适应巡航控制以及自动泊车等自动驾驶汽车功能在很大程度上仅仅依靠单独的传感器很难做到精确的感知，为决策层提供可靠的可信赖的信息，例如激光雷达对恶劣天气有较低的适应性，而毫米波雷达覆盖区域成扇形，有盲点区域，有无法识别交通标识，无法识别交通信号等缺陷；摄像头无法感知探测目标的深度信息。因此只有把多个传感器探测的信息进行融合，取长补短，才能够为真正实现自动驾驶保驾护航。

目前激光雷达和毫米波雷达已经能够做到较好的兼容性，加上摄像头组成了传感器的“三剑客”，它们的功能由本身的探测原理所决定，三者都不可或缺，相辅相成。如图 7－7 所示，毫米波雷达主要用于探测目标的障碍物；摄像头由于很难获取三维物体的数学模型，同时其也易受光照影响进而降低识别准确度，但摄像头在目标分类和跟踪方面具有较强的能力；激光雷达则普遍用于定位、障碍物检测、目标分类、运动物体跟踪等应用。

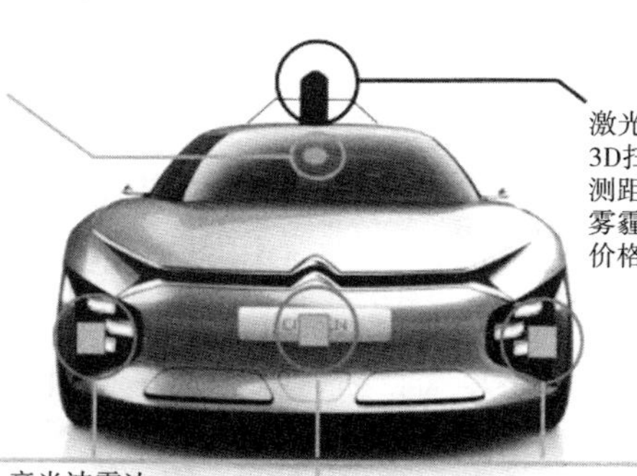
摄像头：
宽度以及特征识别准确；
受天气影响较大；
速度以及距离分辨率低
激光雷达：
3D扫描，对周边环境建模；
测距精确，分辨率高；
雾霾等天气环境下性能下降；
价格高昂
毫米波雷达：
车速以及测距精确；
全天候工作；
宽度以及特征识别差

图 7－7　车载传感器搭载解决方案

2. 精准定位

自动驾驶汽车环境感知的另一个重要基础是精准导航服务，需要获取汽车与外界环境的相对位置关系，同时获得车身状态感知确定车辆的绝对位置与方位，其定位方式主要有以下几种策略。

GPS（全球定位系统）：GPS（Global Positioning System）是由美国国防部研制建立的一种全时段、全天候、全方位、高精度的卫星导航系统，如图 7－8 所示，其能为全球用户提供高精度但低成本的三维速度、位置和精确定时等导航信息，同时具有能够接收到全局位置锚定的定位信息、不必担心误差累计等优势，是卫星通信技术在导航领域的应用典范，其极大地提升了社会的信息化水平，有力地推动了数字经济的快速发展。

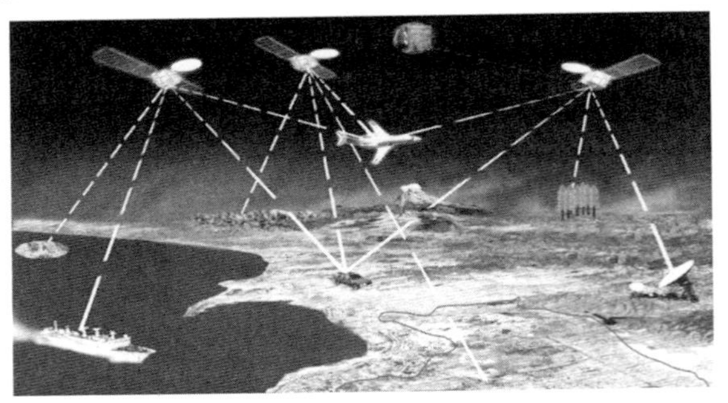

图 7－8　全球定位系统（GPS）

IMU（惯性测量单元）：IMU 的全称是 Inertial Measurement Unit，即惯性测量单元，通常由加速剂、陀螺仪和处理算法处理单元组成，如图 7－9 所示，其通过对旋转角度和加速度的测量得出本体的运动轨迹。GPS 是一个比较精确的定位专用传感器，但是其具有更新频率过低的局限性，仅有 10Hz，同时易受环境影响（如建筑物遮挡），因此 GPS 在特定环境下不足以提供位置更新。与之相比，IMU 具有 GPS 所欠缺的实时性优点，IMU 的更新频率可以达到 100Hz 甚至更高。因此通过整合 GPS 与 IMU 的定位方法，我们可以为自动驾驶车辆提供既准确又实时的位置更新。在繁杂的自动驾驶系统中，IMU 以无须依赖外部的特性，以及强大的鲁棒能力，较好地解决了自动驾驶汽车“我在哪”、“我要去哪”和“我怎么去”的困扰，为车辆的精确定位提供最后一道安全保障。

图 7－9　IMU 导航效果图

综上所述，关于感知层定位信息处理总结如下。

第一种如图7－10所示，根据高精度的差分RTK（GPS）＋惯性导航IMU来完成，RTK定位精度高，但是刷新频率较低，IMU刷新频率高，但是存在累积误差缺陷，将两者配合使用可以获取精确且快速的位置更新信息。

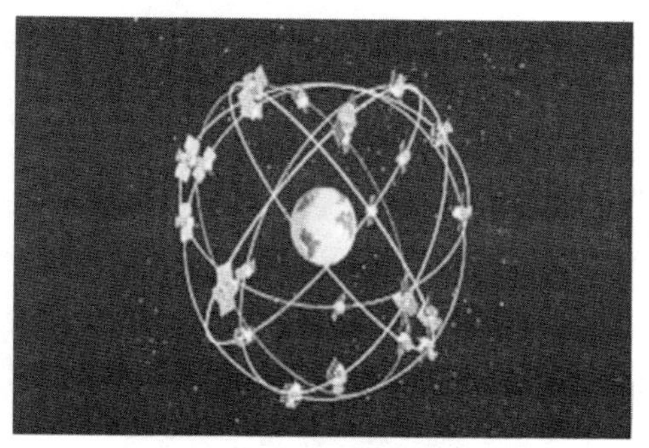

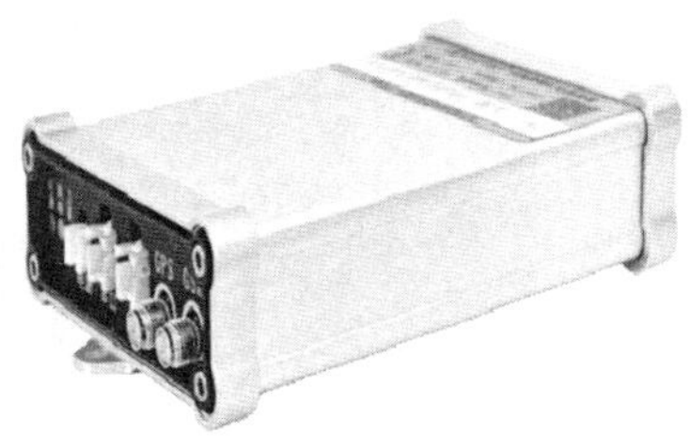

图7－10　高精度的差分RTK（GPS）＋惯性导航IMU解决方案

第二种如图7－11所示，通过激光雷达＋高精度地图来定位，也就是大家熟知的激光SLAM，其工作原理是将激光雷达扫描周围环境所获取的三维点云信息与所建立的高精度地图进行匹配和比对，从而获得实时而精确的位置信息。

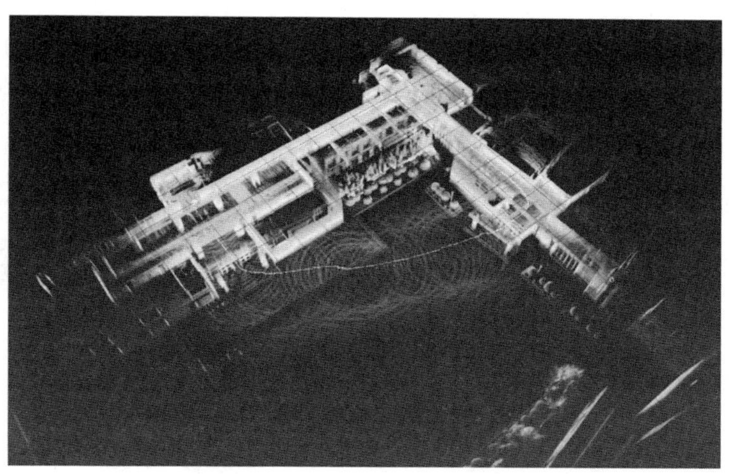

图7－11　自动驾驶车辆激光SLAM雷达点云信息

第三种如图7－12所示，通过摄像头图像数据＋视觉地图来定位，也就是通常所说的视觉SLAM，将摄像头在车辆自动行驶过程中拍摄到的包含图像静态信息和图像间的移动信息的图像数据，与视觉地图进行匹配与比对，能够获得实时精确位置信息。抑或从图像中提取某些关键目标的精确的几何特征（如地面标记、车道线、红绿灯、交通标牌等），同步地将其和高精度地图中存储的位置信息进行匹配，完成实时定位功能。

图 7－12　自动驾驶车辆视觉 SLAM 定位信息

二　决策规划

如图 7－13 所示，自动驾驶汽车的决策与规划核心依托环境感知和导航定位系统的输出信息，并依据某些特定约束条件（如无碰撞、汽车本身扭矩等），规划出汽车的最优路径。简而言之，决策级别是人工智能真正发挥其威力的部分。

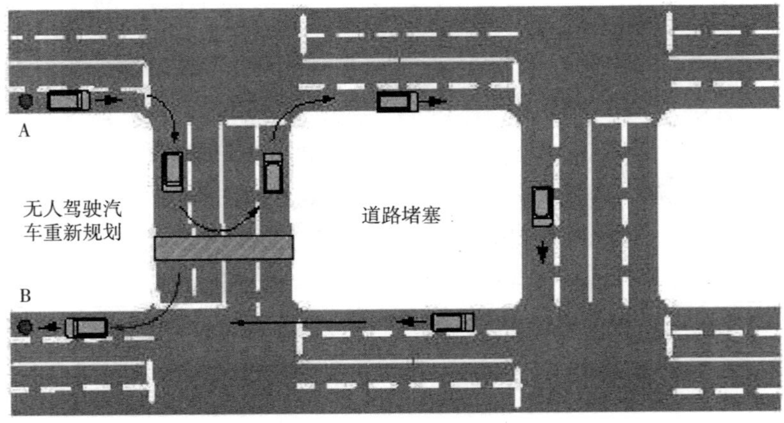

图 7－13　自动驾驶路径规划效果

和人类驾驶员一样，机器在做驾驶决定时需要解决几个问题。我在哪儿？周围的环境怎么样？接下来会发生什么？我该做什么？决策层任务具体来说被分为两个步骤，第一步认知理解，即依据感知层不同传感器采集的环境信息，对自动驾驶车辆本身的位置精确定位，对自动驾驶车辆周围的环境信息精准判断。第二步决策规划，依据对自动驾驶车辆周围的环境信息的精准判断，准确预测未来可能发生的情况，对下一步行动进行精确判断和决策，选择适宜的路径达到目标。本小节主要对决策规划中的行为预测做简短说明。

行为预测，在智能驾驶中体现在可以根据动态变化的环境实时调整驾驶策略，同样机器也需要对车辆周边的人、车、物的行为进行预测，从而做出安全驾驶决策。其中，当前主流的行为预测方法主要包括两种：一种是基于数据的深度学习方法 RNN；另一种是基于运动模型的卡尔曼滤波器。

其中，循环神经网络（RNN）主要基于对大数据的收集和分析，根据道路采集的环境信息和跟踪目标的运动信息，预测周围人、车以及物的运动位置。

而卡尔曼滤波器首先建立跟踪目标的运动模型，式（7－1）所示为对目标下一步的走向做出有根据的预测，即使伴随着各种干扰，卡尔曼滤波器总是能指出真实发生的情况。

$$\begin{cases} x_t^{;} = A_t x_{t-1}^{;} + H_t \left(y_t - C_t A_t x_{t-1}^{;} \right) \\ H_t = P_t^{;} C_t^T \left(C_t P_t C_t^T + W_t \right)^{-1} \\ P_t^{;} = A_t P_{t-1} A_t^T + Q_{t-1} \\ P_t = \left(I - H_t C_t \right) P_t^{;} \end{cases} \qquad \text{式（7－1）}$$

如图 7－14 所示，在行为预测之后，需要对自动驾驶车辆路径进行规划。目前国内外各自动驾驶公司无人车的技术路线实际都是依照轮式机器人的技术路线。路径规划是自动驾驶汽车决策和控制的基础。从轨迹决策的角度考虑，可分为全局路径规划和局部路径规划。全局路径规划的目标是依照全局地图数据库信息规划出自起始点至最终目标点的一条可通过、无碰撞的行驶路径。目前正在探索的有自然地形环境下的路径规划解决方法、重规划化方法以及准结构化道路环境多种约束条件下的路径规划解决方案等。

由于全局路径规划生成的行驶路径是从起始点到最终目标点的简单粗略路径，并没有考虑路径的宽度、曲率、方向、道路交叉以及路障等约束条件，

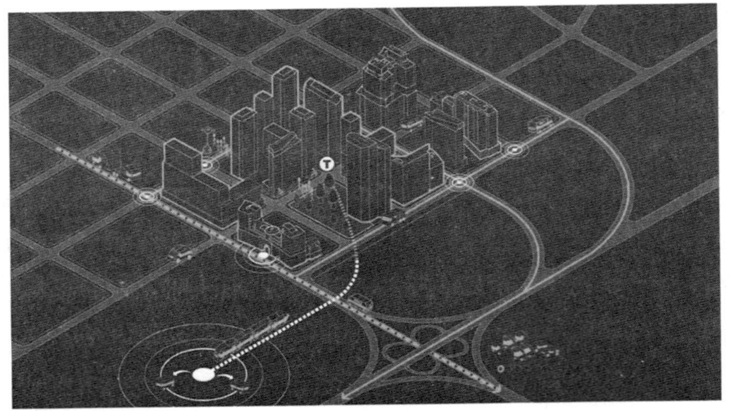

图 7 – 14　自动驾驶决策规划路线效果展示

加之自动驾驶车辆在行驶过程中受局部环境变化以及自身状态的不确定性的影响，会遇到各种不可测的工况。因此，在自动驾驶车辆的行驶过程中，必须以自身状态信息和局部环境信息为参照，规划出一段全程无碰撞的符合预期的局部路径，这被称为局部路径规划。通常局部路径规划的方法有：层次法、动作行为法、空间搜索法、栅格法、势场域法、模糊逻辑法、启发式算法以及神经网络法等。目前主流的路径规划算法概括为以下几种。

1. Dijkstra 算法

Dijkstra（迪杰斯特拉）算法是经典的最短路径的算法之一，由 E. W. Dijkstra 在 20 世纪 60 年代提出。如图 7 – 15 所示，该算法适用于计算道路权值均为非负的最短路径问题，能够给出栅格图中某一节点到其他所有节点的最短路径，以搜索准确、思路清晰见长。相对的，由于输入为大型稀疏矩阵限定性，该算法又具有占用空间大、耗时长等缺陷。

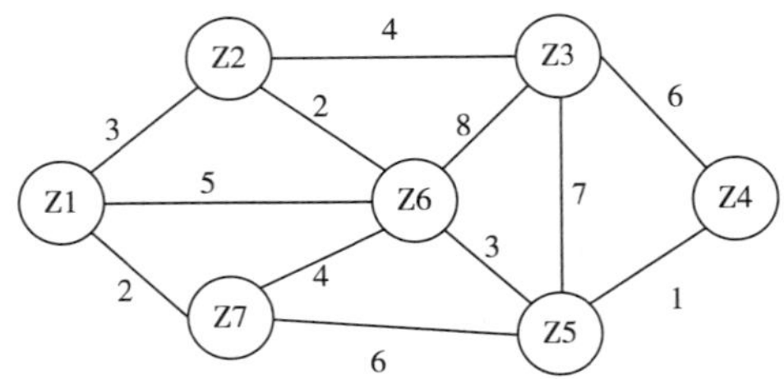

图 7 – 15　Dijkstra 权值计算策略示意

2. Floyd 算法

Floyd 算法是由 Floyd 于 20 世纪 60 年代提出的，是一种计算地图中任意两点间的最短距离的算法，能够正确处理有向图或负权的最短路径问题，同时也被用于计算有向图的传递闭包，与对每一节点做一次 Dijkstra 算法的时间及复杂度相同，但是实际的运算效率比 Dijkstra 算法要好。

3. A* 算法

A* 算法是一种启发式搜索算法，是由 Hart、Nilsson、Raphael 等人率先提出的，A* 算法通过引入估价损失函数，加快算法收敛速度，提高了局部搜索算法的搜索精度，进而得到广泛的应用，是当今较为流行的最短路径算法。同时，A* 算法运算所消耗的存储空间少于 Dijkstra 算法。如图 7 - 16 所示，其会根据栅格地图上的障碍物信息（非白色栅格），建立从起点到目标点的路径评估函数表达式，并以寻找最少的损失函数为依据，规划最短可行路径。

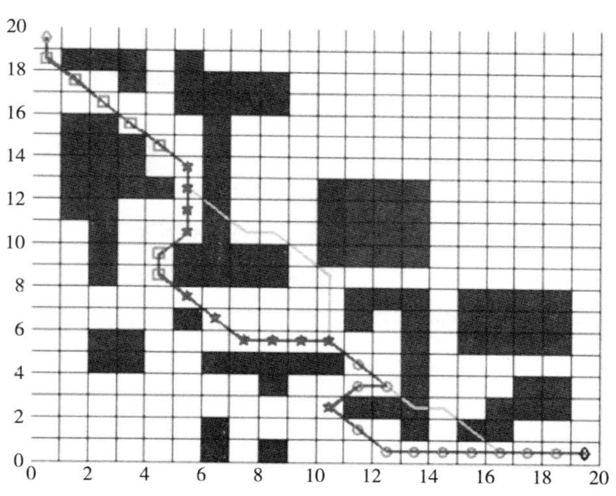

图 7 - 16　A* 算法最短路径寻优栅格效果

4. 蚁群算法

蚁群算法是由意大利学者 M. Dorigo 等于 20 世纪 90 年代提出的，是一种随机搜索算法，是根据对自然界中蚁群集体觅食的行为观察、总结并研究归纳出的一种启发式优化算法，因其具有较强的鲁棒性，而且易于与其他算法相结合等优点，在路径规划中得到了较为广泛的应用。如图7 - 17 所示，蚁群算法中，蚂蚁种群会根据建立的环境地图的栅格信息（黑色栅格代表障碍物，白色栅格代表可行区域）通过信息素更新、轮盘赌选择算法等方法，规划从起点到目标点的可行路径（图中曲线）。

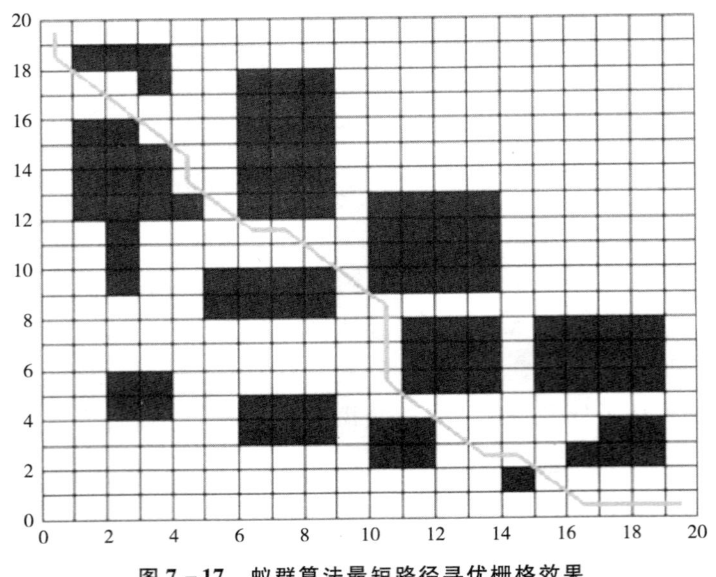

图 7-17　蚁群算法最短路径寻优栅格效果

此外，其他的较常用的规划算法还包括基于分层路网的搜索算法、神经网络算法、实时启发式搜索算法、模糊控制以及遗传算法等，需要根据不同的实际需求设计和优化不同的规划算法。然而大多数单一算法应用于车辆路径规划时都存在一定的缺陷，所以当前的侧重点在于利用多种算法融合各自优势来构造混合算法，取长补短；同时，以人工智能技术为基础衍生而来的诸如深度学习、增强学习、贝叶斯网络、专家系统等的多种方法融合，也将是下一步的主流方案之一。

三　控制执行

自动驾驶汽车的车辆控制系统是车辆最终完成自动驾驶的落地部分，主要包括车辆的纵向控制和横向控制。纵向控制，即车辆的制动和驱动控制。横向控制，即通过方向盘扭矩或角度的调整，实现自动驾驶汽车的规划路径跟踪。其中需要借助复杂的汽车动力学完成主控系统，主控系统由软件部分的智能车载操作系统与硬件部分的高性能车载集成计算平台联合组成。智能车载操作系统融合了内容服务商、运营服务商以及车内人机交互服务的数据，为乘客提供周到的个性化服务；而计算平台则融合了高精度地图、传感器、V2X 的感知信息进行认知和最终的决策计算，硬件处理器有 FPGA、ASI、CGPU 等型号。而目前的主流操作系统包括 Windows、

Linux、Android、QNX、YunOS（阿里云提供）等。最终，决策的计算信息汇入车辆总线控制系统，完成执行动作。

目前主流的控制算法有 PID 控制和 MPC（模型预测控制）等，下文做简要阐述。

PID 控制器问世至今以其稳定性好、工作可靠、调整方便、结构简单等优点而成为工业控制的最主要且实用的技术。尤其是当不能得到控制对象的精确数学模型时，抑或是其参数不能完全掌握，而控制理论中较为复杂的技术又难以采用时，系统控制器的数学模型参数必须依靠经验和现场调试来最终确定，这时应用 PID 控制技术成为不二之选。

如图 7－18 所示，PID 控制器即利用给定值与实际输出值的负反馈来检测偏差信号，并通过偏差信号来控制被控变量。而 PID 控制器本身就是比例、积分和微分三个计算加和。比例就是用来对系统的给定值与实际值偏差进行反馈，只要存在偏差，比例就会起作用；积分主要是用来消除稳态误差，所谓稳态误差就是指系统稳定后给定值与实际输出值之间依然存在的偏差值，而积分就是通过偏差的累计来抵消系统的稳态误差，本质上也是一种比例控制；而微分则是对偏差的变化趋势做出反馈，根据偏差的变化趋势实现超前调节，提高反馈灵敏度。具体的 PID 参数调节方法如图 7－18 所示，主要分为比例环节、积分环节以及微分环节。

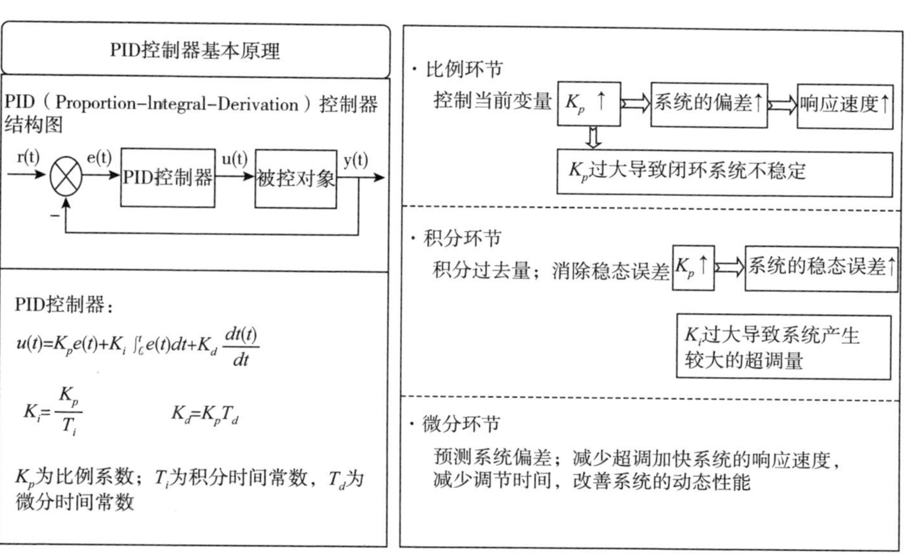

图 7－18　PID 控制器原理及调节原则

比例环节，当系统存在动态误差时，调节比例系数 Kp，使系统动态偏差减少，同时加快了系统的反应速度，但比例系数 Kp 不宜调节过大，否则会发生闭环系统不稳定产生震荡；当系统达到稳定时，若还存在稳态误差，则加入积分环节，调节微分系数 K_i，消除静态系统的稳态误差，但微分作用也不应过分加强，否则会发生闭环系统不稳定产生震荡和产生超前调节等副作用；最后，如果有必要缩短系统调节时间，可以调节微分系数 K_d 发挥超前控制作用。

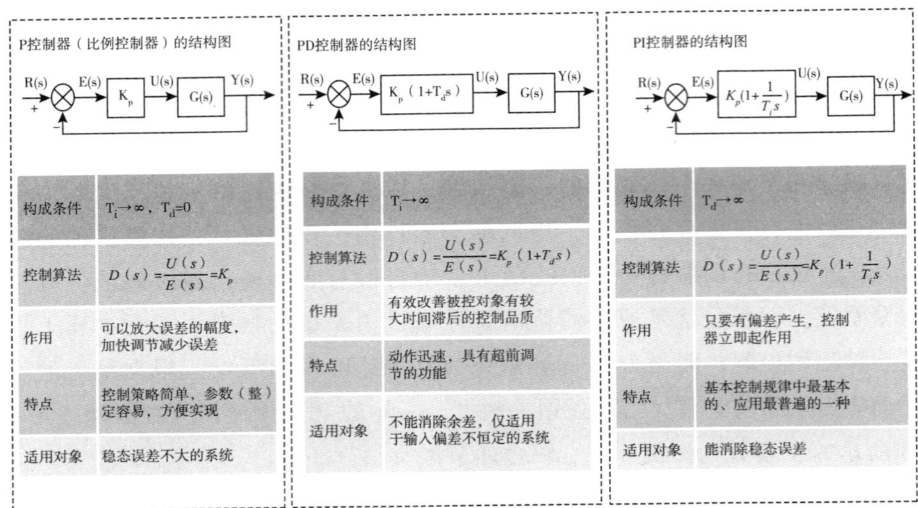

图 7－19　PID 常用控制器结构及特点

但在现实应用中，在计算机上应用就必须将 PID 控制离散化。假定控制系统采样周期为 T，同时检查第 K 个采样周期，当进行第 K 次采样时，系统偏差可以表示为 err（K）＝rin（K）－rout（K），rin（K）为 K 次采样的给定值，rout（K）为第 K 次采样的输出值；而积分则可以表示为：err（K）＋err（$K+1$）＋⋯；微分则可以表示为：［err（K）－err（$K-1$）］/T。第 K 次采样时，PID 控制算法的离散化形式如式（7－2）所示：

$$U(K) = K_P\left\{err(K) + \frac{T}{T_1}\sum err(K) + \frac{T_D}{T_1}\sum\left[err(K) - err(K-1)\right]\right\}$$

式（7－2）

此公式也被称为位置型 PID 算法的离散表达公式。与之相比，还有一种增量型 PID 算法，增量型 PID 算法的表达公式如式（7－4）所示。式（7－

2）描述了第 K 个采样周期的结果，那么 $K-1$ 个采样周期如式（7－3）所示：

$$U(K-1) = K_p err(K-1) + K_i err(K-1) + K_d [err(K-1) - err(K-2)] \quad \text{式 (7-3)}$$

而第 K 个采样周期的增量，可以被表述为 $U(K) - U(K-1)$。于是我们用第 K 个采样周期公式（7－2）减去第 $K-1$ 个采样周期的公式（7－3），就得到了增量型 PID 算法的表示公式：

$$\Delta U(k) = K_P [err(K) - err(K-1)] + K_i err(K) + K_d [err(K) - 2err(K-1) + err(K-2)] \quad \text{式 (7-4)}$$

由于 PID 控制器主要是在回路中发挥控制优势，当控制从回路向系统发展时，缺乏变量间耦合以至于难以保持良好的全局性能。20 世纪后期，在工业生产的控制领域诞生了一种新型的计算机控制方法，被称为模型预测控制（Model Predictive Control，MPC），或者简称预测控制，较好解决了上述局限性。

但模型预测控制器的核心思想同 PID 控制器一致，是一个闭环的负反馈过程[1-2]，工作流程如图 7－20 所示，主要由预测模型、滚动优化以及反馈校正三部分组成，其具体工作原理如图 7－21 所示，控制器以当前时刻给定值（参考轨迹）与实际输出值的偏差值作为控制器的控制输入，建立控制作用的预测模型，并预测未来时刻的实际输出值，以未来预测时域内偏差值的损失函数为优化函数，进行非线性优化，并决策出最佳控制效果，作用于控制对象（刹车、油门等）。

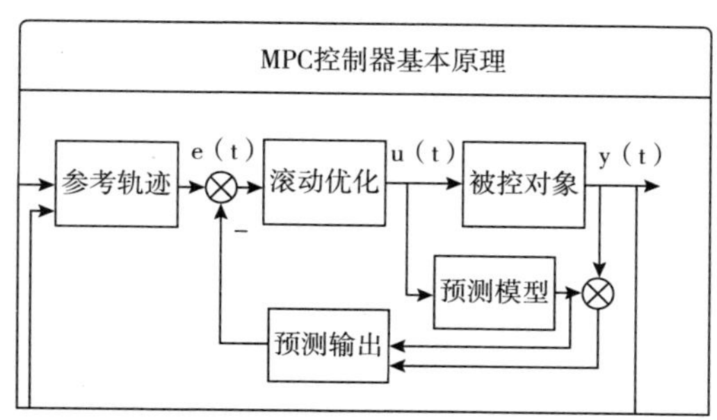

图 7－20　模型预测控制器工作流程

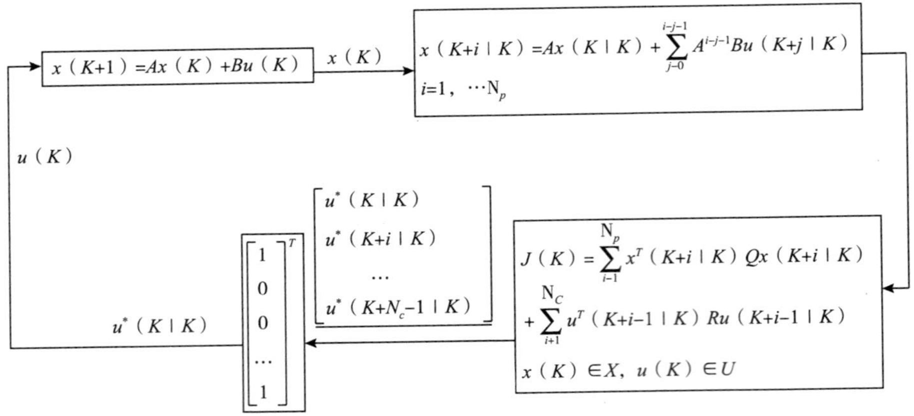

图7－21　模型预测控制算法结构

四　自动驾驶技术验证

1. 车辆改装

车辆改装的主要目的是实现车辆的线控化。汽车线控技术可以省去很多机械结构，降低车身重量并节省能耗。在自动驾驶系统中，对汽车控制执行系统的线控化改装是必不可少的。自动驾驶底盘各子系统能够将自动驾驶车辆的行驶速度、发动机转速、档位数据及方向盘转角信息等通过CAN总线传递给自动驾驶控制系统，并通过控制系统做到对车辆的精准控制。通过实现车辆的线控化，自动驾驶的执行命令才能得到执行、反馈以及调优。

通过自动驾驶车辆底层的线控化改装和底层控制器的调试和研发，采用工业级器件焊接及专用的车辆连接器提高自动驾驶车辆运行的稳定性及可靠性，加装多种传感器以获取前方道路、周围车辆等环境信息以及车辆状态信息，并通过智能决策与自动控制实现自动驾驶汽车的安全行驶。自动驾驶车辆改装的基本思路是，决策与控制系统根据当前车辆、环境等信息以及驾驶员动作等通过车辆总线向底盘各子系统发送油门、档位、制动、转向等动作控制指令，各子系统控制器接收指令并转换为底盘各电控系统可以识别的信号，通过底盘动力总线接口或底盘各电控单元进行控制，而灯光、音响、喇叭等车辆的电子设备子系统可利用控制系统通过自动驾驶车辆底盘的接口进行控制。车辆硬件方面的改装可概括为对汽车执行系统的线控化改装、电子设备系统及其他设备的改装。

（1）汽车执行系统的改装

对汽车执行系统的改装主要是对油门、转向和制动装置的线控化改装。

当前汽车的线控油门技术已经十分成熟且被车企广泛应用，凡具备定速巡航的车辆都配备有电子油门。电子油门与传统油门的区别在于其通过用线束来代替机械零件及执行结构，在节气门处安装一个微电机，通过电机来驱动节气门结构的开合动作（见图 7－22）。电子油门控制系统主要由油门踏板、踏板位移传感器、ECU（电子控制单元）、总线、伺服电机和节气门执行机构组成。踏板位移传感器安装在油门踏板内部以检测油门踏板的位置信息[3]。当传感器检测到油门踏板的位置发生变化时，会向车辆电子控制单元输出一个电信号，车辆电子控制单元通过结合输入信号及各系统的信息进行分析，向伺服电机输出控制信号，驱动执行机构（节气门）进行动作，总线则是负责系统电子控制单元与其他车辆电子控制单元之间的通信。在自适应巡航中，则由 ESC 中的车辆电子控制单元来控制电机，进而控制进气门开合，最终达到准确控制车速的目的。

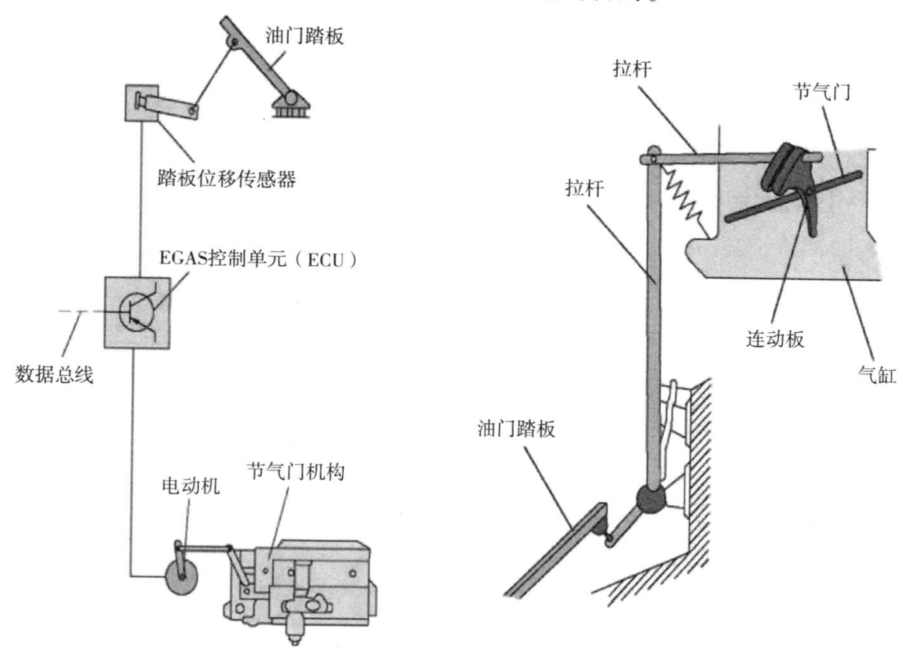

图 7－22　电子油门（左）与传统油门（右）的区别

汽车的线控转向系统结构如图 7－23 所示，取消了传统机械传动转向系统中方向盘与转向轮之间的机械传动连接结构，摆脱了传统机械传动转向系统的多种局限性。汽车线控转向系统是通过传感器检测驾驶员给方向盘输入的转角信息，利用总线发送转向信号给车辆的ECU控制单元，并接收转向控制系统发回的信号。转向控制系统通过驾驶员输入的转向信息，并结合其他系统提供的车轮当前数据信息，向转向执行系统发送转向信号进行动作的执行。同时，驾驶员在通过方向盘进行转向动作时，转向控制系统在控制车轮转到驾驶员需要的角度的同时，会将车轮的转角和转矩等信息反馈至系统的其余子系统，例如转向操纵机构，以使驾驶员获得更好的路感，改善驾驶员的驾驶体验，这种路感可根据不同情况由转向控制系统进行控制[4]。

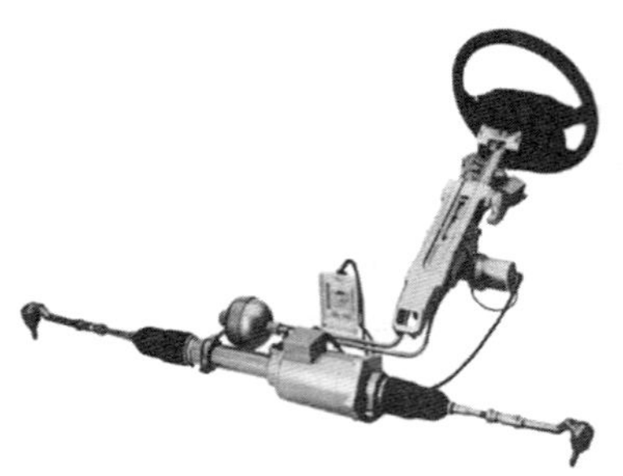

图7-23 线控转向系统结构

线控制动系统也分为两种类型。

①EHB，即Electro Hydraulic Brake，EHB系统的控制单元及执行机构布置比较集中，并且使用制动液作为动力传递媒介，有液压备份系统，因此也可以称为集中式、湿式制动系统，该技术发展较早，技术相对成熟[5]。

②EMB，即Electro Mechanical Brake，该系统采用机电装置取代了传统液压管路，动作执行机构一般安装于车轮边，因此也可称为分布式、干式制动系统。

图7-24为博世iBooster电动伺服助力制动系统的构成，属于EHB类型。线控制动系统是在传统的制动系统上发展而来的，线控制动系统执行信息由电信号传递，相对来讲输出制动压力相应更快，进而刹车距离更短更安全，车辆操控性更好。

当前国内的自动驾驶企业绝大部分是在汽车厂商现有的量产车型上进行车辆改装从而达到自动驾驶的要求。选用的车辆大多采用电喷发动机及自动变速箱的底盘以便于自动驾驶改装。自动驾驶车辆的ECU有厂家烧录

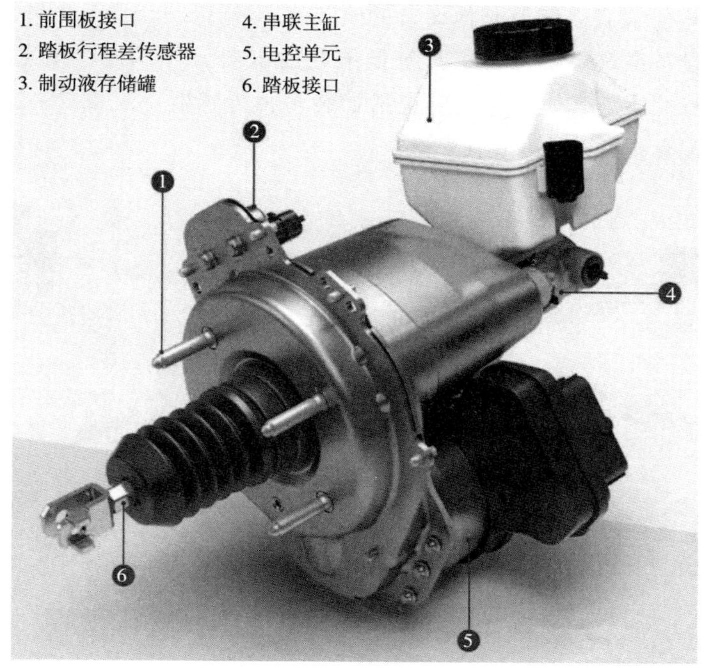

图 7－24　博世 iBooster 电动伺服助力制动系统

好的控制程序，出于对参数的保密，有些厂商不愿意对开发者开放线控的协议，面对这种情况，开发者需要设计伺服机构模拟驾驶员的驾驶动作，通过上位机对油门、换挡、刹车等伺服机构发送指令实现对车辆加减速、转向和制动的控制。这种方式的局限性在于其模拟人类驾驶过程中的操作动作，导致执行部分的结构复杂。另外电机驱动机械臂运动一般需要配合减速器才能达到准确控制的目的，且机械执行机构动作线性度不好，整套装置体积较大，需占用一定车内空间，导致驾驶员座位空间紧张，驾驶体验较差。

随着技术的高速发展，车辆底盘技术的电控化、总线化技术为自动驾驶技术对整车的控制提供了更加精确、简洁且高效的模式。比如，大部分汽车厂商的发动机、变速箱电控系统为第三方预留了总线接口及 I/O 控制接口，如果厂商愿意对开发者开放线控的通信协议，那么开发者只需通过厂商提供的通信协议借助 CAN 总线直接对油门、转向和制动系统实现控制，省去了电机、减速器、机械臂等一整套驱动装置，简化了整个自动驾驶系统的结构，也提高了对车辆驾驶控制的精度和灵敏度。

(2) 电子设备系统及其他设备的改装

电子设备系统主要包含车灯等低能耗的电器元件，可直接通过接入总线对其进行控制。其他设备主要包括加装多种传感器（见图 7－25）、控制器及相关配套设备。

图 7－25　自动驾驶汽车多种传感器及其布置方案

如图 7－25 所示，自动驾驶汽车上加装的多种传感器可感知周围环境，为决策控制层提供大量信息。其中摄像头主要用于车道线、交通标示牌、红绿灯以及车辆、行人检测，具有检测信息全面、价格低的特点，但较易受到雨雪天气和光照的影响。摄像头由镜头、镜头模组、滤光片、CMOS/CCD、ISP、数据传输部分组成。入射光线经过光学镜头模组和滤光片后在相机的感光器件上成像，感光器件上的集成电路将光信号转换成电信号，再经过图像处理器（ISP）转换成标准的 RAW、RGB 或 YUV 等格式的数字图像信号，之后将信号传输至处理器进行处理与分析。

激光雷达用于对车辆周围环境信息的精确感知。激光雷达使用的技术是飞行时间法（Time of Flight），根据光线遇到障碍的折返时间计算距离。为了覆盖一定角度范围需要进行角度扫描，从而出现了各种扫描原理，主要分为：同轴旋转、棱镜旋转、MEMS 扫描、相位式、闪烁式。激光雷达不光用于感知也应用于高精度地图的测绘和定位，是公认 L3 级以上自动驾驶必不可少的传感器。

毫米波雷达主要用于对交通车辆的检测，其特点为扫描速度更快、更准确，受外界环境影响较小，但对行车线、交通标志等对雷达反射信号弱的检测物难以检测。毫米波雷达由集成电路、收发天线以及固化算法的处理器芯片共同组成，基本原理是向传感器前方发射电磁波，计算雷达回波与入射波的差异来求得传感器与被测物之间的距离及相对速度等信息。毫米波雷达精度的衡量指标为距离探测精度、角分辨率、速度差分辨率。毫米波频率越高，带宽越宽，成像精细度越高，主要分为77GHz和24GHz两种类型。

导航模块用于对车辆在世界坐标系下的精确定位。GNSS板卡通过天线接收所有可见GPS卫星和RTK的信号后，进行解译和计算得到自身的空间位置。当车辆通过隧道或行驶在高耸的楼群间的街道时，这种信号盲区由于信号受遮挡而不能实施导航，就需要融合INS（惯性导航系统）的信息，INS（惯性导航系统）具有全天候工作、系统完全自主、抗干扰能力强、可提供全导航参数（位置、速度、姿态）等优点，组合之后能达到比两个独立运行的最好性能还要好的定位测姿性能。

控制装置由于占地较大一般放置于后备箱内，一般包括工控机、交换机、惯导模块、电压转换模块等（见图7－26），通过接入车辆的蓄电池或外接UPS电源对设备进行供电。采用工控机集中式运算整体体积和功耗较大，若要满足量产化要求需要采用域控制器嵌入式的方案。将各个传感器的原始数据接入Sensor Box中，在Sensor Box中完成数据的融合，再将融合后的数据传输到计算平台上进行自动驾驶算法处理。随着自动驾驶的技术发展，算法不断完善，算法固化后可以做成ASIC专用集成电路芯片，将传感器和算法集成到一起，实现在传感器内部完成边缘计算。进一步减少后端计算平台的计算量，有利于降低功耗、体积和车规化。

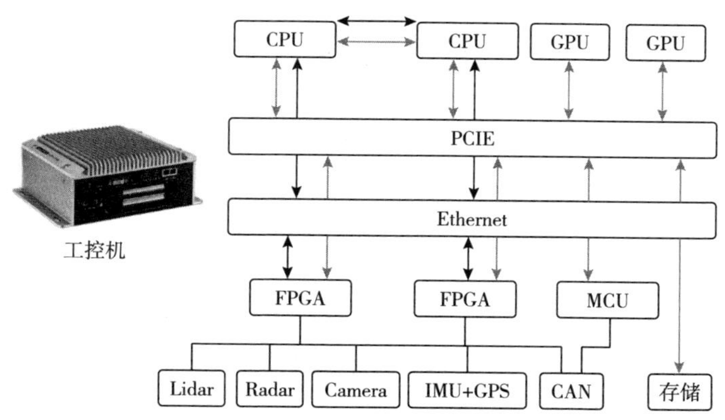

图7－26　控制装置示意

2. 感知层

感知层通过对自动驾驶相关数据信息的收集和整理，为自动驾驶决策和控制提供可靠的依据及保证。感知层又可以由高精度地图构建、精准定位和目标识别与跟踪三部分组成。中国汽车技术研究中心数据资源中心（以下简称数据中心）利用激光雷达、GPS/惯导、毫米波雷达、摄像头等设备，对驾驶员状态、车辆状态和交通环境信息进行收集，并对收集到的数据进行关键信息的提取并构建即时场景，为智能决策和自动控制打基础。

（1）高精度地图构建

如图 7－27 所示，数据中心利用 GPS（RTK）和自制的地图编辑软件对位于数据中心附近的天津市西青区新城市中心进行实时路况信息采集，图 7－27 左侧为根据图 7－27 右侧实际新城市中心路况建立的高精度地图，为决策层路径规划提供可靠的决策依据。

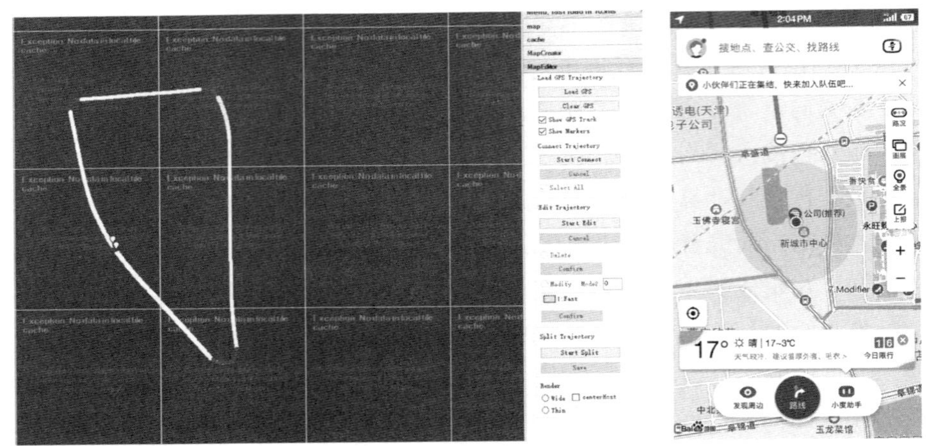

图 7－27　天津市西青区新城市中心

（2）精准定位

精准定位是自动驾驶实现决策与控制的基础，其主要由 GPS 定位和 SLAM 两种组成。

①GPS 定位，开发基于千寻服务器的 GPS 定位解决方案，并在此基础上研究基于星网宇达和诺瓦泰的惯导驱动，两个惯导都是通过串口进行通信，并在诺瓦泰的惯导上实现了千寻服务客户端代码，最终实现了串口端口的自动搜索，实现了程序的自动运行功能。编写只需配置天宝基站的

RTK 差分数据中心程序，即能提供类似千寻尺寸定位精度的服务。如图 7－28 所示，设计惯导航向标定算法，实现了对诺瓦泰惯导设备的标定，惯导经标定程序验证航向没有误差无须加入标定值，使自动驾驶车辆能完全按照规划路线行驶。在数据中心改装的由广汽生产的 GE3 车型上，监测自动驾驶程序计算的位置偏差，测试显示，在不加标定值时，控制偏差接近 40cm，加入标定值后，控制误差在 5cm 以下。

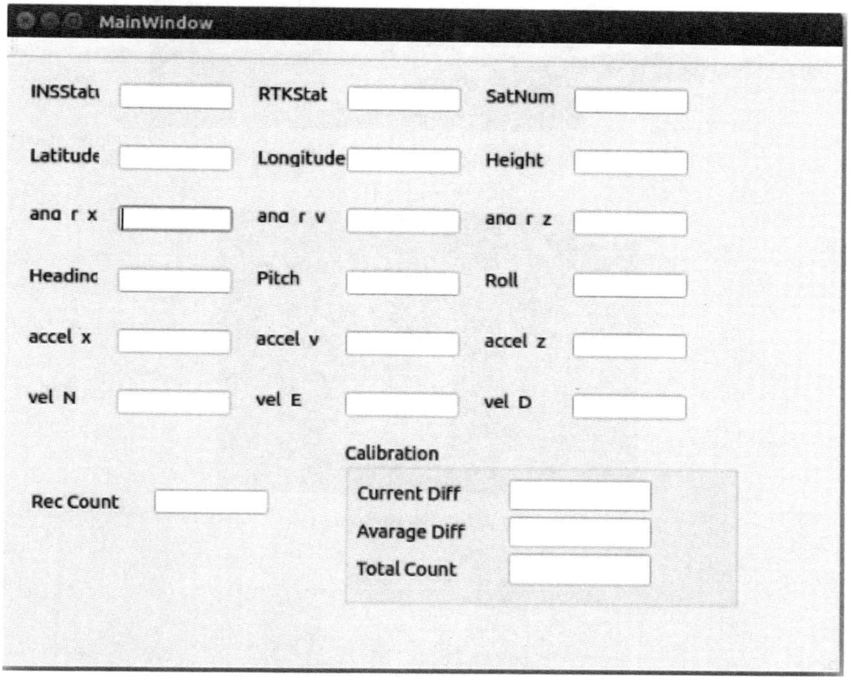

图 7－28　惯导标定

②SLAM 定位。数据中心以激光雷达以及毫米波雷达等传感器为依托，构建不依赖 GPS 信号的应用场景，比如地下车库等。本书前面已经对各种传感器的原理以及适宜应用场景做了较为深入的讲解，这里不再赘述。数据中心以对长城公司生产的 vv7 车辆改装为依托，在 vv7 车辆顶部安装禾赛 40 线激光雷达，如图 7－29 所示。

如图 7－30 所示，通过禾赛 40 线激光雷达提供的 SDK，同时在 vv7 车辆的前端安装毫米波雷达（见图 7－31），对激光雷达实现较好的补充作用。并在此基础上进一步进行算法优化，采用卡尔曼滤波器进行噪声滤除，完成障碍物检测识别和跟踪，最终成功实现障碍物检测跟踪目标。

图 7-29　vv7 车顶禾赛 40 线激光雷达安装示意

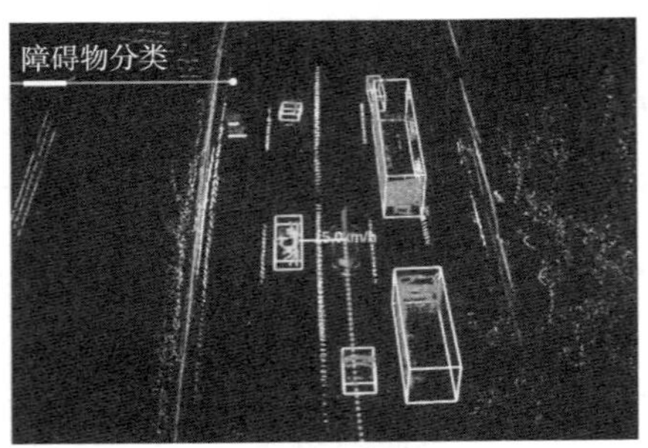

图 7-30　障碍物检测

图 7-31　车载毫米波雷达前端安装示意

最后研究基于激光雷达定位相关 SLAM 算法、NDT 和 ICP 算法。其中，正态分布变换（Normal Distributions Transform，NDT）算法是一种配准算法，其通常应用于三维点的统计建模，使用标准最优化技术来确定两个点云间的最优的匹配，因为其在配准过程中不利用对应点的特征计算和匹配，所以收敛速度要优于其他算法。而迭代最近点（Iterative Closest Point，ICP）

算法的实质是基于最小二乘法的最优匹配，它重复进行“求解两维点云之间的变换关系”的过程，直到某个表示正确匹配的收敛准则得到满足。数据中心分别对两种算法进行了应用与优化。通过试验提取数据中的一帧点云（见图 7－32）和由这段数据建立的地图进行匹配，均没有成功定位。而试验过两帧点云计算相对位置，NDT 算法收敛精度有较大的优化空间，ICP 算法结果定位精度达到了试验要求。

图 7－32　激光 SLAM 数据点云信息

（3）目标识别与跟踪。已完成激光雷达及毫米波雷达的障碍物检测及融合，基于摄像头的红绿灯识别。红绿灯识别为基于 C＋＋的大型深度学习框架 YOLO 库。我们采用能识别 80 种类型物体的深度学习模型。具体实现方法为，使用 QT（C＋＋图形用户界面应用程序开发框架）调用 YOLO 库，识别摄像头获取的图像，如果有类型为红绿灯的物体，就使用 OpenCV［一种基于 BSD 许可（开源）发行的跨平台计算机视觉库］对图 7－33 所示的该区域进行颜色识别，确定有红色、绿色、黄色或没有红绿黄色。其程序能运行在 Ubuntu、Windows 环境系统中，GPU 和 CPU 的运行识别速度均在毫秒级别。

引入 Point Cloud Library（PCL）库，PCL 库是在吸收前人点云相关研究成果基础上建立起来的大型跨平台开源 C＋＋编程库，它实现了大量点云相关的通用算法和高效数据结构，涉及点云获取、滤波、分割、配准、检索、特征提取、识别、追踪、曲面重建、可视化等。通过对 PCL 库的调用和优化，将激光雷达驱动和感知进行分离，激光雷达驱动只负责将网络原始报文解析为 PCL 点云，感知部分读取 PCL 点云进行障碍物识别及其他算法。基于这种思路，数据中心修改了北科 32 线雷达、禾赛 40 线雷达驱动，实现

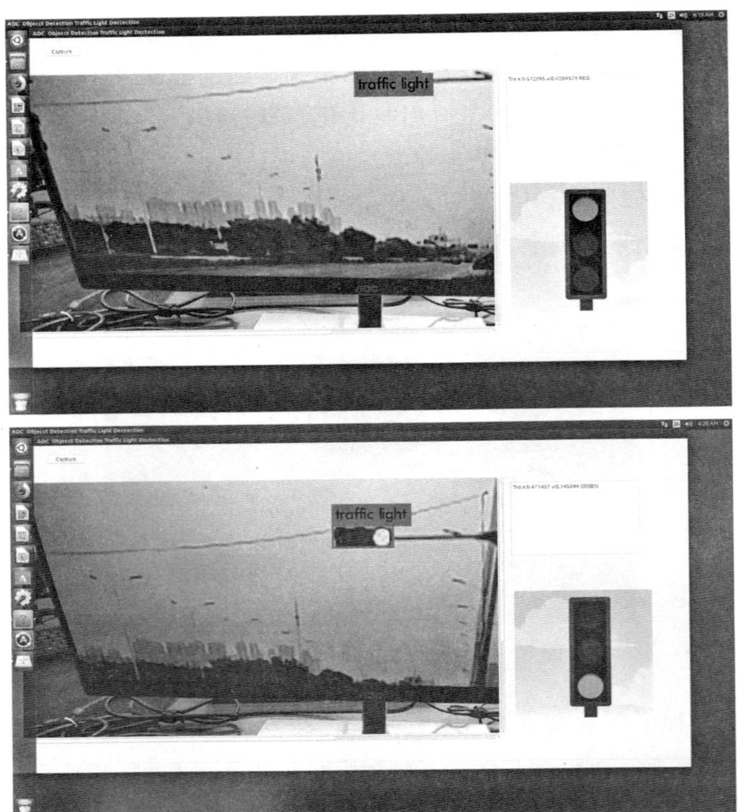

图 7－33　自动驾驶红绿灯识别效果

了 Velodyne32 线雷达驱动、禾赛 40p 雷达驱动。同时优化激光雷达感知算法，采用栅格法解决雷达安装不平导致远处（比如 20 米）的障碍物虽然有两条线打到但被分到不同网格内而无法识别的问题，扩大了感知范围。

3. 决策层

决策层利用收集到的信息，判断路况，对各种交通状况进行分类并制定相应的应对策略，以特定场景为基础制定特定场景下的决策。

（1）固定线路路径规划

基于特定场景，测试自动驾驶车辆在固定路线下决策层和控制层的作用效果。图 7－34 和图 7－35 所示，分别为在曲线、直角弯以及 U 形弯驾驶场景下依照决策层规划的固定路径；在不同路况中，加入障碍物以便测试自动驾驶车辆的轨迹跟踪能力与控制效果。实验证明自动驾驶车辆能够在上述实际路况中较为平稳地沿着规划路径到达目的地。

图 7－34　曲线行驶 & 直角弯行驶

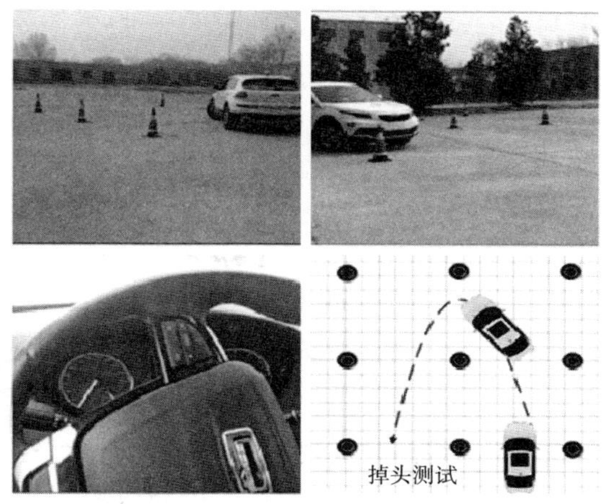

图 7－35　U 形弯行驶

（2）障碍物绕行

以真实驾驶场景为参考，测试自动驾驶车辆在检测障碍物（如人和车辆等），并根据实时路况二次规划路径功能。具体实施策略：自动驾驶车辆在行驶过程中，通过布置于车身顶端的激光雷达和车身前端的毫米波雷达等多种传感器对周围环境障碍物进行检测，实时判断是否需要实施前方障碍物绕行策略。当传感器检测到前方障碍物时，启动障碍物绕行策略，参考前方障碍物位置上一时刻规划好的路径，同时根据自动驾驶车辆和前方障碍物的物理位置信息和速度信息，平移一段上一时刻已规划好的路径到旁边车道上，并根据周围环境信息二次规划如图 7－

36 所示的曲线路径。最终，自动驾驶车辆通过障碍物检测、二次规划路径实现障碍物绕行功能。

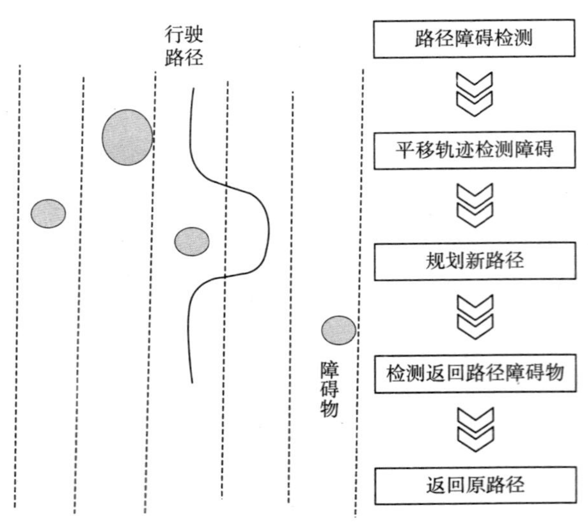

图 7－36　障碍物绕行策略流程

（3）基于车道线的路径规划

目前对于室外定位主流公司普遍采用以 GPS 为主，辅以惯导等方式的定位方法，但对于特定场景，例如桥梁底下以及隧道等路况，GPS 会失效，同时惯导只能保持较短时间内的辅助定位功能，这时，我们需要寻求另一种辅助决策策略：基于车道线路径规划方法。

基于国际著名视觉算法公司 MobileEye 提供的数据接口，进行车道线识别的优化，增强自动驾驶车辆对受损车道线的识别能力，建立基于车道线的路径规划算法。图 7－37 为车道线规划效果展示。具体决策过程如图 7－38 所示，MobileEye 通过传感器将采集到的车道信息如车道位置、车道角度以及车道弧度数据传递给控制层，控制层通过车道信息采用 PID 控制并作用于油门等执行器件完成车道线路径规划算法的实现。

（4）多车道路径切换规划（换道和超车）

与障碍物绕行场景测试不同，多车道路径切换规划场景测试中感知、决策以及控制策略都是以动态障碍物为参考实施具体的换道和超车功能。多车道路径切换规划以前方正在匀速行驶的车辆为参考，测试自动驾驶车辆检测障碍物能力，并根据实时路况二次规划路径，最终实现换道和超车

图 7－37　车道线规划效果展示

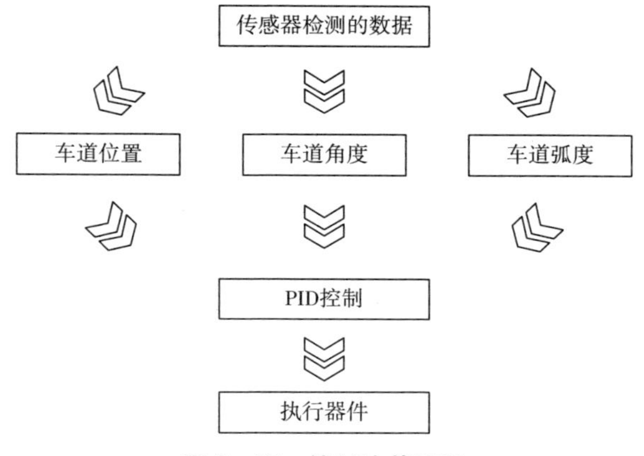

图 7－38　控制决策流程

功能。具体实施策略为如下两步。

第一步，自动驾驶车辆在行驶过程中，通过布置于车身顶端的激光雷达和车身前端的毫米波雷达等多种传感器对周围环境障碍物进行检测，实时对前方车辆进行距离与速度估算，判断是否实施换道策略。当传感器检测到前方有行驶车辆时，启动如图 7－39 右侧所示的换道策略，参考前方行驶车辆位置上一时刻规划好的路径，同时根据自动驾驶车辆和前方车辆的物理位置信息和速度信息，平移一段上一时刻已规划好的路径到旁边车道上，并根据周围环境信息二次规划如图 7－39 所示的曲线路径。最终，自动驾驶车辆通过障碍物检测、二次规划路径实现换道功能。

第二步，自动驾驶车辆切换到旁边车道完成换道功能，并实时监测图 7－39 中车辆的速度和位置信息，实现自动驾驶车辆加速策略，当达到安全要求的两车距离时，在此实行换道功能，并入车辆的车道前方，最终完成换

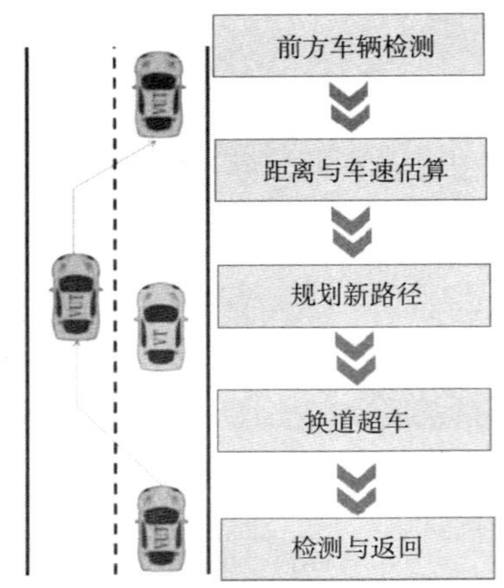

图 7－39　多车道路径切换规划流程

道和超车功能。

4. 控制层

控制层方面完善了控制器的可靠性和稳定性，根据工控机的控制指令可完成车辆的纵向控制和横向控制，并实现车门、灯光、点火、喇叭等设备的指令控制。

第四节　自动驾驶其他关键技术

一　一键叫车

自动驾驶车辆与智能网联自动驾驶车辆软件平台的对接和 APP 端一键叫车功能的实现如图 7－40 所示。车端可将自身实时位置、实时速度及实时油门等信息推送至平台和 APP 端进行显示，APP 端与车端对接完成，具备一键叫车、临时停车等功能。智能网联自动驾驶车辆软件平台实现与功能展示如下。

（1）启动的在线车辆可实时在平台上显示其当前状态；

（2）车端上报当前的实时车速、实时经纬度、实时加速度到平台；

（3）平台具备远程控制车辆的功能。

一键叫车 APP 实现与功能展示如图 7－41 所示。

（1）启动的在线车辆可在 APP 端呼叫约车；

（2）车端推送实时经纬度数据至 APP 端，显示车辆实时位置；

（3）具备 APP 将车辆约车到站和车辆在固定路线行驶的功能。

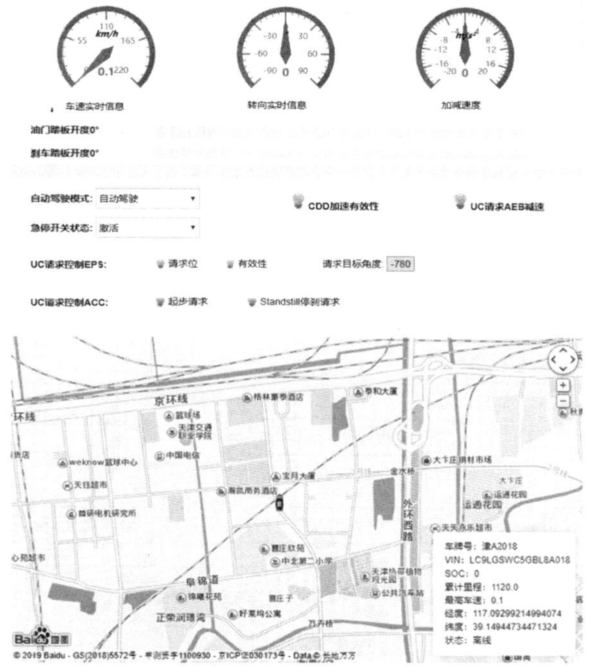

图 7－40　智能网联自动驾驶车辆软件平台

图 7－41　移动端一键叫车 APP 界面展示

二 自动泊车

随着汽车数量的逐年增加，有限的城市空间显得日趋拥挤，车辆平均分配到的停放空间也日趋缩小，泊车入位困难问题在人们生活中逐渐显现；美国一份调查显示，泊车操作引起的交通事故，占全部交通事故的四成左右，消费者对泊车辅助装置有强烈需求，如图 7－42 所示，其主要由中央控制器、感知单元、转向执行机构等模块组成。

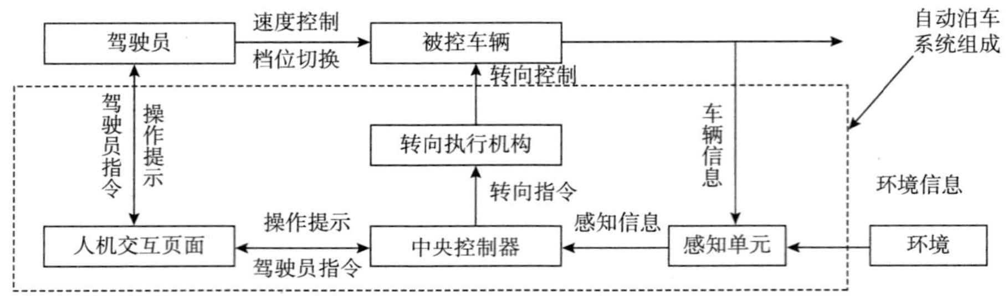

图 7－42 自动泊车技术框架

自动泊车具体实施策略如图 7－43 所示，自动驾驶车辆开启自动泊车功能，自动驾驶车辆根据布置于车身前端的摄像头识别泊车位，进行车位检测，当检测到有效车位后，判断车辆是否到达可泊车区域，若没有，则继续行驶直到到达可泊车区域；启动路径规划程序，规划一条满足多种约束条件的从自动驾驶车辆当前位置到泊车位的可行路径；最终，通过对油门和方向盘实现规划路线的跟踪控制到达泊车目的点完成自动泊车功能。

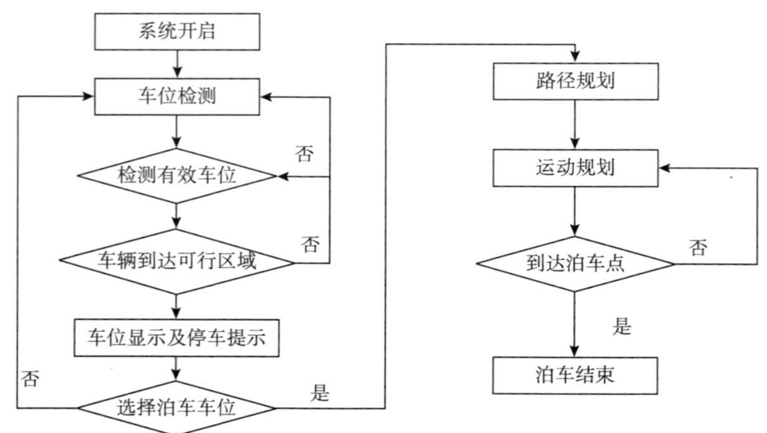

图 7－43 自动泊车策略

通过对汽车动力控制学的研究并构建智能汽车系统动力学模型，提升车辆行驶的稳定性和容错率，以自动泊车中的平行车位为例，在车辆进行倒车入库的过程中，建立车辆在入库后的避免碰撞或压线的约束条件[6-8]。

例如在入位前需要建立泊车的可行区域，只有在此可行区域内自动泊车功能才能实现。入位过程中需要根据入位的实时位置泊车，避免车辆压线或碰撞状况，如图 7-44 所示。

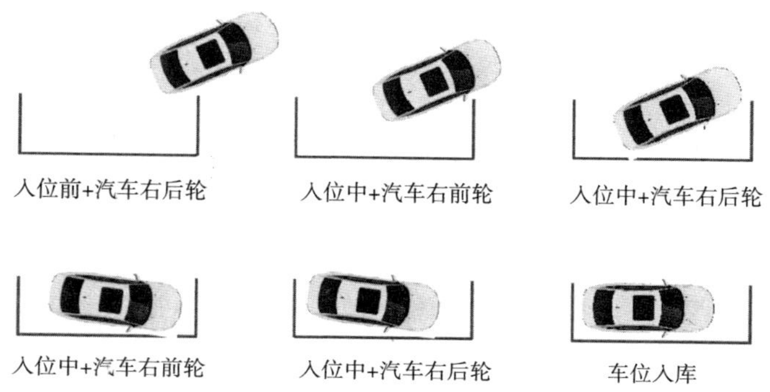

图 7-44　平行车位约束模型

最终，我们根据入位前、入位中及入位后的带约束条件的模型分析，并根据如图 7-45 所示的数据资源中心实际采用的车辆 vv7，建立如图 7-46 所示的规划路径曲线。

图 7-45　数据资源中心 vv7 车辆改装效果

主要对两种泊车位——垂直车位和平行车位工况场景进行了泊车算法验证，图 7-47 和图 7-48 所示分别为数据资源中心基于 vv7 改装车辆在天津市西青区新城市中心和社会山两地的泊车过程截图，取得了较理想效果。

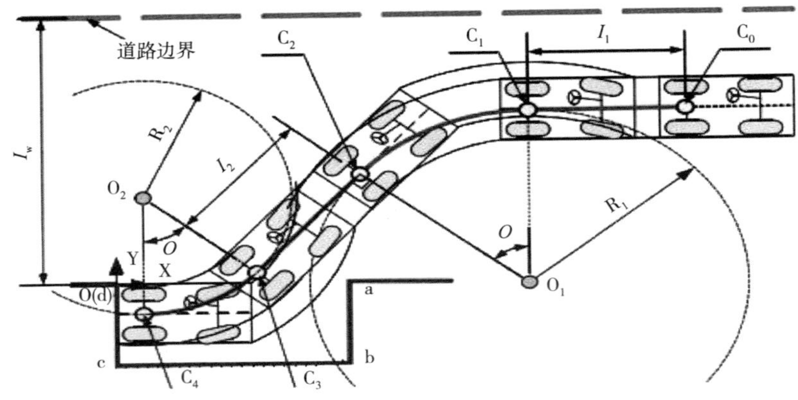

图 7－46 平行车位路径规划曲线

图 7－47 垂直车位

三 高精度地图

如图 7－49 所示，高精度地图拥有精确的车辆位置信息和道路元素数据信息，起到构建类似于人脑对于空间的整体记忆与认知的功能，可以帮助汽车预知路面复杂信息，如坡度、曲率、航向等，更好地规避潜在的风险，是自动驾驶汽车的关键技术之一。高精度地图相比服务于 GPS 导航系统的

图 7－48　平行车位

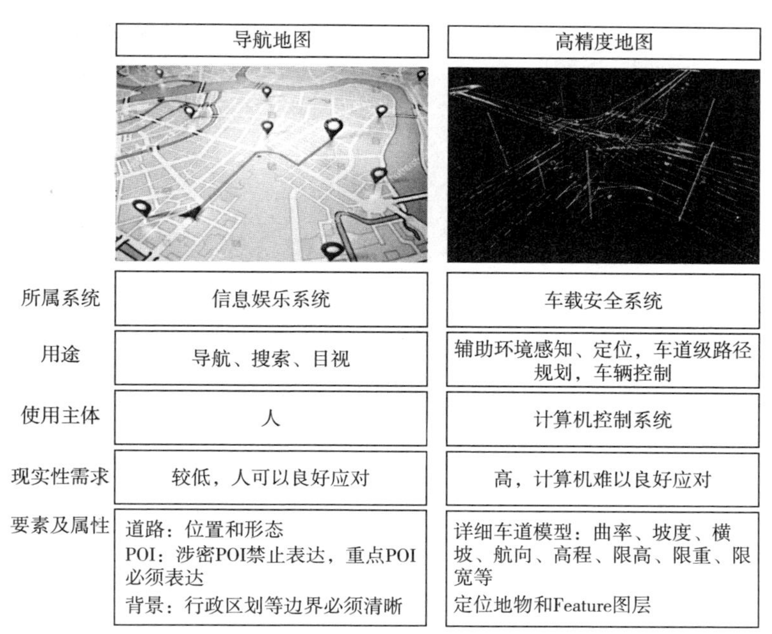

	导航地图	高精度地图
所属系统	信息娱乐系统	车载安全系统
用途	导航、搜索、目视	辅助环境感知、定位，车道级路径规划，车辆控制
使用主体	人	计算机控制系统
现实性需求	较低，人可以良好应对	高，计算机难以良好应对
要素及属性	道路：位置和形态 POI：涉密POI禁止表达，重点POI必须表达 背景：行政区划等边界必须清晰	详细车道模型：曲率、坡度、横坡、航向、高程、限高、限重、限宽等 定位地物和Feature图层

图 7－49　高精度地图与导航地图的区别

传统地图而言，最显著的特征是其表征路面特征的精确性。同时，高精度地图还需要有比传统地图更高的实时性，由于道路网络经常会发生变化，如道路整修、标识线磨损或重漆、交通标识改变等，这些改变都要及时反映在高精度地图上，以确保自动驾驶汽车的行车安全。

四 车联网 V2X

如图 7－50 所示，V2X（Vehicle to Everything）通信技术，包括车与车（Vehicle to Vehicle，V2V）联网、车与道路基础设施（Vehicle to Infrastructure，V2I）联网等，让汽车能与环境进行信息交流，使汽车拥有更大范围的感知能力，同时能够使控制系统发现潜在风险，进一步优化车辆行驶路径，提高智能驾驶的适应性与安全性。相比于硬件传感器提供的信息，V2X 通信覆盖范围更大，通过与其他车辆和道路基础设施进行实时数据交换，对各种情况做出预测。即使在雨天、雾天和强光等特殊环境下，V2X 的传感器也不会受到影响。

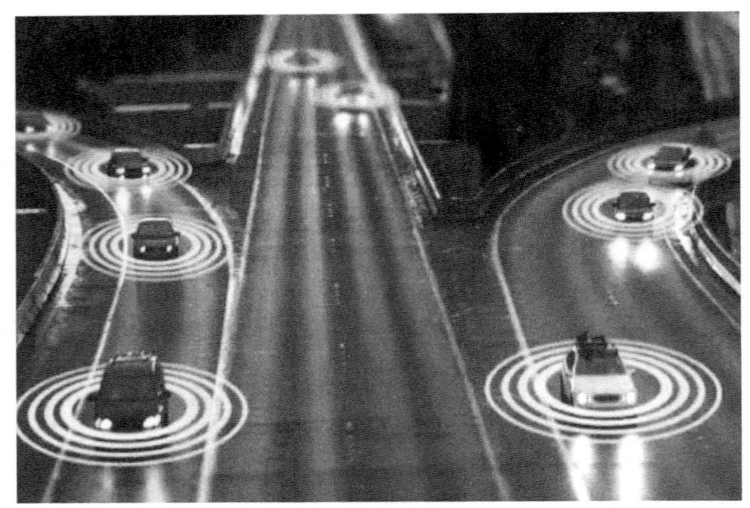

图 7－50 车联网 V2X 技术

五 信息安全技术

智能网联汽车车载端是智能网联汽车的一个子系统，具备数据输入输出、计算处理、存储、通信等功能，可采集车内相关 ECU 数据并发送控制 ECU 的指令，还可集成定位、导航、娱乐等多种功能，是汽车网联化、接入移动互联网和车际网的功能单元。实际上对智能网联汽车的信息安全防护依赖于“云、管、端”多方面的安全措施，其中“端”指的是车辆端，包括车内各子系统/域的安全架构和各子系统具体安全机制，车载端设备也只是车辆端的一个组成部分。车载端是车辆对外网络连接的桥头堡，暴露在多种信息安全威胁和攻击的最前线，很多汽车信息安全的案例都是通过攻击车载端进一步实现对车辆的控制。信息安全技术的架构如图 7－51 所示。总体来说，车载端信息安全应做到：对外，尽量减少自身可被恶意攻击利用的薄弱点；对内，避免或屏蔽对关键业务系统的干扰。因此，可以把车载端信息安全架构分为车载端自身的硬件、操作系统、应用三个层面的安全，对外通信和对内通信的安全，以及数据安全共六个部分。

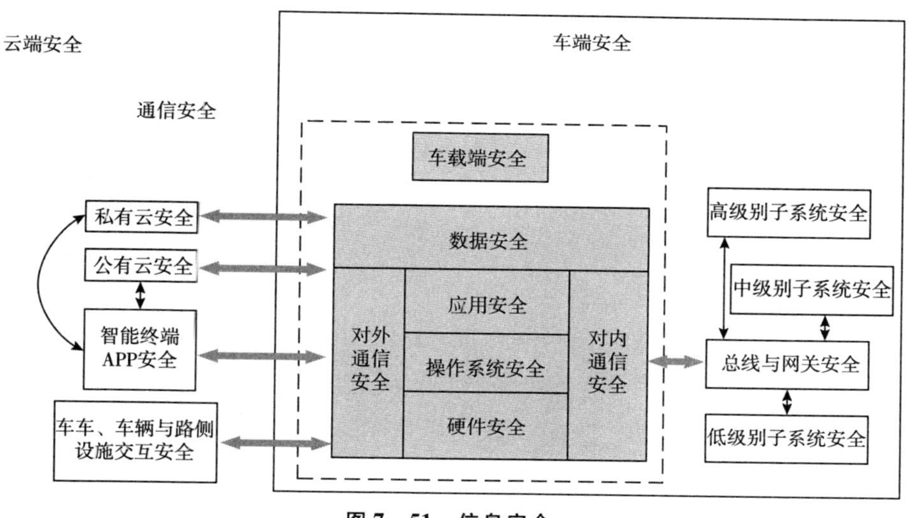

图 7－51　信息安全

第五节　自动驾驶软硬件发展思路

自动驾驶汽车，作为一个可被控制的人工系统，大致包含以下部分内容：（1）硬件：传感器、V2V 通信、执行器（发动机、方向盘等）；（2）软件：车载系统，感知、规划和控制系统，以及其他支撑软件；（3）算法与模型：算法和模型都是以软件的形式存在，但是这些算法涉及传感器融合、图搜索、路径规划、运动规划、运动控制、深度学习态势评估等。综上所述，自动驾驶发展由硬件和软件两部分组成。

一 自动驾驶硬件发展思路

如图 7－52 所示，自动驾驶硬件的架构要充分考虑自动驾驶系统感知、决策、控制的功能要求。为了使所改装的自动驾驶汽车在复杂环境下能够完成自主行驶、转弯、避障等任务，所进行的改装应满足以下要求。

（1）车辆改装对原车辆原有的系统和性能不造成影响，并且对原车结构的改造尽可能得少，具有一定的美观性及便利性。

（2）加装的传感器及执行机构满足所需的控制精度和响应速度，且考虑到安全方面，改装的各模块需具有较强的可靠性、稳定性以及一定的通用性。

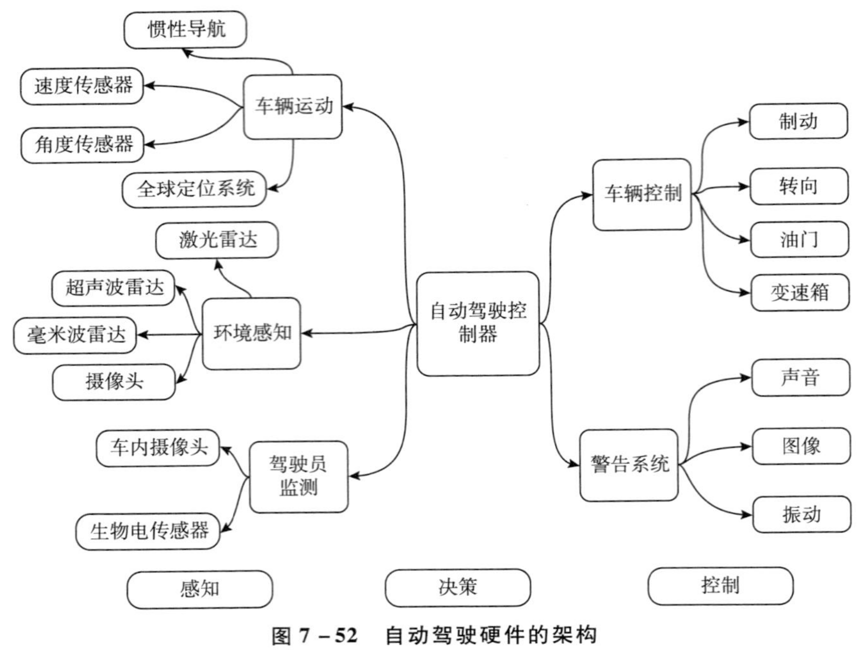

图 7－52 自动驾驶硬件的架构

（3）改装车辆上的各模块应易于装配与拆卸，在驾驶过程中车辆可以切换自主驾驶模式和驾驶员驾驶模式，且自主驾驶模式和驾驶员驾驶模式之间切换方便。

（4）能够实现汽车车速、发动机转速、挡位及方向盘转角等信号的监测，具有紧急停车功能。

（5）对车辆各系统的控制功能，具体包括：对油门踏板和刹车踏板的控制、方向盘转向的控制、换挡的控制及紧急停车按钮的控制，以及灯光、起动、熄火、喇叭等其他车载电子设备及传感器的控制。

根据以上要求，自动驾驶汽车所需要的硬件发展思路主要从如下方面展开。

（1）车辆改装：尽量选择电动汽车，这是因为对电机的底层线控改装要比燃油车底层控制改装更容易进行。对车辆的改装主要是对油门、制动、转向以及车内各电子设备的线控化改装，如果厂商对开发者开源底层控制代码，开发者就可以通过通信协议借助 CAN 总线直接对油门、转向和制动系统实现线控化改装。

（2）传感器：主要包括自动驾驶领域常见的摄像头、激光雷达、毫米波雷达、超声波雷达等环境感知传感器，以及 GPS、IMU 等位置信息传感器。环境感知传感器用于感知道路信息、交通状况、行人信息，为后台的规划决策提供大量的信息。位置信息传感器 GPS + IMU 用于为车辆提供位置信息，以及提供车体的加速度、角速度、航向等信息，这些信息有助于自动驾驶汽车的定位和决策控制。

（3）自动驾驶控制器通常选择工控机，其主要实现的功能：为自动驾驶系统提供调试与功能维修的硬件中心，作为各子系统的存储端，提供用户友好的图形化操作系统界面，为控制软件的编写与调试提供优良的开发平台以及协调自动驾驶系统各子系统的工作[9]。控制系统由于体积较大通常放置于后备箱内，通过接入汽车的蓄电池或配置 UPS 电源等供电。

（4）通信模块：根据车辆的通信总线协议进行选择，汽车不同子系统之间的通信基本上是通过 CAN 协议进行，因此通信模块也一般选择 CAN 卡。CAN 卡可以直接安装在工控机中，然后通过外部接口与 CAN 总线相连。

二　自动驾驶软件发展思路

智能网联自动驾驶汽车的软件框架设计目标及思路，主要采用技术层面模块化手段。在环境感知和数据融合的基础上，结合不同决策算法，实现特定要求下的自动驾驶。发展思路主要由应用软件和算法开发两部分组成。

1. 应用软件

应用软件主要是由自动驾驶车辆衍生的功能性服务，为自动驾驶主航道添砖加瓦、保驾护航。

（1）智能网联自动驾驶车辆软件平台的开发和完善，完成在云端的监控和管理功能。例如，通过与一键叫车 APP 等软件接口对接完成数据信息共享，完成一键叫车功能。通过智能网联自动驾驶车辆软件平台，车端可将实时位置、实时速度及实时油门等信息推送至 APP 端进行显示，进而实现对乘客实时信息的监控和管理，具备一键叫车、临时停车等功能。

（2）可视化交互界面设计和优化。利用计算机图形学和图像处理技术，将自动驾驶过程中需要监测和控制的参数（例如速度、位置以及定位信息数据）转换成图形或图像在屏幕上显示出来，并进行交互处理。现阶段设计的可视化交互页面如图 7－53 所示，后续依据各功能展示需求进行可视化交互界面的优化和改进。

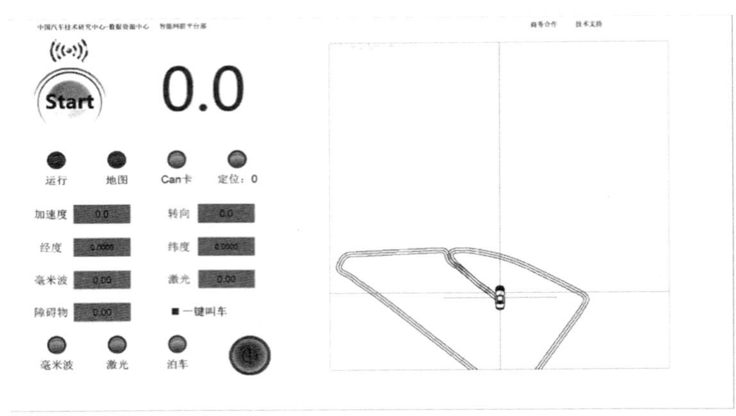

图 7－53　可视化交互界面

2. 算法开发

数据资源中心对智能网联自动驾驶汽车技术算法开发主要由感知层、决策层、控制层三部分组成。通过基于感知层、决策层、控制层算法的开发和优化实现自动驾驶真正迈向普通消费者，具体算法开发策略如下。

（1）感知层：感知层又可以细分为地图构建、高精度定位以及目标识别三部分。

①地图构建。数据资源中心对地图构建及编辑软件进行优化，构建更完善的高精度地图信息，为自动驾驶车辆的决策提供更强有力的数据支撑，完成自动驾驶汽车等设备在未知环境（没有先验知识的前提下）建立地图，或者在已知环境（已给出该地图的先验知识）中更新地图功能。

②高精度定位。定位在自动驾驶中专注于解决“我在哪里?”，如图

7-54 所示，结合多个传感器［例如，差分 GPS + IMU + 激光雷达（视觉）方案］，为车辆提供既准确又足够实时的位置信息。同时研究基于 NDT 的定位算法和 ICP 的定位算法。推进激光雷达定位算法研究完善标定工具链，在现有的惯导标定基础上，增加激光雷达标定工具、毫米波雷达标定工具并研究自动驾驶程序自动化标定的可行性。

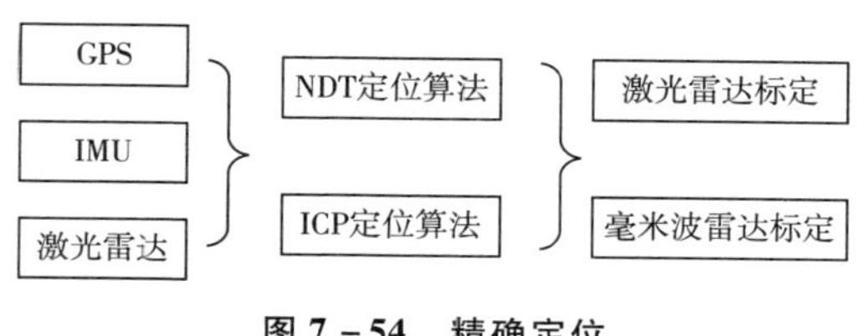

图 7-54　精确定位

③目标识别。通过多种传感器进行车辆感知范围内的环境信息和车内信息的采集以及预处理，为车辆决策提供基础。如图 7-55 所示，在 GPS 和惯导联合定位基础上，依据激光雷达和毫米波雷达产生的点云数据，并辅以基于深度学习的机器视觉算法对多传感器产生的不同数据进行相关数据融合算法的优化。其中数据融合算法主要基于以贝叶斯滤波和卡尔曼滤波为基础的算法开发和调试。

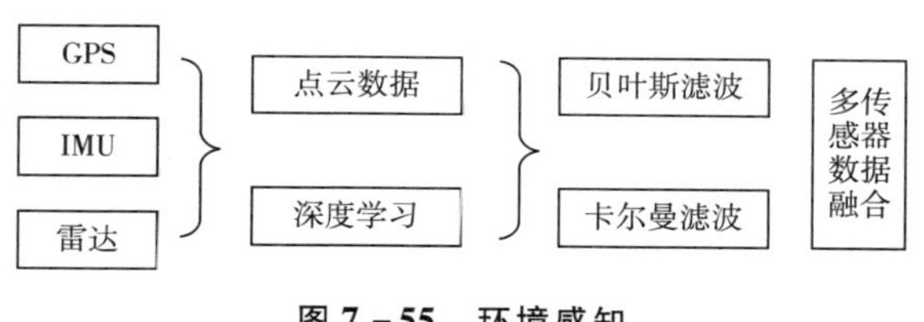

图 7-55　环境感知

（2）决策层：依据获取的定位以及感知信息等，进行决策判断，规划可行的行驶路径，并制定相应的控制策略，替代人类做出驾驶决策。如图 7-56 所示，具体的决策算法主要探索基于 A^* 算法和 D^* 算法在局部路径中的决策规划研究，完善和优化及时停车、障碍物绕行、并道以及超车等功能。同时研究碰撞预测算法，对感知环境范围内的感知目标进行运动轨迹预测，为决策层提供精准有力的支持。

（3）控制层：对车的方向盘、制动踏板以及油门踏板的精确控制，驱动车辆前行的策略。如图 7-57 所示改进和优化控制输入为转向、加速和制动，策略对基于 PID 和 MPC 控制的控制算法进行优化和改进，目标在于对决策层规划的可行路径进行更精确的轨迹跟踪。

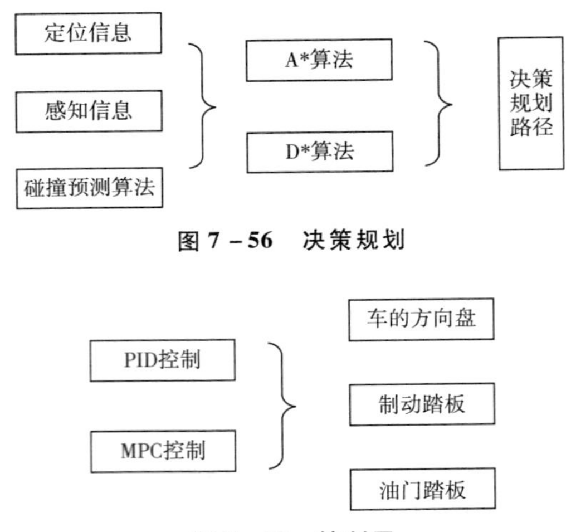

图 7－56　决策规划

图 7－57　控制层

参考文献

[1] 龚建伟、姜岩、徐威：《无人驾驶车辆模型预测控制》，北京理工大学出版社，2014。

[2] 丁宝苍：《预测控制的理论与方法》，机械工业出版社，2008。

[3] 宗长富、刘凯：《汽车线控驱动技术的发展》，《汽车技术》2006 年第 3 期。

[4] 包凡彪：《汽车线控转向系统及关键技术》，《汽车运用》2009 年第 3 期。

[5] 由长喜：《线控制动系统开发平台研究》，清华大学硕士学位论文，2013。

[6] 李红、郭孔辉、宋晓琳等：《基于 Matlab 的多约束自动平行泊车轨迹规划》，《中南大学学报》（自然科学版）2013 年第 44 卷第 1 期。

[7] 李红：《自动泊车系统路径规划与跟踪控制研究》，湖南大学硕士学位论文，2014。

[8] 李韬：《自动泊车系统的路径规划及跟踪》，哈尔滨工业大学硕士学位论文，2017。

[9] 孙运平：《车辆试验用驾驶机器人控制系统的开发》，太原理工大学硕士学位论文，2009。

图书在版编目（CIP）数据

智能网联汽车技术 / 中国汽车技术研究中心有限公司·数据资源中心编著. -- 北京：社会科学文献出版社，2019.4（2020.6 重印）

ISBN 978-7-5201-4293-9

Ⅰ.①智… Ⅱ.①中… Ⅲ.①汽车-智能通信网-研究 Ⅳ.①U463.67

中国版本图书馆 CIP 数据核字（2019）第 028270 号

智能网联汽车技术

编　　著 / 中国汽车技术研究中心有限公司·数据资源中心

出 版 人 / 谢寿光
责任编辑 / 丁　凡
文稿编辑 / 赵智艳

出　　版 / 社会科学文献出版社·城市和绿色发展分社（010）59367143
地址：北京市北三环中路甲 29 号院华龙大厦　邮编：100029
网址：www.ssap.com.cn
发　　行 / 市场营销中心（010）59367081　59367083
印　　装 / 三河市尚艺印装有限公司

规　　格 / 开　本：787mm×1092mm　1/16
印　张：19.75　字　数：330 千字
版　　次 / 2019 年 4 月第 1 版　2020 年 6 月第 2 次印刷
书　　号 / ISBN 978-7-5201-4293-9
定　　价 / 78.00 元

本书如有印装质量问题，请与读者服务中心（010-59367028）联系